Comment chercher

LES SECRETS
DE LA RECHERCHE
D'INFORMATION
À L'HEURE D'INTERNET

Claude Marcil
avec la collaboration de
Joanne Lauzon

Comment chercher

LES SECRETS
DE LA RECHERCHE
D'INFORMATION
À L'HEURE D'INTERNET

ÉDITIONS
MULTIMONDES

Données de catalogage avant publication (Canada)

Marcil, Claude, 1945-

    Comment chercher: les secrets de la recherche d'information à l'heure d'Internet

    2ᵉ éd.

    Comprend des réf. bibliogr. et un index.

    ISBN 2-921146-99-1

    1. Recherche de l'information. 2. Recherche sur Internet. 3. Recherche documentaire. 4. Bibliothèques – Formation des utilisateurs. 5. Documentation, Services de Formation des utilisateurs. 6. Ouvrages de référence. I. Titre.

Z711.M368 2001   025.5'24   C00-941874-1

Correction des épreuves: Steve Laflamme

Design de la couverture: Gérard Beaudry

ISBN 2-921146-99-1
ISBN 2-921146-11-8 (1ʳᵉ édition, 1992)
Dépôt légal – Bibliothèque nationale du Québec, 2001
Dépôt légal – Bibliothèque nationale du Canada, 2001

Éditions MultiMondes, 930, rue Pouliot, Sainte-Foy (Québec) G1V 3N9 CANADA;
tél.: (418) 651-3885; téléc.: (418) 651-6822; courriel: multimondes@multim.com;
http://www.multim.com

DISTRIBUTION EN LIBRAIRIE AU CANADA: Diffusion Dimedia, 539, boulevard Lebeau,
Saint-Laurent (Québec) H4N 1S2; tél.: (514) 336-3941; téléc.: (514) 331-3916;
courriel: general@dimedia.qc.ca

DÉPOSITAIRE EN FRANCE: Éditions Ibis Press, 8, rue des Lyonnais, 75005 Paris, FRANCE;
tél.: 01 47 07 21 14; téléc.: 01 47 07 42 22; courriel: ibis@cybercable.fr

DISTRIBUTION EN FRANCE: Librairie du Québec, 30, rue Gay-Lussac, 75005 Paris, FRANCE;
tél.: 01 43 54 49 02; téléc.: 01 43 54 39 15; courriel: liquebec@cybercable.fr

DISTRIBUTION EN BELGIQUE: Librairie Océan, 139, avenue de Tervuren, 1150 Bruxelles BELGIQUE;
tél.: 02 732 35 32;téléc.: 02 732 35 32; courriel: willy.vandermeulen@skynet.be

DISTRIBUTION EN SUISSE: SERVIDIS SA, 2, rue de l'Etraz, CH-1027 LONAY, SUISSE;
tél.: (021) 803 26 26; téléc.: (021) 803 26 29; courriel: pgavillet@servidis.ch

©Les Éditions MultiMondes inc., 2001

Les Éditions MultiMondes reconnaissent l'aide financière du gouvernement du Canada par l'entremise du Programme d'aide au développement de l'industrie de l'édition (PADIÉ) pour leurs activités d'édition. Elles remercient également la Société de développement des entreprises culturelles du Québec (SODEC) pour son aide à l'édition et à la promotion.

Gouvernement du Québec – Programme de crédit d'impôt pour l'édition de livres – Gestion SODEC

Avant-propos

Pendant longtemps, les ouvrages de référence, les guides de recherche, ont eu la solidité et la vitesse d'un glacier. La première édition d'un livre demandait un travail colossal et coûteux, mais, par la suite, une bonne mise à jour annuelle ou même quinquennale suffisait aux besoins des lecteurs. Le milieu de la référence intégra de la même façon les films, les vidéos, etc. Mais l'arrivée d'Internet a ébranlé les fondations de tout le secteur de la recherche.

Aujourd'hui, le paysage de la recherche a bien changé. Certains ouvrages de référence, comme l'*Encyclopaedia Britannica* sont maintenant et gratuitement en ligne, d'autres comme Internet Movie Database ont été créés spécialement pour Internet. Alors que traditionnellement, les ouvrages de référence ne couvraient qu'un seul domaine, Internet permet la confusion des genres. Il n'est plus possible d'ignorer les ressources considérables du Web.

Cette nouvelle édition de *Comment chercher* intègre les principaux sites de référence disponibles sur Internet aux diverses rubriques qui ont fait de la première édition, parue en 1992, le guide par excellence de quiconque (étudiant, recherchiste, documentaliste, journaliste, curieux) a besoin de faire une recherche un tant soit peu exhaustive.

Table des matières

Introduction 1

Chapitre 1 LA BIBLIOTHÈQUE 5

    Un peu d'histoire 5

    Son mode d'emploi 6

        Le catalogue : l'inventaire de tous les documents 7

        Les vedettes-matière : la recherche par sujets 8

        La cote : l'adresse de chaque document 9

        L'indice d'auteur 12

        Le rangement 12

        L'analyse d'un document 13

        Les ouvrages de référence 14

        Les banques de données 14

**Chapitre 2 LES BIBLIOTHÈQUES ET LES CENTRES
DE DOCUMENTATION** 19

    Les bibliothèques publiques 19

    Les bibliothèques collégiales et universitaires 21

    Les bibliothèques nationales 23

        La Bibliothèque nationale du Québec 25

        La Bibliothèque nationale du Canada 27

        La Bibliothèque du Congrès (États-Unis) 28

        La Bibliothèque nationale de France 29

    Les centres d'archives 31

        Les Archives nationales du Québec 31

        Les Archives nationales du Canada 33

        Les archives municipales 35

    Les bibliothèques gouvernementales 35

        Les bibliothèques parlementaires 35

        Les autres bibliothèques gouvernementales 40

Les bibliothèques spécialisées 43
    Les musées 44
    Les sociétés historiques 46
    Les bibliothèques des quotidiens 46
    Les associations diverses 47
Pour trouver d'autres centres de documentation 48

Chapitre 3 LA RECHERCHE RAPIDE D'INFORMATION 55

Les dictionnaires de langue 56
Les dictionnaires terminologiques ou lexiques 57
Les encyclopédies générales 58
    Les annuaires encyclopédiques. 60
Les encyclopédies et les dictionnaires spécialisés. 60
Les dictionnaires et les répertoires biographiques 61
Les annuaires gouvernementaux 67
Les annuaires non gouvernementaux 72
Les atlas et les cartes 74
Les répertoires. 75
Les dépanneurs 81
    Les almanachs 81
    Les guides des événements récents 83
    Les guides de voyage 86
    Les dépanneurs de l'inusité 86
    Les recueils de citations 88
    Les recueils d'œuvres littéraires 88

Chapitre 4 LA RECHERCHE EN PROFONDEUR 89

Les bibliographies d'ouvrages de référence 90
    Internet 91
        Mégasites 91
Les bibliographies de bibliographies 94
    Internet 95
Les bibliographies courantes et rétrospectives 96
Les bibliographies commerciales 97
    Internet 97
    L'industrie du livre 99
    Des librairies électroniques 101
        Pour les livres français 102

Critiques et recensions. 103
Les catalogues collectifs et les réseaux de bibliothèques 108
Les répertoires de titres de périodiques: pour localiser
une revue ou un journal. 109
    Internet 109
    Les revues et les magazines: pour localiser une revue
    ou un magazine 111
    Les catalogues collectifs de périodiques 112
Pour trouver un article de revue: les bibliographies d'articles
de périodiques (index et *abstracts*). 113
    Pour trouver un article de périodique (revue ou journal) 113
    Les journaux: pour localiser un journal. 118
    Pour trouver un article de journal. 120
Les bulletins (*newsletters*) 123
    Internet. 123
    Les fanzines 124
Les brochures. 124
Les thèses. 124
    Par pays 124
    Par universités. 126

CHAPITRE 5 **LES EXPERTS** 127
Demandez à un expert 127
    Listes de discussions et forums (*newsgroups*). 130
Le personnel de référence en documentation 131
Les libraires. 133
Les associations. 134
Les services de relations publiques 139
Les auteurs et les journalistes. 139
    Médias. 141
    Journalisme. 141
    Autres sites 142
Les chercheurs et les universitaires 143
    Sociétés savantes. 145
Les congrès et les sessions de formation 145
Les ambassades et les consulats. 147
Les fondations 149
Les fonctionnaires. 149

Les services de revue de presse et de recherche 151
  Commander une revue de presse. 151
  Commander une recherche. 151
Les entrevues avec les experts 152
Les listes de distribution (*mailing lists* ou *lists-servs* en anglais). 154

Chapitre 6 LES AFFAIRES 155

Les outils de référence. 156
  Les dictionnaires terminologiques 156
  Pour des informations de base. 156
  Internet. 157
Les index des périodiques et des journaux d'affaires 159
Les banques de données spécialisées 161
Les répertoires d'entreprises et de leurs dirigeants. 162
Les manufacturiers: qui fabrique quoi?. 164
Les chambres de commerce 166
Les outils de référence de portée internationale 166

Chapitre 7 LES DOCUMENTS MULTIMÉDIAS 169

Les films et les vidéos 169
  Les répertoires du cinéma canadien. 169
  Les répertoires québécois. 172
  Les répertoires français 173
  Les répertoires américains 175
  Les catalogues et les répertoires internationaux 176
  L'industrie du cinéma canadien et québécois 177
  L'industrie du cinéma français 177
  L'industrie du cinéma américain 178
  Les critiques et les index de films. 179
  Les vidéos 180
  Les CD-ROM. 180
Les photographies. 181
  Au Canada et au Québec. 181
  Aux États-Unis. 182
  En France 183
Les reproductions de peintures et les illustrations. 184

Les enregistrements sonores et la musique 185
    Archives américaines 186
    France 186
    Grande-Bretagne 187
    Musique 188
    Les distributeurs de documents multimédias 191
    Les producteurs 191
La télévision 191

Chapitre 8   Les publications gouvernementales 195

Les publications du gouvernement du Québec 195
Les publications du gouvernement du Canada 197
Les publications du gouvernement des États-Unis 198

Conclusion 201
Pour en savoir davantage 203

ANNEXES
1. Abrégé de la classification décimale de Dewey 207
2. Abrégé de la classification de la Bibliothèque du Congrès 211
INDEX 221

INTRODUCTION

À l'âge de l'agriculture, le pouvoir appartenait aux propriétaires terriens. Puis, à l'ère industrielle, le pouvoir est passé aux mains de ceux qui possédaient la technologie. À notre époque, il appartient désormais aux personnes qui détiennent l'information.

Que ce soit pour monter un dossier sur un pollueur, préparer des vacances, se documenter sur un produit avant de l'acheter ou de le vendre, tout le monde, éducateurs, hommes d'affaires, secrétaires, étudiants, journalistes, doit chercher de l'information.

Pour être bien informé, il faut acquérir des outils de base, posséder un gros bon sens, un minimum de pratique, un zeste de savoir-faire et, surtout, il faut éviter de vouloir tout savoir. S'il n'est nullement essentiel de tout connaître sur tout, il est indispensable de savoir où et comment chercher.

La recherche a souvent la réputation d'être ennuyeuse et difficile, en plus d'exiger une patience de moine. Comment peut-on lire avec passion un répertoire d'adresses comme le *Scott's Register*, avoir du plaisir à parcourir l'information fournie dans *Point de repère*, ou découvrir avec enthousiasme les subtilités de *Canadiana* ou du *Catalogue of Directories Published and Areas Covered by Members of International Association of Cross Reference Directory Publishers*? Pourtant, tous les «recherchistes» confirmeront que la recherche est un véritable travail de détective, à la fois excitant et dangereusement accrocheur.

Difficile? Pas toujours. Des défis? Des efforts? Oui, mais pas nécessairement continus. Trouver l'adresse de Bombardier ou de Kellogg's, la population de la Mongolie extérieure, le nombre de députés «verts» en Suède, les études effectuées sur Pierre Elliott Trudeau ou l'adresse de Benoîte Groult est relativement rapide... quand on sait où chercher. Trouver dans une centaine de revues ce qu'on a écrit sur votre hobby ne prendra qu'une dizaine de minutes.

Il faut partir du principe qu'il y a toujours quelqu'un, quelque part, qui éprouve le besoin «génétique» de ramasser et de classer des informations.

Peu importe le sujet qui vous intéresse ou la question que vous vous posez, la première étape consiste à trouver les meilleures sources d'information écrites. Même si des discussions avec des experts peuvent être fructueuses, il est peu recommandé de commencer une recherche en les contactant. Il est préférable de lire sur le sujet et d'apprendre un minimum de choses avant de rencontrer des personnes-ressources. Ainsi, vous en saurez suffisamment pour poser les bonnes questions et réaliser une entrevue intéressante.

Ce guide comporte une importante section sur les bibliothèques parce qu'elles constituent la première – et la plus importante – étape de toute recherche. À première vue, les centres documentaires[1] peuvent faire peur; tout y semble solennel, sérieux et compliqué. Mais ce n'est pas le cas, et ce guide vise à le démontrer. Tous utilisent la même méthode pour acquérir, traiter et diffuser leurs collections. Le premier chapitre, intitulé «La bibliothèque», présente l'organisation uniforme de tout centre documentaire. La normalisation des méthodes et des procédés facilite grandement le travail du recherchiste. Se familiariser avec le fonctionnement de toute bibliothèque permettra à quiconque de se débrouiller seul.

Le guide *Comment chercher* se veut une clé permettant à tous de s'y retrouver. Il explique comment chercher rapidement, économiquement et efficacement une information. Il indique également les voies les plus rapides pour trouver ce que l'on cherche et la meilleure façon d'extraire l'information à partir de différents outils. Au fil des années, quelques-uns des documents cités dans ce guide auront disparu et de nouveaux titres seront publiés; toutefois, les méthodes pour trouver l'information ne changeront pas. Connaître et maîtriser les méthodes de recherche est plus important que se rappeler où tel livre de référence est rangé. Une fois les ouvrages de base connus et les règles élémentaires comprises, vous serez capable d'effectuer vos recherches seul, et sans problème.

Le chapitre 2 regroupe et décrit toutes les catégories de bibliothèques et de centres qui peuvent être utiles. Les villes de Québec et de Montréal sont bien sûr favorisées, mais ceux qui habitent en région seront surpris, en faisant un inventaire des ressources locales, de constater ce que l'on trouve à proximité, et de découvrir les services que leur offrent les grandes villes, sans avoir à se déplacer.

Les chapitres 3 et 4 analysent les instruments de référence. Nous présentons d'abord les outils qui permettent de trouver rapidement une information: dictionnaires, encyclopédies, annuaires, répertoires bibliographiques, etc.; puis, les outils qui servent à une recherche en profondeur.

---

1. Terme générique qui regroupe toutes les appellations d'organismes ou d'établissements qui conservent des documents pour différentes catégories d'usagers: bibliothèques, centres de documentation, centres d'archives, centres des médias, etc.

Le chapitre 5 propose une source d'information qu'il ne faut pas négliger : les experts. Ces personnes-ressources, qu'on retrouve dans les entreprises, les gouvernements, les musées, les universités et les médias, sont souvent de véritables mines de renseignements. Le guide indique également comment les repérer et les consulter. Une section spéciale sur les affaires fait l'objet du chapitre 6.

Les chapitres 7 et 8 présentent deux catégories de documents qu'on a tendance à oublier au cours d'une recherche et qui sont pourtant des sources d'information importantes : les documents audiovisuels et les publications gouvernementales.

Chercher et trouver soi-même l'information dont on a besoin est-il vraiment possible ? Certainement, et l'on peut même y prendre plaisir. Nous vous livrons ici les secrets pour y arriver.

1 LA BIBLIOTHÈQUE

UN PEU D'HISTOIRE

Au nord de Londres, dans la bibliothèque de la cathédrale d'Hereford, les livres n'ont pas bougé depuis le Moyen Âge. Des chaînes les retiennent encore aux murs. À cette époque, les livres étaient rares. La cathédrale, avec sa centaine de livres écrits à la main, disposait d'une des plus grosses collections de manuscrits d'Europe et, comme partout ailleurs, on les attachait.

Jusqu'au milieu du XVe siècle, les copistes transcrivent à la main chaque exemplaire. C'est alors que l'Allemand Johannes Gutenberg invente le livre moderne. Il utilise des caractères mobiles, comme ceux d'un jeu de scrabble; sur chacun de ces caractères, une lettre de l'alphabet est gravée. Il suffit d'assembler ces lettres pour former les mots dont on a besoin, d'aligner ces mots et de mettre en pages les lignes ainsi obtenues.

Les imprimeurs commencent à publier des ouvrages «à succès»: calendriers, brochures de vulgarisation, livres religieux, etc. La demande croît sans cesse et les imprimeries se multiplient à travers toute l'Europe. Dans les principales villes universitaires et commerciales naissent de véritables quartiers réservés aux libraires. L'imprimerie favorise aussi la prolifération des bibliothèques.

Le public, qui puise de plus en plus dans la lecture pour enrichir ses connaissances, provoque parallèlement la naissance du journal. Des feuilles «volantes» apparaissent peu après l'invention de l'imprimerie. Puis les gazettes commencent à se répandre, en France, à partir de 1631.

Jusqu'au XVIIIe siècle, la couverture des livres ne comporte aucune mention d'auteur ou de titre; son cuir est seulement orné d'un nombre plus ou moins grand de dorures. Mais, dès la Révolution française, le cuir devenant cher, les couvertures sont souvent faites en simple papier et des étiquettes collées à l'endos du livre indiquent le nom de l'auteur et le titre.

Avec l'introduction de la machine à vapeur, au XIXe siècle, le monde du livre connaît une nouvelle révolution. Une force mécanique remplace les bras humains pour actionner la presse. L'école primaire s'ouvre à tous; la majorité des citoyens sait maintenant lire et écrire. Avec l'arrivée de l'électricité, la production de livres explose. De 1437 à 1900, on a publié environ 10 millions de livres dans le monde. Puis le mouvement s'accélère avec l'arrivée de nouveaux supports documentaires, produits de l'explosion technologique : disques, films, émissions de radio et de télévision, cassettes, disquettes, logiciels, fichiers lisibles par ordinateur, etc.

Au Moyen Âge, les responsables des bibliothèques n'avaient pas de grands problèmes de classement. Quand les livres n'étaient pas enchaînés, on les rangeait dans des armoires, en les classant par formats ou autrement. Mais pour le personnel en documentation d'aujourd'hui, suivre toute la production internationale et la rendre accessible au public représente une tâche colossale; il y parvient pourtant.

La documentation est devenue sinon une science, du moins un savoir systématiquement construit et organisé, avec sa technologie et son vocabulaire. Faut-il, pour autant, laisser la recherche documentaire aux spécialistes? Est-il devenu nécessaire d'embaucher un consultant pour la moindre recherche un peu complexe? Absolument pas.

SON MODE D'EMPLOI

Il y a 3 000 bibliothèques publiques au Canada. Gratuites et ouvertes au public, on y investit des millions de dollars qui, tout compte fait, ne profitent qu'à peu de personnes. Certaines bibliothèques de cégeps ou d'universités admettent également le grand public moyennant quelques dizaines de dollars par année.

Votre carte d'abonnement en poche, vous pouvez emprunter tous les documents, ou presque, d'une bibliothèque sauf ceux dits de référence qui ne sortent jamais et dont, justement, il sera question souvent dans ce livre. Dans toutes les bibliothèques, qu'on en soit membre ou non, on peut toujours consulter, sans problème, des documents de référence.

Qu'il s'agisse d'une petite collection de documents portant sur un sujet précis et regroupés dans une seule pièce ou d'une collection universitaire comptant plusieurs millions de documents, les bibliothèques, avec les ordinateurs qui, de plus en plus, les relient entre elles, sont les maillons d'une solide chaîne d'information. C'est pourquoi on peut trouver aujourd'hui une aiguille dans une meule de foin.

Le personnel spécialisé en documentation (bibliothécaire, technicien en documentation, spécialiste en moyens d'enseignement, archiviste, documentaliste, etc.)

La bibliothèque

part d'une base solide: l'aiguille qu'il doit trouver est dans une meule de foin. L'espace est circonscrit: c'est cette meule de foin. L'objet que l'on cherche est clairement identifié: une aiguille. Avec des précautions, en comprenant le système, on trouve l'aiguille. Cette meule de foin se découpe en petits cubes sur lesquels le personnel promène intelligemment un aimant.

Effectivement, la probabilité est grande que l'information recherchée soit consignée quelque part dans un document et que ce document se retrouve dans un centre documentaire. Pour le découvrir, il suffit de trouver la bonne meule de foin (livre, périodique, etc.), puis d'utiliser son «pouvoir magnétique» pour dénicher l'aiguille, c'est-à-dire l'information désirée.

Il est normal de se sentir désorienté, seul et perdu dans une bibliothèque. C'est pourquoi le personnel fournit une boussole, un guide dans lequel on trouve généralement le plan de la bibliothèque, l'endroit où sont les collections, le système de classification et de rangement ainsi que le fonctionnement du catalogue. Indépendamment de leur taille, tous les centres documentaires utilisent les mêmes méthodes. En comprendre un revient à les comprendre tous. C'est un peu comme apprendre à conduire une auto; si on connaît les manœuvres pour en conduire une, on sait comment conduire toutes les autres, même si le tableau de bord diffère d'un modèle à l'autre. Tous les organismes possèdent leurs propres règles de fonctionnement et les bibliothèques n'y échappent pas. Si on ne comprend pas ces règles, on risque l'échec.

Le catalogue: l'inventaire de tous les documents

En entrant la première fois dans un centre documentaire, il faut se poser la question: où est son catalogue? Le catalogue est la clé maîtresse d'une bibliothèque puisqu'il permet au chercheur de «déverrouiller» ce qui s'y trouve.

Tout centre documentaire tient un inventaire de ses documents, un catalogue, lequel est accessible à ses usagers. Il y a trois types de catalogues: le catalogue traditionnel sur fiches, le catalogue sur microfiches (COM) et celui sur ordinateur. Le fichier traditionnel et le catalogue sur microfiches sont en voie de disparition.

Peu importe le type de catalogue, chaque document est repérable sous trois principaux accès: l'auteur, le titre et le sujet. Parfois, la collection, la cote, l'éditeur et certains autres éléments figurent également dans le catalogue. Pour le chercheur, ces accès sont autant de façons de repérer les documents.

Le catalogue répertorie toutes les collections variées d'un centre documentaire. Grâce au catalogue (sur fiches, sur microfiches ou dans la mémoire de l'ordinateur), les usagers peuvent connaître avec précision les documents que possède une bibliothèque et les retrouver sans peine. Le catalogue est véritablement le centre de gravité de toute bibliothèque.

Les informations essentielles s'y trouvent résumées sur fiche de format 3" × 5". On y retrouve le nom de l'auteur en toutes lettres, l'année de sa

COMMENT CHERCHER

TRUCS

■ Les notices sont souvent classées mot par mot, c'est-à-dire que les mots les plus brefs passent avant les plus longs. Ainsi, *La garde des enfants* passe avant *La garde-robe de la Reine* et *Les garderies*. Dans une petite bibliothèque où il n'y a que quelques livres, cette information n'a aucune importance; mais, dans un catalogue de bibliothèque universitaire, il est très important de le savoir. Si l'on interroge un catalogue en ligne (données interrogeables par ordinateur) ou sur disque optique numérique (CD-ROM), cette difficulté ne se pose pas.

■ Pour classer les titres de documents par ordre alphabétique, on ne tient pas compte de l'article défini ou indéfini qui précède le titre. Par exemple, le titre *Les bibliothèques du Québec* est classé à Bibliothèques du Québec. C'est vrai pour les articles le, la, les, un, une, des.

■ Dans un catalogue sur fiches, les adjectifs numéraux se classent comme s'ils étaient écrits au long, en lettres. Les titres qui commencent par des chiffres ou des dates sont classés selon leur orthographe. Exemple: *Les 100 plus belles histoires* est classé comme si le titre était Cent (les) plus belles histoires. Pour une date comme *1984*, par exemple, il faut lire mil neuf cent quatre-vingt-quatre et non dix-neuf cent quatre-vingt-quatre.

naissance, le titre du livre, le sous-titre (souvent révélateur) s'il y a lieu, la maison d'édition, le lieu, la date, le nombre de pages, le format, les illustrations et la série ou la collection. Si nécessaire, des notes explicatives et même un sommaire peuvent être ajoutés. La notice porte aussi une cote permettant de retrouver le document sur les rayons.

On peut consulter un catalogue dès que l'on connaît le nom d'un auteur, le titre d'un document ou le sujet de la recherche à effectuer. Dans un catalogue, on utilise le classement alphabétique qui peut parfois jouer des tours aux usagers. Il ne faut pas hésiter à consulter le personnel[1].

Les vedettes-matière: la recherche par sujets

L'utilité de présenter ensemble plusieurs documents d'auteurs différents sur le même sujet s'est vite fait sentir. Pour ce faire, on résume le contenu d'un document en un ou plusieurs mots que l'on appelle vedettes-matière ou, si l'on veut, les sujets.

Un document sur les hymnes religieux doit-il être classé avec la musique ou avec la religion? Un livre sur la psychologie éducative doit-il être mentionné sous la rubrique «Éducation» ou «Pédagogie»? Une bibliothèque ne pouvait quand même pas classer des documents sous la vedette-matière «Analphabètes» alors qu'une autre les classait sous «Illettrés». Même chose pour tueurs, criminels, meurtriers, etc. C'est pourquoi on a normalisé le vocabulaire dans tous les centres documentaires. Lorsqu'on effectue une recherche sur un sujet, sur les Indiens, par exemple, on retrouve une fiche qui mentionne VOIR «Amérindiens». C'est une façon abrégée de dire: c'était parfaitement logique de regarder ici pour «Indiens», toutefois, ce livre est classé sous «Amérindiens».

Ces vedettes-matière, fruits d'un long consensus, sont les en-têtes des notices classées dans le catalogue des sujets. Elles permettent d'établir des renvois pour faciliter le repérage. Si l'on ne trouve pas une vedette-matière, il ne faut pas démissionner trop vite, mais en essayer d'autres. Le personnel y a pensé avant nous et plusieurs renvois sont établis à une même source. Les bibliothèques du Québec utilisent le même répertoire de vedettes-matière[2], sauf les bibliothèques spécialisées et gouvernementales, qui se servent de thésaurus, une autre forme de vocabulaire contrôlé.

Plusieurs vedettes-matière se résument en un seul mot: charbon, chimie, chasse. Les documents qui ont le terme CHIMIE comme vedette-matière traitent de le chimie de façon générale, par exemple, des introductions à la chimie ou encore les grands principes de base de la chimie. Pour les autres

---

1. Pour classer les notices dans un catalogue sur fiches, le personnel utilise les règles qui proviennent d'un outil de travail intitulé *Règles de classement des fiches de catalogue* d'Alain Boucher, publié chez Documentor.
2. Produit par l'Université Laval, ce répertoire précise les termes acceptés et ceux qui sont rejetés ainsi que les renvois que le personnel doit effectuer pour faciliter le repérage par les usagers.

TRUCS

■ Pour faciliter la tâche aux usagers, plusieurs centres documentaires leur fournissent le répertoire des vedettes-matière ou le thésaurus.

■ La règle du quoi? quand? où?

On subdivise le sujet (quoi) avant le temps (quand), qui suit l'ordre chronologique, et avant le lieu (où).
À titre d'exemple :

Économie (quoi?)

Économie – Histoire (quand?)

Économie – France (où?)

Même chose pour le deuxième tiret quand il faut préciser le sujet.

Économie (quoi?)

Économie – Histoire (quoi? plus précisément)

Économie – Histoire – Bibliographie (le général avant le particulier)

Économie – Histoire – Congrès (quoi?)

Économie – Histoire – Jusqu'à 1800 (quand?)

Économie – Histoire – XIXe siècle (quand?)

Économie – Histoire – XXe siècle (quand?)

Économie – Histoire – Argentine (où?)

Économie – Histoire – Canada (où?)

---

documents sur le sujet, des subdivisions peuvent parfois préciser sous quels aspects ce thème est traité.

Il y a des subdivisions par lieux, par dates, par sujets, etc. Il faut savoir aller tout de suite à la subdivision appropriée pour ne pas perdre de temps sous une vedette-matière trop générale. Si vous cherchez, dans le catalogue d'une bibliothèque universitaire, des documents sur le Canada en guerre et que vous commencez à lire les notices sous la vedette-matière « Canada », vous perdrez beaucoup de temps avant d'arriver à la bonne vedette-matière.

La cote : l'adresse de chaque document

Une fois que le document est repéré dans le catalogue, il faut découvrir le rayon où il se trouve. La réponse à cette question est toute simple. Chaque notice comprend des chiffres et des lettres : c'est la cote, une sorte d'adresse postale. Cette cote, reproduite généralement au dos des documents, permet de les retracer précisément dans les collections.

En plus de préciser l'endroit où la bibliothèque a rangé le document, la cote indique le système de classification qui a été choisi pour ranger les documents.

Deux systèmes de classification sont actuellement utilisés dans la majorité des bibliothèques de l'Amérique du Nord : la classification décimale de Melvin Dewey et celle de la Bibliothèque du Congrès (Library of Congress). Si la première ligne de la cote comprend des chiffres entre 0 et 1000, la bibliothèque utilise Dewey ; si elle débute par des lettres majuscules entre A et Z, on utilise la classification de la Library of Congress.

Il n'est pas nécessaire de *parler* Dewey ou Congrès couramment, c'est-à-dire de connaître à fond les deux systèmes, pour se débrouiller dans une bibliothèque, mais tout usager a intérêt à devenir familier avec eux. Assez, à tout le moins, pour savoir d'après sa cote qu'un livre intitulé *La perle au fond du gouffre* est un récit historique et non un traité sur les huîtres perlières.

Parlez-vous « Dewey » ?

Dewey est un système de classification qui convient particulièrement aux bibliothèques dont les collections ne dépassent pas 100 000 documents. Les grandes bibliothèques (cégeps, universités, etc.) et toutes les bibliothèques spécialisées utilisent celui de la Bibliothèque du Congrès. Dans l'un comme dans l'autre système, chaque sujet possède ses propres symboles.

La classification Dewey regroupe toutes les connaissances humaines en 10 grandes classes formant à leur tour 100 divisions, elles-mêmes subdivisées en 1000 sections.

(Pour les divisions et le domaine, se reporter à l'annexe 1.)

000-099 : Informatique et généralités (tout ce qui apporte des informations générales : bibliographies, encyclopédies, etc.)

100-199 : Philosophie et psychologie (les grands problèmes de la vie, l'existence, la mort, la morale)

200-299 : Religion (tout ce qui concerne les dieux, Dieu, la pensée religieuse, les diverses religions, les sectes)

300-399 : Sciences sociales (la vie en société, la politique, le monde du travail, les coutumes, le droit, etc.)

400-499 : Langues (tout ce qui concerne les différentes langues parlées et écrites, les grammaires, les dictionnaires, etc.)

500-599 : Sciences (les mathématiques, les sciences naturelles, la physique, la chimie, la géologie, la botanique)

600-699 : Techniques (les sciences appliquées, notamment la médecine, l'agriculture, l'industrie, l'aéronautique, etc.)

700-799 : Arts et loisirs (au sens large, tout ce qui embellit et rend plus agréable notre existence : la musique, la peinture, la photographie, les spectacles, les sports)

800-899 : Littérature (les romans, les contes, les nouvelles, la poésie, le théâtre, les bandes dessinées)

900-999 : Géographie-histoire (les personnages célèbres, la vie des hommes et des femmes dans tous les pays, leur histoire, le relief, etc.)

Chacune de ces grandes classes comprend 10 divisions. Ainsi, pour la section 000-099 Généralités, nous avons :

000 — Ouvrages généraux et informatique
010 — Bibliographies
020 — Bibliothéconomie et science de l'information
030 — Encyclopédies générales
040 — Dizaine libre, non attribuée
050 — Périodiques généraux
060 — Organisations générales et muséologie
070 — Médias d'information : journalisme et édition
080 — Collections générales
090 — Manuscrits et livres rares

Chaque division se subdivise à son tour en 10.

Par exemple, la cote 750 réfère à la peinture. Elle se divise ainsi : 751, procédés et types de peintures, 752, couleur, etc. La cote 758 est attribuée aux sujets de la peinture.

À son tour, cette catégorie peut être subdivisée, et c'est ici qu'arrive la décimale. La cote 758.1 réfère aux paysages, 758.2 aux marines, 758.3 aux animaux, 758.4 aux natures mortes et ainsi de suite.

À l'intérieur des grandes classes du système Dewey, les sujets sont répartis suivant un ordre qui va du général au particulier. C'est donc au début de chaque centaine et de chaque dizaine qu'on retrouve les manuels, les traités généraux et les encyclopédies. Les sujets très spécialisés viendront par la suite et se verront attribuer un indice plus développé.

Parlez-vous «Congrès»?

Au tournant du siècle, les collections de la bibliothèque parlementaire américaine, la Bibliothèque du Congrès, dépassaient un million de documents. Il fallait trouver un système efficace pour les classer. La classification décimale de Dewey ne convenait pas, puisque les collections de la Bibliothèque nécessitaient davantage de sujets avec des subdivisions nombreuses. Au lieu de classer les divers sujets sous 10 grandes classes, comme dans le système Dewey, on opta donc pour un système qui utilise les lettres de l'alphabet.

Le système du Congrès a divisé arbitrairement les connaissances humaines en 21 grandes classes. (Pour le développement des sujets, se reporter à l'annexe 2.)

Une lettre est attribuée à chaque classe:

A	Ouvrages généraux
B	Philosophie et religion
C	Sciences auxiliaires de l'histoire
D	Histoire du monde (sauf l'Amérique)
E	Histoire générale de l'Amérique et des États-Unis
F	Histoire des États-Unis
FC	Histoire du Canada
G	Géographie, anthropologie et sports (ou récréation)
H	Sciences sociales
J	Science politique
K	Droit
L	Éducation
M	Musique
N	Beaux-arts
P	Littérature
PS 8000	Littérature canadienne et québécoise
Q	Sciences
R ou W	Médecine
S	Agriculture
T	Sciences appliquées
U	Art militaire
V	Science navale
Z	Bibliographie, sciences et techniques de la documentation

COMMENT CHERCHER

> **TRUCS**
>
> ■ La notice mentionne parfois l'année de naissance de l'auteur et celle de sa mort, s'il y a lieu. Si elle ne mentionne qu'une année suivie d'un trait d'union seulement (1945-   ), cela signifie que l'auteur est toujours vivant et que l'on peut, si on le désire, le rejoindre par l'intermédiaire de son éditeur, facilement repérable.
>
> ■ Pour un périodique ou une publication annuelle, l'année figurant après le titre est celle de la première année de parution. Exemple : *Annuaire du Canada*, 1905-   . Si aucune année ne suit le trait d'union, cela signifie que le périodique est encore publié. Sinon, l'année de cessation de parution est indiquée.

L'ajout d'une deuxième lettre permet de subdiviser la classe principale en sous-classes. Des numéros, compris entre 1 et 9999, sont ensuite attribués pour développer les sujets. Au besoin, des décimales et d'autres symboles peuvent être utilisés pour subdiviser davantage le sujet.

S	Agriculture
SF	Élevage des animaux
SF 429	Variétés de chiens
SF 429.H6	Chiens de chasse

L'indice d'auteur

L'adoption des systèmes de classification de Dewey et du Congrès a permis de régler l'épineux problème du classement de milliers, de centaines de milliers, voire de millions de documents portant sur des sujets variés. Sur chaque sujet, il restait à classer les auteurs, ce qui a été réglé en un tournemain, grâce à « l'indice d'auteur ». Cet indice est en fait la première lettre du nom de l'auteur (ex : Vigneault devient V) et des chiffres établis selon une table spéciale, la table Cutter-Sanborn pour le système Dewey et la table des Cutter simplifiés pour le système du Congrès.

Par exemple, dans le système Dewey, le livre *La force des choses*, de Simone de Beauvoir, appartient à la même catégorie que toutes les œuvres littéraires françaises qui abordent différents genres, soit 848 (800 pour littérature et 840 pour littérature française).

Simone de Beauvoir est l'auteure, et le chiffre assigné aux premières lettres de son nom, selon la table Cutter-Sanborn, est 386.

La première lettre du titre est F pour « Force ». Dans la classification décimale de Dewey, on ajoute en plus un « indice d'œuvre », en retenant la première lettre du titre, sans tenir compte des articles. La cote complète est donc :

848
B386F

Le rangement

La place d'un document sur les rayons d'un centre documentaire est déterminée par sa cote. Dans la classification de Dewey ou du Congrès, les décimales utilisées créent parfois un problème de repérage sur les rayons.

On doit considérer un à un les chiffres placés après le point. L'indice **796.323** se lit sept cent quatre-vingt-seize, **point, trois, deux, trois**, et non sept cent quatre-vingt-seize, **point, trois cent vingt-trois**. Par conséquent 796.323 sera classé avant 796.92, puisque le 3 après le point est plus petit que le 9.

Quand la première ligne de la cote est semblable, le classement est effectué d'après la deuxième ligne et la troisième s'il y a lieu :

> **TRUC**
>
> ■ Chaque chiffre additionnel indique un sujet plus spécifique. La cote 758.42 (natures mortes – fleurs) se trouve sur les rayons avant 758.7 (sujets architecturaux). Cela signifie aussi que, si la peinture des sujets architecturaux vous intéresse, vous pouvez entrer dans n'importe quelle bibliothèque utilisant le système Dewey et vous rendre directement dans les rayons à 758.7. Vous constaterez, sans surprise, que les documents traitant de la peinture des sujets architecturaux ont été classés sous cette cote.

a) Dans le système Dewey, en suivant l'ordre alphabétique de la première lettre (1re partie de l'indice d'auteur). Exemple: 796.13/D294V se retrouve avant 796.13/L554A. Ensuite, selon le chiffre donné à l'auteur. Exemple: 796.52/L222D est classé avant 796.52/L489A. Pour les ouvrages du même auteur sur le même sujet, on suit l'ordre alphabétique.

b) Dans le système du Congrès, en suivant l'ordre numérique pour les nombres entiers. Exemple: 7122 avant 7145. Ensuite, selon l'ordre décimal ou selon l'ordre approprié pour les autres symboles utilisés sur les autres lignes.

Lorsqu'un centre documentaire possède plusieurs documents sur un même sujet, il faut obligatoirement lire la deuxième ligne de la cote pour repérer physiquement un document.

L'analyse d'un document

On consulte un document imprimé en respectant certaines étapes. Il faut bien examiner la couverture et les premières pages qui comportent plusieurs renseignements: nom de l'auteur, titre exact du volume, sous-titre (souvent plus révélateur que le titre), nom de la collection, maison d'édition, date et lieu de publication. S'il y a lieu, on y trouvera aussi le nom du traducteur et de l'illustrateur, etc.

Certains livres n'en finissent plus de commencer: un avertissement, une préface, une introduction, un avant-propos, etc. Il faut quand même faire une lecture de ces pages préliminaires, car elles expliquent le contenu du document et la façon dont le sujet est traité. La préface, en général écrite par une autorité dans le domaine abordé, sert surtout à présenter le sujet ou l'objet de l'ouvrage et, parfois, son auteur. Celui-ci avait un plan, une idée; c'est au début du livre, dans l'avant-propos ou l'introduction, qu'il l'explique.

Pour avoir une idée générale d'un document, pour découvrir le plan de l'auteur et les divers sujets qu'il a abordés, il faut consulter la table des matières. Celle-ci peut être plus ou moins élaborée; tantôt elle ne donne que les titres des chapitres, tantôt elle en mentionne les subdivisions ou en indique le contenu.

L'index présente, dans l'ordre alphabétique, les sujets abordés et montre l'importance qu'on leur accorde. Il peut aussi révéler les tendances de l'auteur par le nombre de renvois à un aspect ou l'autre du sujet abordé. Chaque sujet retenu dans l'index renvoie à la page où il en est question.

La bibliographie, généralement à la fin du livre, permet de se rendre compte de l'importance, de la variété et de l'exhaustivité des sources consultées par l'auteur pour étoffer son propos. Elle éclaire également les tendances de l'auteur et révèle s'il est à jour.

Une fois ce travail effectué, on passe à la lecture intégrale de l'ouvrage ou des chapitres intéressants.

COMMENT CHERCHER

> **TRUC**
>
> ■ Le personnel des centres documentaires (bibliothécaires, techniciens en documentation, archivistes, etc.) est toujours présent pour répondre aux besoins des usagers lors du repérage des documents. Il ne faut pas hésiter à le consulter.

Les ouvrages de référence

En plus de ses collections courantes, tout centre documentaire offre à ses usagers de nombreuses sources d'information. Ces sources (dictionnaires, bibliographies, encyclopédies, annuaires, répertoires d'adresses, etc.) se retrouvent sous divers supports: imprimés, microformes, disques optiques numériques (CD-ROM) ou fichiers lisibles par ordinateur. La notice comporte alors l'indication R, REF, Référence ou Consultation. Pour plusieurs raisons faciles à comprendre, ces outils de référence ne sortent pas du centre documentaire. On peut donc les consulter sur place, en tout temps.

À part les ouvrages de référence généraux, c'est-à-dire portant sur tous les sujets, toute bibliothèque possède des documents spécialisés qui traitent plus particulièrement d'un seul domaine. Des ouvrages de référence tels que almanachs, annuaires, encyclopédies, index, répertoires d'adresses, etc., ne sont pas des documents conçus pour être lus au complet. Il ne faut que quelques minutes pour comprendre un ouvrage de référence, et c'est un bon investissement.

Ces outils de référence font l'objet d'une présentation spéciale, aux chapitres 3 et 4, en raison de leur importance pour la recherche d'information.

Les banques de données

L'informatique a changé profondément le monde de l'information et des bibliothèques. La plupart des documents ont leur équivalent électronique sur banque de données. Il suffit de quelques minutes, plutôt que des heures, pour consulter les index, les statistiques, etc.

La bibliothèque électronique fait maintenant partie du quotidien des chercheurs, des dirigeants d'entreprises et des journalistes qui en connaissent les immenses possibilités. Les banques de données sont une source importante d'information. En moins de temps qu'il n'en faut pour feuilleter un seul magazine, une banque de données bibliographiques permet de consulter quelques centaines et parfois quelques milliers de publications. Un ordinateur (équipé d'un modem et d'un logiciel de communication) donne accès à presque tout le savoir humain. Ce type de recherche exige de l'habileté, et nécessite au moins quelques séances de formation. Mais le jeu en vaut la chandelle, car il permet d'explorer à fond un sujet sans même se déplacer. De plus en plus de bibliothèques publiques offrent des recherches par ordinateur. C'est utile pour des sujets actuels ou complexes, surtout en sciences, en éducation et dans le monde des affaires.

Les centres qui offrent un tel service doivent établir un protocole d'entente avec les serveurs qui offrent des bases de données pertinentes aux besoins de leurs usagers. Par des procédés de télécommunication, et à l'aide d'un terminal, l'usager peut donc utiliser les bases par les mêmes accès (auteur, titre, sujet) que ceux qui sont offerts dans un catalogue traditionnel sur fiches, un catalogue sur microfiches ou une bibliographie imprimée.

La bibliothèque

L'interrogation en direct peut s'effectuer par auteurs, par titres, par sujets, par collections, par éditeurs, par cotes Dewey ou Congrès, etc. Le personnel des centres maîtrise bien ce type d'interrogation et peut aider efficacement un usager à définir une bonne stratégie de recherche et à s'orienter vers les notions de base qui répondront à ses besoins.

La nouvelle technologie des CD-ROM où l'on retrouve bon nombre de ces bases de données est avantageuse. Ces disques sont coûteux à l'achat pour le centre documentaire, mais l'usager peut les utiliser gratuitement, conserver les résultats de sa recherche sur une disquette de travail ou les imprimer séance tenante.

Les centres documentaires sont souvent en relation avec un ou plusieurs serveurs. Il suffit de consulter la liste des bases de données que chacun offre pour savoir lesquelles sont pertinentes pour tel sujet de recherche.

Les serveurs et les bases de données

Les serveurs sont des organismes ou des compagnies qui produisent parfois leurs propres bases de données ou qui diffusent des bases produites par d'autres. Certaines bases de données sont des bibliographies que l'on interroge à l'aide d'un ordinateur.

L'accès à ces informations requiert un terminal ou un micro-ordinateur avec un modem, un téléphone et un numéro de client de la banque de données de votre choix. La plupart de ces systèmes peuvent être utilisés par abonnement ou selon un tarif fixe. Il faut établir un protocole d'entente avec chaque serveur de banques de données. La plupart des serveurs offrent une formation et des manuels d'interprétation et d'utilisation.

Une banque de données peut être interrogée de différentes façons: auteurs, titres, sujets, cotes, etc. Les résultats peuvent être obtenus immédiatement à l'écran. On peut également les imprimer ou, ce qui est encore plus utile pour le chercheur, les conserver sur une disquette de travail.

Il est important de distinguer les différentes sortes de banques de données. Certaines équivalent à la version en ligne des index bibliographiques imprimés; d'autres n'ont pas leur équivalent sous forme imprimée. Elles sont généralement bibliographiques et n'offrent que des références; elles donnent une liste d'articles, de livres, d'*abstracts* qui touchent un sujet, avec le nom de l'auteur, le titre de l'article et la revue où il a été publié ainsi que la date exacte. Vous devez, souvent mais pas toujours, trouver le matériel vous-même. Mais le temps passé à trouver le matériel est grandement réduit.

Quelques banques de données donnent également un résumé d'au moins un paragraphe *(abstract)*. D'autres fournissent le texte intégral des publications; les grands magazines *(Time, Scientific American)*, les journaux *(New York Times, The Gazette, La Presse)* et nombre de bulletins spécialisés sont offerts intégralement sur support informatique. Il existe aussi des banques factuelles où l'on retrouve par exemple des statistiques; l'information

15

est alors complète. Sur plus de 3 000 banques d'information existant dans le monde, les banques bibliographiques sont deux fois plus nombreuses que les banques de texte.

Une référence comprend le nom de l'auteur, le titre et la source; le recherchiste doit ensuite trouver les livres et les articles. Dans un *abstract* (plus cher), le chercheur reçoit un bref résumé de l'article ou du livre, en plus de la référence. Un résumé fait économiser du temps en indiquant si, oui ou non, ça vaut la peine de poursuivre la recherche.

La Bibliothèque nationale du Canada a publié *Bases de données canadiennes lisibles par machine* qui recense et décrit les bases de données produites au Canada. Tous les sujets sont étudiés, allant des sciences humaines à la technologie. La section la plus importante décrit les bases de données, dont les noms sont énumérés au complet dans l'ordre alphabétique. Viennent ensuite quatre index: le sujet, les producteurs de bases de données, les fournisseurs de services en direct et en différé et la liste maîtresse des noms anciens et actuels des fichiers, des abréviations et des acronymes.

Depuis 1980, la banque de données du Centre de recherches pour le développement international (CRDI) fournit des informations utiles aux chercheurs du Canada et du tiers-monde. Gérée par la bibliothèque du CRDI, cette banque de données regroupe des bibliographies sur les pays en développement et de l'information sur les projets s'y déroulant. Il s'agit souvent d'une information qui ne peut être obtenue ailleurs au Canada.

On trouve des descriptions des bases de données avec leurs tarifs, leurs services, etc., dans des guides bibliographiques tels que le *Directory of Online Database* (Cuadra/Elsevier) ou *Computer-Readable Databases* (Gale) qui identifient et décrivent des banques de données que le public peut utiliser. Ainsi, le *Directory of Online Database* contient des descriptions de 4 000 banques de données et de 600 serveurs. Ce catalogue en est à sa dixième année et il est révélateur de constater que la première édition ne répertoriait que 400 banques. *Computer-Readable Databases* est un guide essentiel pour les banques de données. Il résume les statistiques et les tendances de l'industrie et décrit plus de 4 000 banques de données.

Certains serveurs, ces fournisseurs privés d'une ou plusieurs banques de données, fournissent le logiciel (programmes) et le matériel (équipement physique).

CompuServe et sa maison mère, America Online (AOL) ont des millions d'abonnés. Suivent, de loin, Dow Jones News/Retrieval, sous la responsabilité des éditeurs du *Wall Street Journal* et DIALOG.

Les changements rapides dans ce domaine rendent impossible la tentative de dresser ici une liste complète de vendeurs, mais les principaux serveurs sont: DIALOG, BRS, INC, CompuServe, Dow Jones News/Retrieval, Data Resources, The Information Bank et Dun & Bradstreet. Tous ces vendeurs offrent d'excellentes bases de données financières qui, à l'exception de Dun & Bradstreet, peuvent être utilisées par le public.

Certains serveurs offrent l'accès à plusieurs banques d'information. Ainsi, par exemple, aux États-Unis, DIALOG, à lui seul, ouvre la porte à plus de 450 banques. Au Canada, CAN/OLE se spécialise dans la diffusion d'information scientifique et technique. Sous l'égide du Conseil national de recherches du Canada (CNRC), ce serveur permet de rejoindre une quarantaine de banques spécialisées. QUICK LAW (QL) se spécialise pour sa part dans la jurisprudence. Son catalogue contient quelque 20 banques de données. De son côté, IST-Informathèque rejoint près de 70 banques, dont 7 québécoises. TÉLÉSYSTÈME offre 60 banques françaises au public québécois. Actuellement, une dizaine de serveurs publics sont actifs au Québec. Outre III, la banque de terminologie du Québec, SOQUIJ (services juridiques) et la Centrale des bibliothèques sont les plus connues.

L'utilisateur peut également se prévaloir du réseau offert par INET (Intelligent Network) conçu par Telecom Canada pour atteindre, du même coup, toute la panoplie de banques et de serveurs existants.

Le coût d'utilisation des banques de données dépend du temps d'interrogation, du temps réel (l'information apparaît immédiatement à l'écran) ou différé, des renseignements demandés (texte complet, *abstract* ou référence), etc.

Depuis quelques années, de nouveaux professionnels, sortes de courtiers en information, offrent leurs services pour interroger les banques de données à votre place. Cela peut se révéler fort utile et permettre d'économiser à la fois le temps de consultation et l'abonnement aux diverses banques.

☛ The Internet Sleuth
http://www.isleuth.com/about.html

Cet engin de recherche est particulier. Il s'agit d'un index des milliers de bases de données disponibles dans Internet et qu'on peut interroger en ligne, ce qui simplifie la recherche d'information. Il y a ainsi des bases de données sur les recettes de cuisine (Epicurious Gourmet Online Cookbook), les sports (Sports, Atlanta Olympic database), etc. On trouve d'autres banques de données sur le site Web :
http://www.internets.com/

2 LES BIBLIOTHÈQUES ET LES CENTRES DE DOCUMENTATION

Quelle que soit la région où vous faites une recherche, il est important d'effectuer un inventaire de ses centres de documentation et de connaître leurs services et leurs collections.

LES BIBLIOTHÈQUES PUBLIQUES

La population québécoise desservie par une bibliothèque publique est passée de près de 45 % à 90 % au cours des 30 dernières années.

Les bibliothèques publiques de Montréal et de Québec possèdent une solide collection d'ouvrages de référence. La taille des autres bibliothèques publiques du Québec varie énormément. Aucune, cependant, n'est à négliger.

Bien que les bibliothèques publiques aient pour mission première de desservir le grand public, et plus spécifiquement les personnes non rejointes par les établissements scolaires, elles ont aussi pour objectif de mettre l'accent sur leur ville et leur région. On trouvera facilement la collection complète des ouvrages publiés par les Éditions Asticou (Société historique de l'Ouest du Québec) à la bibliothèque de Hull ou la revue *Saguenayensia* à celle de Chicoutimi. On peut être certain que la bibliothèque municipale de Cap-aux-Meules possède la *Bibliographie des Îles-de-la-Madeleine* de Marc Desjardins, et celle de Sept-Îles, des livres écrits par des Montagnais.

Il faut connaître les forces des bibliothèques de sa région. Ainsi, la bibliothèque Atwater, à Montréal, a une collection impressionnante de livres sur les criminels, alors que la bibliothèque Gabrielle-Roy, à Québec, possède une collection imposante de bandes dessinées (Bédéthèque). Demandez au personnel si des dossiers ou des bibliographies particulières ont été constitués sur tel ou tel aspect de la région.

Le ministère des Affaires culturelles a créé 11 CRSBP (Centre régional des services aux bibliothèques publiques) pour offrir des services techniques et professionnels aux municipalités de moins de 5 000 habitants. Ainsi, même les municipalités situées loin des grands centres ont accès à des ressources documentaires. Par exemple, 102 municipalités sont affiliées à la CRSBP de la Montérégie. Pour faire leurs recherches, les chercheurs de ces municipalités peuvent donc utiliser le prêt entre bibliothèques.

Le prêt entre bibliothèques

Les documents sur les rayons ne représentent qu'une partie des collections offertes dans une bibliothèque. Grâce au prêt entre bibliothèques, on peut obtenir des documents plus rares ou spécialisés qui se trouvent dans des bibliothèques plus importantes. Les bibliothèques publiques, intermédiaires par excellence, peuvent établir un contact avec d'autres centres documentaires. Ces derniers possèdent parfois les catalogues d'autres bibliothèques sur microfilms ou y sont reliés par ordinateur. Par exemple, les collections des Bibliothèques nationales du Canada (BNC) et du Québec (BNQ), respectivement à Ottawa et à Montréal, qui ont pour mandat de conserver un exemplaire de chaque document publié sur leur territoire, sont accessibles à toutes les bibliothèques. La BNC tient un catalogue de quelque 13 millions de documents en sciences sociales et dans le domaine des humanités, qu'on peut se procurer dans 300 bibliothèques canadiennes. Ces deux bibliothèques publient également le catalogue de leurs collections.

Il faut d'abord effectuer une demande de prêt dans sa bibliothèque. Le personnel tente ensuite de localiser les documents à l'aide d'une banque de données informatisée ou de répertoires imprimés qu'on appelle catalogues collectifs. Les prêts entre bibliothèques peuvent s'effectuer partout dans le monde (bibliothèques universitaires, municipales, nationales, centres de documentation, etc.).

Où les trouver ?

Le ministère des Affaires culturelles publie annuellement *Les bibliothèques publiques au Québec*. On y trouve la liste des bibliothèques publiques du Québec, leur adresse, le nom des responsables et quelques données statistiques sur les bibliothèques autonomes et les bibliothèques centrales de prêt.

Internet

Vous trouverez la liste des bibliothèques publiques au Québec sur le site www.bpq.org.

Parmi les plus importantes :

> Bibliothèque centrale de Montréal : 1210, rue Sherbrooke Est (métro Sherbrooke), Montréal (Québec) H2L 1L9. Téléphone : (514) 872-5923.
> Prêt à domicile et aux institutions (Biblio-courrier) : (514) 872-2901.
> Adresse électronique : http://www.ville.montreal.qc.ca/biblio

> Bibliothèque Gabrielle-Roy : 350, rue Saint-Joseph Est, Québec (Québec) G1K 8G5. Téléphone : (418) 529-0924.
> Adresse électronique : http://www.icqbdq.qc.ca

LES BIBLIOTHÈQUES COLLÉGIALES ET UNIVERSITAIRES

Les bibliothèques universitaires ou collégiales ne se distinguent pas des bibliothèques publiques par le seul fait qu'elles possèdent souvent plus de documents ; leurs clientèles et leurs collections diffèrent considérablement.

Contrairement aux bibliothèques publiques, qui doivent répondre aux besoins du grand public, les bibliothèques de cégeps et d'universités desservent des chercheurs, des professeurs et des étudiants. À cette fin, elles doivent tenir compte des spécialités enseignées. Un cégep qui offre le programme des techniques de la documentation, par exemple, aura nécessairement une collection spécialisée sur le sujet. Même principe pour la mécanique automobile ou l'enseignement du russe. De plus, ces bibliothèques auront les outils nécessaires pour obtenir plus de renseignements : bibliographies, banques de données, encyclopédies spécialisées, revues professionnelles, etc. On retrouve des cégeps dans toutes les régions administratives du Québec, et avec les constituantes de l'Université du Québec, toute la population en région est desservie.

Il ne faut pas se laisser intimider par la hauteur des plafonds ou le poli du marbre de certaines bibliothèques universitaires. Le public peut pratiquement toujours utiliser leur catalogue et leurs ouvrages de référence. Pour emprunter des documents, il faut savoir qu'il se trouve toujours dans les règlements un article qui permet au public extérieur d'utiliser leurs services ; la plupart des bibliothèques collégiales et universitaires vendent des cartes d'abonnement[1].

Une bibliothèque universitaire regroupe parfois tout un ensemble de bibliothèques. L'ensemble de l'Université McGill, à Montréal, comprend 25 bibliothèques. Avec des collections de plus de trois millions de documents, elles forment l'une des plus grandes et des plus importantes bibliothèques universitaires au Canada. Elles sont réparties par secteurs dans différents pavillons. Dans le seul secteur des sciences humaines et sociales au pavillon McLennan, il y a quelque 29 000 ouvrages de référence.

---

1. À titre d'information, l'Université du Québec à Montréal (UQAM) demande 75 $, l'Université de Montréal, 35 $, l'École Polytechnique, 75 $ et l'Université McGill, 60 $.

En plus des secteurs communs, chaque université possède ses propres spécialités et ses centres de recherche particuliers. McGill compte un secteur d'études islamiques et possède depuis longtemps une excellente collection documentaire sur le Nord, notamment le nord du Québec, le Labrador et la terre de Baffin. McGill a également un centre de recherche en maladies tropicales et un «Centre For Developing-Area Studies» où des chercheurs, depuis 1963, s'intéressent aux problèmes des pays en développement.

On trouve à l'Université Concordia, à Montréal, un Institute of Central European Studies (ICES), un centre d'études en gestion des transports et une étonnante collection de matériel sur les rites et les rituels de l'Ordre des francs-maçons. À l'Université du Québec à Montréal, la Testothèque possède une collection de 800 tests de personnalité, d'intelligence, d'aptitudes, de rendement, etc. Le Centre de documentation en sciences humaines de l'UQAM est riche d'une importante documentation sur le mouvement féministe.

En général, les collections des bibliothèques universitaires sont bien développées dans les domaines où les universités ont des centres de recherche[2]. Ainsi, l'Université d'Ottawa a un centre de recherche en civilisation canadienne-française, l'Université Laval, à Sainte-Foy, un centre d'études sur la langue, les arts et les traditions populaires des francophones en Amérique du Nord (CELAT), l'Université de Montréal, un centre international de criminologie comparée, alors que l'Université du Québec à Trois-Rivières possède un centre de recherche sur les pâtes et papiers et un autre sur les insectes piqueurs. Souvent, ces différents centres ont des collections intéressantes.

Où les trouver?

L'Éditeur officiel du Québec (Les Publications du Québec) a publié un *Annuaire des bibliothèques d'enseignement du Québec: niveau postsecondaire (collèges et universités)*, qui donne la liste des cégeps, des collèges, des universités, de leurs programmes et de leurs centres de documentation. On peut se le procurer en téléphonant au 1 800 463-2100.

La Fédération des cégeps, 500, boul. Crémazie Est, Montréal (Québec) H2P 1E7 (514) 381-8631, publie annuellement son *Annuaire des cégeps*.

Répertoire des organismes et des établissements d'enseignement, Édition 1996, ministère de l'Éducation, 372 pages, 2-551-16872-4, 29,95 $.

Ce répertoire, des plus pratiques, contient la liste des organismes et des établissements d'enseignement des réseaux publics et privés du Québec. On y trouve, pour chacun des organismes ou établissements scolaires de niveau préscolaire, primaire, secondaire et collégial ainsi que pour les universités, des renseignements généraux comme l'adresse et le numéro de téléphone, ainsi que des données sur la répartition de l'effectif scolaire.

---

2. On peut en trouver la liste dans l'annuaire de l'université.

Les bibliothèques et les centres de documentation

☛ Canadian Library Home Page
http://www.lights.com/canlib/

Sur ce site on trouve la liste des bibliothèques canadiennes qui possèdent un site Web.

Quant aux universités canadiennes, on peut en trouver la liste sur le site de l'Université de Waterloo :

☛ Waterloo Electronic University
http://watserv1.uwaterloo.ca/~credmond/univ.html

Pour trouver, aux États-Unis, les bibliothèques de collèges ou d'universités qui se spécialisent dans votre sujet, écrivez à l'*Association of College and Research Libraries,* American Library Association, 50 Huron Street, Chicago, IL 60611 ou téléphonez au (312) 944-6780.

Dans cette chasse aux bibliothèques, on serait bien avisé de ne pas oublier les grandes bibliothèques de recherche et universitaires. Cela va de l'immense collection de huit millions d'ouvrages de l'Université de Californie à Berkeley (http://www.ci.berkeley.ca.us/bpl), jusqu'à celle du plus obscur petit collège d'Alberta.

☛ The College and University Home Pages
http://web.mit.edu/cdemello/www/univ.html

Si vous voulez fouiller dans la bibliothèque de McGill ou si vous cherchez les programmes d'études pour étudiants étrangers de l'Université de Chulalongkorn (Thaïlande) vous trouverez la réponse ici. Ce site, en plus d'être une excellente collection de liens hypertextes vers les pages d'accueil de 3 000 collèges et universités dans 70 pays et donc leurs bibliothèques, offre de nombreux liens vers des centres de recherche, des publications universitaires, etc. C'est au fond l'équivalent des ouvrages de référence *The World of Learning* et *The International Handbook of Universities*. La page d'accueil conduit à un index géographique, à un index alphabétique par titre et à un autre consacré uniquement aux écoles américaines.

L'Université de Floride offre une liste complète des sites Internet des universités américaines :

☛ The American Universities
http://www.clas.ufl.edu/CLAS/american-universities.html

Pratiquement toutes les grandes bibliothèques sont aujourd'hui informatisées et nombre d'entre elles figurent également dans Internet. Certains services se contentent de proposer des catalogues listant les ouvrages de la bibliothèque et quelques détails supplémentaires. D'autres sont plus généreux et vous offrent des moyens de recherche très variés ainsi que la possibilité de parcourir un livre à domicile.

LES BIBLIOTHÈQUES NATIONALES

La plupart des États possèdent leur bibliothèque nationale. Celle-ci a pour fonction de réunir tous les documents publiés sur son territoire. Pour ce faire, la plupart des gouvernements obligent les éditeurs à leur remettre quelques exemplaires de tout ce qu'ils publient. C'est ce qu'on appelle le dépôt légal. Ces exemplaires forment la collection de base des bibliothèques nationales qui ont pour mission de diffuser le patrimoine culturel documentaire en publiant des bibliographies ou en produisant des bases de données. Celles-ci sont produites périodiquement et elles permettent de connaître les collections possédées par les bibliothèques nationales. Il est donc facile, si le centre documentaire ne possède pas un document, d'effectuer un prêt entre bibliothèques pour consulter le document que vous cherchez.

La France, l'Angleterre, les États-Unis et la plupart des pays industrialisés sont dotés d'une telle institution. L'Unesco en a publié la liste détaillée dans *Bibliographical Services throughout the World*.

☛ Répertoire des bibliothèques nationales du monde
http://www.nlc-bnc.ca/ifla/II/natlibs.htm
On y trouve la liste des Bibliothèques nationales qui ont un site Web.

☛ Bibliothèques nationales
http://www.nlc-bnc.ca/ifla/

La Fédération internationale des associations de bibliothécaires et des bibliothèques, l'IFLA, est une organisation non gouvernementale, indépendante et d'audience mondiale. La majorité de ses membres plus d'un millier répartis dans 130 pays, est composée d'associations de bibliothécaires, de bibliothèques et d'écoles de bibliothécaires. On trouve sur le site des nouvelles sur la bibliothéconomie, les conférences passées et futures, la liste des *newsletters* de l'IFLA (dont certaines sont disponibles sur le Web, comme celle des bibliothèques pour les aveugles) et la liste complète des bibliothèques nationales dans le monde, de même que celles disposant d'un site Web. Dans la section Internet and Networking Resources, on trouve une mine d'informations et de liens, un glossaire des termes utilisés par les internautes, un historique d'Internet, des outils de recherche, des sites choisis pour les bibliothécaires. Une page particulièrement utile recense des sites Web de libraires.

☛ Bibliothèques européennes
http://portico.bl.uk/gabriel/fr/welcome.html

Fouiller dans la bibliothèque nationale de Croatie ou d'Espagne? C'est maintenant possible avec le site Gabriel, et en français. Ce site est la porte d'entrée des bibliothèques nationales d'Europe. On y trouve la liste des bibliothèques nationales d'Europe, un Guide regroupant les bibliothèques par pays (descriptions complètes) et un Guide regroupant les bibliothèques par genre de services (descriptions brèves) et des nouvelles des Bibliothèques nationales d'Europe.

La Bibliothèque nationale du Québec

1700, rue Saint-Denis, Montréal (Québec) H2X 3K6
Téléphone: (514) 873-4404 ou 1 800 363-9028

La Bibliothèque nationale du Québec a le mandat de conserver et de faire connaître le patrimoine écrit et audiovisuel du Québec.

La Bibliothèque nationale du Québec, qui existe depuis 1968, acquiert tous les documents publiés au Québec: livres, journaux, revues, partitions musicales, cartes géographiques, estampes, affiches, cartes postales, disques et cassettes, logiciels, CD-ROM, microfilms, ainsi que des fonds d'archives privés du domaine culturel. Elle dispose de 500 000 livres, de 21 000 titres de périodiques, de 450 fonds d'archives, de 75 000 partitions musicales, de 40 000 cartes, de 7 000 affiches, de 18 000 cartes postales et de 45 000 photos. Elle conserve tous les documents publiés au Québec depuis les débuts de l'imprimerie, les documents relatifs au Québec et publiés à l'extérieur du Québec, les documents d'appoint qui renferment des données pertinentes sur le Québec ou qui contribuent à sa compréhension. Les usagers doivent consulter ces publications sur place: aucun prêt n'est consenti à titre individuel, sauf pour des prêts entre bibliothèques.

Prêts entre bibliothèques

La bibliothèque de référence de la Bibliothèque nationale (Saint-Sulpice) dispose d'un système informatisé qui lui permet de retrouver des documents dans les bibliothèques canadiennes. On pourra vous le faire parvenir sans frais, par l'intermédiaire de la bibliothèque où vous êtes inscrit.

Bibliographie nationale: Bibliographie du Québec

Outre la *Bibliographie du Québec*, qui paraît mensuellement avec index annuel (plus certains index cumulatifs), la Bibliothèque nationale publie une bibliographie nationale rétrospective intitulée *Bibliographie du Québec 1821-1967*, de même que des catalogues ou des guides de ses collections, des répertoires bibliographiques et des bibliographies thématiques. Elle a publié, en 1976, le catalogue *Laurentiana* (livres publiés au Québec ou sur le Québec parus avant 1821) et a collaboré à la publication du *Répertoire des livres d'artistes au Québec 1900-1980*.

Le CD-ROM de la Bibliothèque nationale du Québec réunit, sur un seul disque, 275 000 notices bibliographiques, complètes et normalisées, de tous les documents québécois publiés depuis 1764 compris dans les collections de la Bibliothèque nationale du Québec. Ces documents ont déjà été signalés dans la *Bibliographie du Québec* depuis 1968, la *Bibliographie du Québec, 1821-1967* et le *Catalogue des impressions québécoises*, 1764-1820.

Le CD-ROM comprend également 190 000 notices du fichier d'autorité de la Bibliothèque nationale du Québec, soit les notices de noms propres de personnes, de collectivités, de noms géographiques et de titres uniformes.

COMMENT CHERCHER

> **TRUC**
>
> ■ Tous les documents publiés au Québec sont nécessairement conservés par la Bibliothèque nationale du Québec. Le prêt entre bibliothèques permet de consulter cette collection. On peut la repérer dans Bibliographie du Québec.

Services de référence

Les usagers de la Bibliothèque nationale du Québec peuvent bénéficier des services d'un personnel spécialisé pour les assister dans leurs recherches documentaires, les guider dans l'utilisation des collections et les conseiller quant aux ressources d'autres bibliothèques. Les collections sont réparties dans trois édifices différents.

Si vous ne pouvez venir sur place, écrivez ou téléphonez au numéro central de Montréal: (514) 873-1101 ou, en région, au numéro 1 800 363-9028, et précisez la raison de votre appel.

– **Salle de consultation des livres et des ouvrages de référence, relations publiques:**

Édifice Saint-Sulpice, 1700, rue Saint-Denis, Montréal (Québec) H2X 3K6. Téléphone: (514) 873-1100, poste téléphonique 222.

– **Salle de consultation des collections spéciales, des archives privées, direction générale, dépôt légal, développement, traitement et conservation des collections:**

Édifice Marie-Claire-Daveluy, 125, rue Sherbrooke Ouest, Montréal (Québec) H2X 1X4. Service à la clientèle pour les collections spéciales: poste téléphonique 266.

– **Salle de consultation des journaux, des revues et des publications gouvernementales:**

Édifice Aegidius-Fauteux, 4499, avenue de l'Esplanade, Montréal (Québec) H2W 1T2. Service à la clientèle: poste téléphonique 244.

La Bibliothèque nationale du Québec possède quatre collections spéciales:

Trois cent cinquante fonds d'archives: Claude-Henri-Grignon, Alain-Grandbois, etc. **Documents iconographiques et autres**: affiches, programmes de spectacles, catalogues de magasins, caricatures, photographies, illustrations, cartes postales, images populaires et religieuses, coupures de presse, etc. **Des livres rares et précieux** (12 000 livres anciens, ainsi que des éditions rares et précieuses), des cartes (environ 35 000, actuelles ou anciennes). **Une collection en musique** (27 fonds d'interprètes, de compositeurs ou de musiciens québécois et quelque 20 000 partitions tant manuscrites qu'imprimées).

Internet

☛ Bibliothèque nationale du Québec
http://www.biblinat.gouv.qc.ca/

Le site de la bibliothèque nationale du Québec comporte une foule d'informations sur la bibliothèque, ses collections, ses services, ses publications, ses activités culturelles.

Les bibliothèques et les centres de documentation

> **TRUC**
>
> ■ Tous les documents publiés au Canada sont nécessairement conservés par la Bibliothèque nationale du Canada. Le prêt entre bibliothèques permet d'avoir accès à cette collection que l'on peut repérer dans *Canadiana*, ouvrage possédé par la plupart des centres documentaires.

Vous avez également accès à Iris, une base de données qui comprend plus de 450 000 documents et qui est mise à jour toutes les trois minutes! Vous pouvez donc consulter en tout temps un catalogue comportant toutes les nouvelles publications reçues à la BNQ. Fait remarquable, les notices contiennent des liens hypertextuels qui permettent d'accéder à des informations supplémentaires sur le document ou son auteur. Un site qui doit faire partie de vos signets. L'engin de recherche permet également d'interroger, en français, le catalogue de la Library of Congress (23 millions de documents – la plus importante bibliothèque au monde). Pour plus d'information: (514) 873-1100, poste 369

La Bibliothèque nationale du Canada

395, rue Wellington, Ottawa (Ontario) K1A 0N4
Téléphone: (613) 997-9565
Internet: http://www.nlc-bnc.ca/services/fgeneral.htm
La Bibliothèque nationale du Canada a été fondée en 1952 à Ottawa.

Bibliographie nationale: Canadiana

La bibliographie nationale du Canada, *Canadiana*, est publiée mensuellement avec une refonte annuelle, depuis janvier 1950. Ce répertoire exhaustif des documents canadiens, ou traitant de sujets canadiens, comprend des livres, des thèses, des périodiques, des brochures, des microfiches, des enregistrements sonores (depuis 1969), des partitions musicales, des ensembles éducatifs ainsi que les publications officielles des gouvernements fédéral et provinciaux.

Dans le cadre de son mandat, la Bibliothèque nationale conserve et diffuse les publications qui ont été réalisées avant la création de *Canadiana*. La bibliographie *Canadiana 1867-1900* énumère des documents canadiens anciens, dont des livres, des brochures, des dépliants, des tirés à part et des affiches. Lorsqu'elles sont connues, les bibliothèques qui possèdent ces ouvrages sont aussi mentionnées.

Services de référence

Les préposés aux services de référence reçoivent fréquemment des demandes de renseignements provenant de particuliers, d'autres bibliothèques, d'organismes, d'établissements, d'entreprises et de ministères canadiens et étrangers. Ils y répondent en consultant les ouvrages des collections, les catalogues et les services de la Bibliothèque. Ils peuvent aussi soumettre ces demandes d'information à d'autres bibliothèques, à des ministères ou à des organismes gouvernementaux.

Prêts entre bibliothèques

Le public peut consulter les collections de la Bibliothèque; il est toutefois interdit de sortir des documents. Toute personne qui désire utiliser des ouvrages à l'extérieur de l'immeuble doit demander à sa propre bibliothèque d'emprunter les documents en question. Les catalogues collectifs canadiens recensent les livres et les publications de près de 350 bibliothèques canadiennes.

Musique

La Division de la musique, créée en 1970, constitue aujourd'hui la plus importante collection nationale de publications canadiennes sur la musique. Elle contient des partitions musicales, des albums de chansons, des livres, des manuscrits, des programmes de concerts, des périodiques, des catalogues d'éditeurs, des enregistrements sonores, etc.

☛ Internet

http://www.nlc-bnc.ca/fhome.htm

Le Catalogue de la Bibliothèque nationale, un sous-ensemble de la base de données AMICUS, est disponible sous forme électronique et sans frais aux particuliers et aux bibliothèques par Telnet et par resAnet. Ce dernier permet de consulter sans frais les notices abrégées portant sur les collections de la Bibliothèque nationale. Jetez un œil sur les listes dans la collection électronique, qui incorpore les livres et les journaux canadiens.

La Bibliothèque du Congrès (États-Unis)

La bibliothèque parlementaire des États-Unis est en même temps la bibliothèque nationale, laquelle fut créée en 1800. Bien qu'elle soit située à Washington, cette bibliothèque est très importante pour le chercheur québécois, en raison des services qu'elle offre et des bibliographies qu'elle produit. La Bibliothèque du Congrès ne se limite pas seulement à posséder des collections documentaires américaines, mais joue également un rôle de bibliothèque de recherche, en offrant à ses usagers des collections multilingues impressionnantes.

Avec plus de 23 millions de documents, la Bibliothèque du Congrès est la plus grande bibliothèque au monde. Les bibliothèques nationales du Québec et du Canada ainsi que les grandes bibliothèques universitaires québécoises utilisent fréquemment ses services et possèdent tous ses outils bibliographiques.

Bibliographie nationale et internationale : National Union Catalogs

Le Bibliothèque du Congrès produit mensuellement, avec des refontes trimestrielles, annuelles et cumulatives, des catalogues collectifs qui recensent les collections de plus de 1000 bibliothèques américaines et canadiennes, sous le titre de *National Union Catalog*. (Un «union catalog» indique quelle bibliothèque a quel document). L'un est consacré aux livres, un autre, aux documents audiovisuels et un dernier, aux documents cartographiques. On y donne, pour chaque document inventorié, les bibliothèques qui le possèdent. Celles-ci peuvent être dans la ville voisine ou à l'autre bout du pays.

Les bibliothèques et les centres de documentation

> **TRUC**
>
> ■ Après consultation des catalogues de la Bibliothèque du Congrès, qu'on retrouve dans la plupart des bibliothèques universitaires, un prêt entre bibliothèques suffit pour se procurer le document désiré.

Services de référence

La Bibliothèque du Congrès dispose d'un service de référence par téléphone : Telephone Reference Service, au Correspondence Section of the Library of Congress, Washington, D.C. 20540 ; (202) 287-5522. Elle a également un service de photocopie : le personnel cherche les livres, les rapports techniques, les photographies dont vous avez besoin et il vous envoie les photocopies. Il faut entre six et huit semaines pour les recevoir, mais le prix demandé est peu élevé et comprend les photocopies, les droits de reproduction et la poste. S'adresser à : Library of Congress, Photoduplication Service, Washington, D.C. 30540, USA. Téléphone : (202) 287-5640.

☛ Library of Congress Site
http://www.loc.gov

La Bibliothèque du Congrès américain est également l'une des plus anciennes institutions du genre dans Internet. On peut l'interroger en français à partir du site de la Bibliothèque nationale du Québec (voir plus haut) (http://www.biblinat.gouv.qc.ca/). Sa conception est exceptionnelle et devrait figurer sur le bloc-notes de tout bon recherchiste.

Un catalogue expérimental en ligne de la Bibliothèque du Congrès, qui s'adresse au grand public, est maintenant disponible. Il donne accès à plus de 4,8 millions de ses dossiers (sur un total de 27 millions). Les usagers peuvent faire leurs recherches en utilisant des mots-clés ; ils peuvent aussi chercher par auteur, par titre, par n° ISBN et LC, ainsi que par format, date, éditeur et langue. À signaler, une nouveauté emballante : la possibilité d'obtenir des résultats par date, titre, ou numéro d'appel LC, aussi bien par ordre ascendant que par ordre descendant. Les dossiers individuels sont fournis en hypertexte, rendant ainsi possible le saut vers d'autres travaux sur le même sujet, répondant au même numéro d'appel, ou du même auteur, aussi bien que vers des liens avec des images et des textes en ligne et permettent de consulter la version MARC (MAchine Readable-Cataloging) de tout dossier.

La Bibliothèque nationale de France

Site Richelieu, 58, rue de Richelieu, 75 084 Paris cedex 02
Tél. : +33 (0)1 47 03 81 26
Télécopie : +33 (0)1 42 96 84 47

- Le département des cartes et plans
- Le département des estampes et de la photographie
- Le département des manuscrits
- Le département des monnaies, médailles et antiques
- Le département de la musique

Site Tolbiac, 11, quai François-Mauriac, 75706 Paris cedex 13
Tél.: +33 (0)1 44 06 30 00
Télécopie: +33 (0)1 44 06 32 98

- Livres imprimés: 12 000 000 d'ouvrages dont 8 500 incunables en 12 000 exemplaires.
- Le département des périodiques: 15 000 000 de fascicules ou 40 000 titres courants.
- Le département de la phonothèque et de l'audiovisuel comprend:
  1 100 000 documents: phonogrammes, vidéogrammes, multimédias et films;
  1 000 000 de documents (partitions, manuscrits, ouvrages, documents iconographiques);
  65 000 documents. Base de données BN-OPALINE;
  15 000 000 de gravures, d'affiches, de photographies et d'autres types d'images. Base de données BN-OPALINE;
  350 000 volumes. Base de données MANDRAGORE.

☛ Bibliothèque nationale de France
http://www.bnf.fr/

À côté de catalogues imprimés ou sur fiches existent des catalogues informatisés consultables en ligne: bases de données BN-OPALE pour les livres imprimés et les périodiques, depuis 1975 (deux millions de références et plus de dix millions d'accès indexés); BN-OPALINE, pour les documents des départements spécialisés depuis 1988 (521 911 références bibliographiques (cartes, estampes, photographies, documents sonores). Ces catalogues peuvent être établis par auteurs (personnes physiques et/ou collectivités) par titres pour les anonymes ou les périodiques, par matières ou encore être encyclopédiques.

☛ Bulletin des bibliothèques de France
http://www.enssib.fr/Enssib/bbf/bbfelec.html

Les bibliothécaires ont maintenant accès à la version en ligne du Bulletin des bibliothèques de France. Les numéros des années 1995 et 1996 sont disponibles et on peut faire une recherche globale dans le catalogue des articles de 1956 à 1995. Dans le n° 6 de 1996, on pouvait lire par exemple: Internet: un exemple de ses fonctions et applications à la bibliothèque universitaire de «Floride-Atlantique» ou «Les réseaux virtuels: Cyber-society?».

☛ British Library
http://opac97.bl.uk/

OPAC 97, le catalogue en ligne de la bibliothèque donne accès à 8,5 millions de titres, certains remontant à 1450.

Les bibliothèques et les centres de documentation

LES CENTRES D'ARCHIVES

Tout comme pour les bibliothèques nationales, la plupart des pays du monde se sont dotés d'un centre d'archives pour conserver tous les documents ayant une importance historique. Les Archives nationales sont dépositaires de tous les documents administratifs et autres, produits ou reçus par un gouvernement et les organismes divers qui le composent. On acquiert des collections privées si elles représentent un intérêt certain pour la recherche.

Les Archives nationales du Québec

> Université Laval, Pavillon Casault, 1210, avenue du Séminaire
> Sainte-Foy (Québec) G1V 4N1
> Téléphone : (418) 643-8904
> http://www.anq.gouv.qc.ca/

C'est aux Archives nationales que tous les ministères et organismes gouvernementaux doivent confier leurs documents. Des millions de documents, soigneusement conservés et classés, témoignent de notre histoire. Registres d'état civil, pièces judiciaires et notariales, correspondance officielle et privée, photographies, cartes et plans, microfilms retracent notre histoire.

Les Archives nationales du Québec conservent des archives de toutes sortes : imprimés, archives télévisuelles, films, enregistrements sonores, collections de photos, fonds des organismes du gouvernement québécois et un nombre important de fonds privés (compagnies, particuliers, syndicats et associations). Elles sont chargées d'acquérir, de conserver et de mettre en valeur les divers fonds qui constituent le reflet de l'activité de la société québécoise et qui témoignent de son identité. Elles choisissent, assemblent et conservent les pièces du patrimoine documentaire du Québec de demain. Le public, le chercheur ou l'historien trouvera aux Archives nationales du Québec une quantité impressionnante de documents : 37 kilomètres d'archives écrites, 761 300 cartes, plans, et dessins architecturaux, 9 200 000 photographies, 37 000 heures d'enregistrements sonores, de films et de vidéos.

Les Archives ont la garde de quelque 3 760 fonds et collections, certains ayant une valeur exceptionnelle. Les documents sont répartis dans les catégories suivantes :

- archives gouvernementales : les documents de l'administration publique de la Nouvelle-France, du Régime britannique, du Bas-Canada et du Québec, de 1660 à nos jours ;
- archives judiciaires : les archives de l'administration judiciaire du Québec, de 1660 aux environs de 1960 ;
- archives civiles : les registres d'état civil (baptêmes, mariages, sépultures, de 1635 à 1885), les greffes de notaires depuis leur création au XVIIe siècle jusqu'en 1915, environ 250 greffes d'arpenteurs, pour la plupart du XIXe siècle ;
- archives privées : environ 1 500 fonds et collections provenant d'organismes, de familles et de particuliers.

COMMENT CHERCHER

Le réseau des neuf centres régionaux des Archives nationales du Québec favorise la conservation des archives québécoises dans leur milieu d'origine, à la portée de la population qu'elles concernent et divers instruments de recherche, PISTARD par exemple, permettent l'accès immédiat à l'information qui y est conservée.

Centres régionaux

Les régions administratives du Québec possèdent chacune leur centre régional. Les chercheurs ont intérêt à découvrir les collections locales qu'ils possèdent.

Bas-Saint-Laurent et Gaspésie – Îles-de-la-Madeleine
337, rue Moreault
Rimouski (Québec) G5L 1P4
Téléphone : (418) 722-3500

Saguenay–Lac-Saint-Jean
930, rue Jacques-Cartier Est
Bureau C-103, 1er étage
Chicoutimi (Québec) G7H 2A9
Téléphone : (418) 698-3516

Québec et Chaudière-Appalaches
Pavillon Louis-Jacques-Casault
Cité universitaire
1210, avenue du Séminaire
Sainte-Foy (Québec) G1V 4N1
Téléphone : (418) 643-8904

Mauricie–Bois-Francs
225, rue des Forges
Trois-Rivières (Québec) G9A 2G7
Téléphone : (819) 371-6015

Estrie
740, rue Galt Ouest
Bureau 11, rez-de-chaussée
Sherbrooke (Québec) J1H 1Z3
Téléphone : (819) 820-3010

Montréal, Laval, Laurentides, Lanaudière et Montérégie
1945, rue Mullins
Montréal (Québec) H3K 1N9
Téléphone : (514) 873-3065

Outaouais
170, rue de l'Hôtel-de-ville
Hull (Québec) J8X 4C2
Téléphone : (819) 772-3010

Abitibi-Témiscamingue et Nord-du-Québec
27, rue du Terminus Ouest
Rouyn-Noranda (Québec) J9X 2P3
Téléphone: (819) 762-4484

Côte-Nord
700, boulevard Laure
Bureau 190-2
Sept-Îles (Québec) G4R 1Y1
Téléphone: (418) 962-3434

Les Archives nationales du Canada

395, rue Wellington, Ottawa (Ontario) K1A 0N3
Téléphone: (613) 995-5138
Télécopieur: (613) 995-6274

Fondées en 1872, les Archives nationales du Canada conservent des archives de toutes sortes: imprimés, archives télévisuelles, films, enregistrements sonores, collections de photos, globes terrestres, œuvres d'art, fonds des organismes du gouvernement fédéral et un nombre important de fonds privés (compagnies, particuliers, syndicats et associations).

On évalue les collections des Archives nationales du Canada à 60 millions de documents et à 23 000 microfilms: archives ethniques, archives françaises, archives antérieures à 1867, archives britanniques, archives des premiers ministres, archives des affaires publiques, archives économiques, scientifiques, archives culturelles et sociales. La collection nationale de photographies comprend huit millions de photographies sur l'histoire du Canada et l'histoire de la photographie au Canada. La collection nationale de cartes et de plans fait état de deux millions de pièces: cartographie ancienne canadienne, cartographie moderne, documents cartographiques et architecturaux.

Plus de 100 000 pièces iconographiques font partie de leurs collections: médailles et pièces héraldiques. Plus de 100 000 titres de documents audiovisuels, 10 000 heures d'émissions de télévision et 70 000 heures d'enregistrements sonores sont conservés. La Division des archives gouvernementales comporte environ 34 000 documents: archives militaires et d'État, archives du commerce et des communications, archives des ressources naturelles, archives de la main-d'œuvre et du développement social. On peut aussi y trouver 1500 fiches de données sur les ministères canadiens, les agences fédérales et le secteur privé.

Services de référence par téléphone

Services de référence:	(613) 992-3884
Archives gouvernementales:	(613) 996-8801
Archives nationales du film, de la télévision et de l'enregistrement sonore:	(613) 995-1311

Bibliothèque :	(613) 992-2669
Cartes et plans :	(613) 995-1077
Généalogie :	(613) 996-7458
Iconographie :	(613) 995-1300
Manuscrits :	(613) 992-8094
Photographies :	(613) 992-3884

En partenariat avec plusieurs institutions, les Archives nationales ont ouvert une série de points d'accès décentralisé d'un bout à l'autre du pays afin de rendre leurs documents plus accessibles. Les chercheurs peuvent se rendre au point d'accès décentralisé de Montréal à l'adresse suivante : 1945, rue Mullins, H3K 1N9 ; téléphone : (514) 873-3065.

☛ ArchiviaNet
http:/www.archives.ca.

ArchiviaNet contient plus de 3,5 millions de descriptions de différents types de documents. Le site Web des Archives permet de consulter un immense catalogue virtuel composé de descriptions de films, de vidéos, d'enregistrements sonores, de photographies d'œuvres d'art, de caricatures, de manuscrits et de dossiers gouvernementaux.

Les archives en France

☛ Archives Nationales
http://www.culture.fr/culture/sedocum/archives.htm

Sont également accessibles en ligne les services du Centre des archives d'Outre-mer (CAOM), du Centre des archives du monde du travail (CAMT), du Centre des archives contemporaines (CAC) et les Archives diplomatiques. Attention, il s'agit de présentation des établissements, voire de leurs fonds documentaires, mais les catalogues ne sont pas en ligne.

☛ Direction des archives de France
http://www.culture.fr/culture/daf.htm

Présentation des missions et des activités de la direction. Cette page est simple et rapide à consulter. Le sommaire est divisé en trois volets : historique et cadre juridique, missions et organisation. La direction des Archives de France constitue une direction à caractère patrimonial du ministère de la Culture. Elle gère les Archives nationales et contrôle les archives publiques autres que celles des Affaires étrangères et de la Défense.

☛ Centre d'accueil et de recherche des Archives nationales (CARAN)
http://www.culture.fr/culture/sedocum/caran.htm

Présentation des missions et des activités de la direction. Permet d'accéder à différentes bases en ligne ÉGERIE (index de l'État général des fonds), LEONORE (dossiers nominatifs de membres de la Légion d'honneur),

ARCADE (commandes, acquisitions d'œuvres d'art par l'État de 1800 à 1939). Sa mission est la collecte, la conservation, la communication des archives centrales de l'État.

Les archives municipales

Outre Montréal et Québec, qui possèdent des fonds considérables, la plupart des grandes municipalités du Québec possèdent leur centre d'archives. Pour l'histoire locale, ces centres sont d'une grande importance. Il faut s'informer auprès des municipalités pour vérifier si leurs archives peuvent être consultées, quelles en sont les conditions, etc. S'il s'agit d'une recherche sérieuse, il est impensable qu'une municipalité refuse la consultation de ses archives. La consultation des documents s'effectue sur place et le chercheur doit souvent se plier aux exigences fixées par le centre d'archives municipal, car le personnel est souvent fort réduit.

LES BIBLIOTHÈQUES GOUVERNEMENTALES

Les bibliothèques parlementaires

> Bibliothèque de l'Assemblée nationale
> Colline parlementaire
> Édifice Pamphile-Lemay
> Rez-de-chaussée
> Québec (Québec) G1A 1A3
> Téléphone: (418) 643-4408
>
> Bibliothèque du Parlement
> Édifice du Parlement
> Rue Wellington
> Ottawa (Ontario) K1A 0A9
> Téléphone: (613) 995-1166

La Bibliothèque de l'Assemblée nationale, longtemps appelée Bibliothèque de la Législature, est l'une des plus anciennes et des plus riches bibliothèques québécoises. Sa clientèle est hautement spécialisée. La bibliothèque sert principalement les ministres et les députés et, de façon secondaire, certains fonctionnaires. En conséquence, on y trouve une collection impressionnante d'ouvrages de droit, de textes législatifs, de recueils de jurisprudence et un grand nombre d'ouvrages pouvant aider d'une façon ou d'une autre ceux qui font les lois. Elle comprend aussi une collection considérable de journaux et de périodiques. Les députés ont droit à un service de référence, à un service de recherche et à un service de documentation politique qui peuvent les aider à choisir la documentation appropriée pour leurs discours, leur correspondance ou leurs interventions sur un sujet en particulier, à entretenir un service de classement de coupures de presse, à les renseigner quotidiennement sur l'actualité politique, économique et sociale, à préparer des bibliographies, des résumés analytiques, des index et à effectuer des études ou encore à préparer des rapports ou des mémoires sur les sujets les plus divers. Ces informations peuvent se retrouver sur les rayons de la bibliothèque.

Le personnel de la Bibliothèque de l'Assemblée nationale dresse également des bibliographies sur des sujets précis (par exemple, les référendums) et des répertoires utiles, comme la liste des commissions et des comités d'enquête au Québec depuis 1867. Malgré une tentative, il y a quelque temps, d'en interdire l'accès à la population, la Bibliothèque de l'Assemblée nationale reste ouverte au public. Rien ne vous empêche de vous y rendre et de profiter de ses richesses documentaires, en consultant sur place les documents.

À Ottawa, au fédéral, la Bibliothèque du Parlement joue le même rôle pour les députés de la Chambre des communes et pour les sénateurs. Ses collections sont réparties dans trois édifices.

Québec

☛ L'Assemblée nationale du Québec
http://www.assnat.qc.ca/fra/index.html

Le site est organisé autour de deux volets qui sont la présentation de l'Assemblée et l'accès à l'ensemble des débats parlementaires. On peut maintenant découvrir le visage des cent vingt-cinq députés, lire leur notice biographique et utiliser leur adresse électronique (prénom.nom./depute/parti@assnat.qc.ca).

L'Assemblée nationale offre maintenant sur son site le compte rendu intégral des délibérations de l'Assemblée et de ses commissions, une heure à peine après leur déroulement. Un outil de recherche permet de vous y retrouver facilement. Les rapports et les documents de consultation des commissions seront aussi disponibles sur ce site qui promet d'être fort utile quand on retrouvera, tel qu'annoncé, le feuilleton, le procès-verbal, l'horaire des travaux des commissions, les projets de loi, les lois annuelles et les conférences de presse.

Le *Journal des débats* rapporte les débats de l'Assemblée nationale et des commissions parlementaires. On peut aussi consulter les *Procès-verbaux de l'Assemblée nationale du Québec* publiés tous les jours pendant la session, avec une refonte à la fin de chaque session. Moins élaborés que *Le Journal des débats*, les *Procès-verbaux* décrivent les votes et les délibérations autour de l'adoption de chaque loi. On y trouve les travaux en Chambre et en commissions parlementaires, ainsi que la description des documents déposés, c'est-à-dire les documents de la session (plus de 600 par session). Ces documents – publiés régulièrement – comprennent les rapports annuels des ministères et des sociétés d'État, les rapports des commissions parlementaires, les réponses aux questions écrites des députés, certains documents déposés à la suite de motions, etc. Cet ouvrage se termine par un index fort utile pour reconstituer la liste des documents déposés au cours d'une session (titre exact, numéro de classement, etc.).

Les bibliothèques et les centres de documentation

Vous voulez repérer rapidement des lois qui ont été adoptées au Parlement et leurs coordonnées principales ? Le *Répertoire législatif de l'Assemblée nationale du Québec* (annuel) fait la liste de chaque loi votée au cours de la session et décrit ses principales caractéristiques : le titre de la loi, le numéro du projet de loi, celui du chapitre dans les lois du Québec, le ministre responsable, le parrain, les dates où les étapes législatives ont été franchies. De plus, la fiche décrit l'objet de la loi, ses mécanismes ou dates d'entrée en vigueur et dresse la liste des lois qu'elle remplace ou modifie. Le répertoire comprend aussi la liste des lois discutées, mais non adoptées, ainsi que celle des lois votées lors de sessions antérieures et entrées en vigueur durant cette période.

La *Gazette officielle, Partie 1: Avis juridiques* contient les avis juridiques dont la publication est requise par des lois, des règlements ou encore par le gouvernement. On peut retrouver une liste des différents avis qu'elle contient en consultant la page sommaire de chaque édition.

La *Gazette officielle, Partie 2: Lois et règlements* rend officielles les décisions du gouvernement.

☛ La Gazette officielle du Québec
www.gazette.gouv.qc.ca

La Gazette officielle du Québec est maintenant disponible dans Internet. On peut y trouver tous les documents sanctionnés par le pouvoir législatif et les documents approuvés par le conseil des ministres à compter de midi le jour de sa publication.

Comme c'est le cas pour la version imprimée, la version électronique comprend les textes intégraux, de même que les formulaires, les tableaux, les cartes géographiques et les autres illustrations, qui peuvent être téléchargés avec le texte.

Ces documents ne sont toutefois pas gratuits. On peut s'abonner au service pour la partie 1 (avis juridiques) et pour la partie 2 (lois sanctionnées, règlements adoptés, projets de règlements, décrets). On peut aussi payer à la pièce par document.

Comment se retrouver dans les publications du gouvernement et du Parlement ? Un excellent guide de recherche, clair et rempli d'exemples, a été préparé par Jacques Bourgault, professeur d'administration publique. On peut se procurer ce guide de recherche documentaire à la famille des sciences humaines de l'Université du Québec à Montréal.

Le Parlement fédéral

☛ Internet parlementaire
http://www.parl.gc.ca/francais/fbus.html

Couvre les activités de la chambre et du Sénat. Le site, bilingue, permet d'accéder à des documents comme les journaux des Communes, de connaître les projets de loi et l'état des travaux de la Chambre, le tout mis

COMMENT CHERCHER

à jour quotidiennement. Un moteur de recherche, le Fulcrum Surfboard, permet une recherche par sujets ou par mots.

– Le *Hansard* reproduit la transcription officielle quotidienne des débats du Parlement fédéral avec un index par sujets et par noms. Cherchez-y le nom de votre député et le *Hansard* vous permet de savoir ce qu'il a dit sur tel ou tel sujet.

– L'*Index des débats de la Chambre des communes* est publié à la fin de la session et répertorie, par sujets et par intervenants, les débats de la Chambre. C'est un instrument indispensable pour repérer les interventions et les discours des députés sur un projet de loi, afin d'avoir la référence du *Hansard* dans lequel le mot à mot de l'intervention est consigné.

– Un *Index des journaux de la Chambre des communes* paraît à la fin du volume annuel avec une liste de mots-clés. *Publications parlementaires* donne la liste des documents sessionnels déposés en Chambre par le ministre, avec un numéro d'identification utile pour obtenir le document.

– Le samedi de chaque semaine, le gouvernement fédéral publie la *Gazette du Canada, Partie I* qui rend compte de l'activité législative et réglementaire affectant le secteur privé. Elle contient des avis généraux, des proclamations, des avis légaux divers et certains décrets. Un index trimestriel répertorie par catégories et par sujets des publications officielles.

– La *Gazette du Canada, Partie II* (index codifié des textes réglementaires) est le recueil des règlements et de certaines autres catégories de textes réglementaires. Un numéro est publié le deuxième et le quatrième mercredi de chaque mois. Deux fois par année, un index résume l'ensemble des règlements relatifs à chacune des lois en vigueur.

– La *Gazette du Canada, Partie III* est publiée à peu près tous les 15 jours et a pour but d'assurer, dans les meilleurs délais, la diffusion des lois. Périodiquement, un numéro de la *Gazette* présente, en plus des lois, un tableau des lois d'intérêt public, lequel représente l'index le plus à jour des lois en vigueur.

Avant d'être adopté, un projet de loi est souvent étudié par un comité spécial de la Chambre des communes, formé des députés de tous les partis. Les débats de ces comités sont publics et on peut obtenir la transcription des délibérations. On y convoque des experts, des représentants de l'industrie, etc. Ils doivent témoigner sur un enjeu ou un problème et faire des recommandations spécifiques. La plupart du temps, la tenue de ces commissions est l'occasion de réunir la documentation la plus à jour et la plus exhaustive sur le sujet. Ce genre de documentation est souvent dispersé. Elle se trouve ainsi rassemblée et mise à jour. Une fois déposés, les mémoires et la documentation sont rendus accessibles au public.

Quand on pense à la couverture politique d'un événement, on voit une mer de microphones pointés devant un ministre ou des manchettes soulignant les répliques du premier ministre et du chef de l'Opposition. Les journalistes ne semblent s'intéresser qu'aux drames et ne rechercher que les crises qui font les manchettes, évitant ainsi les activités courantes du Parlement. Aussi, ceux qui veulent et qui doivent savoir comment les événements qui se passent à Ottawa vont les affecter ne trouvent pas ce qu'ils cherchent dans les médias de masse. Depuis les années 1960 sont apparus des bulletins d'information spéciale (*newsletters*) qui couvrent les activités quotidiennes du Parlement pour une clientèle choisie.

La première du genre, la *Ottawa Letter* (Don Mills, 1983-   ) est une bonne source d'information sur le gouvernement fédéral. Elle décrit les activités des trois secteurs du gouvernement: législatif, exécutif et judiciaire. Elle est publiée chaque semaine et offerte dans les bibliothèques intéressées par la question. Depuis, plusieurs autres bulletins d'information sont apparus: *The Public Sector*, en 1976, publié par Southam's Corpus puis, en 1986, *Ottawa Weekly Update*, une publication d'Infometrica. Il faut ajouter deux autres bulletins, publiés par des groupes de pression et vendus par abonnement: *Capital Briefing,* publié chaque mois par Government Consultants International Inc., et *Parliamentary Alert,* publié par Henry & Gray. Ces bulletins couvrent les activités et les décisions du Parlement et du gouvernement fédéral qui affectent la communauté des affaires: nouvelles législations et politiques ministérielles, statistiques, nominations et rapports. Environ 3 000 personnes, surtout des hommes et des femmes d'affaires, forment la clientèle triée sur le volet de ces périodiques.

Finalement, si *Canadian News Facts* fait un résumé des nouvelles importantes, y compris celles du fédéral, *Gallup Report*, de Toronto, se spécialise, depuis 1967, dans les enjeux sociaux canadiens. Sur le plan provincial, *Provincial Pulse* (Don Mills) fait, depuis 1982, la revue des nouvelles législatives de toutes les provinces.

Rappelons deux sources (en anglais) complémentaires à l'information diffusée par les médias traditionnels et ceux déjà en ligne. D'abord Publinet, un service agenda/calendrier de la société Informetrica ‹http://www.informetrica.com/publinet/public.htm›. Un excellent calendrier des activités sur la colline parlementaire à Ottawa où on trouvera l'horaire des réunions des caucus, des comités de la Chambre et du Sénat, des dépôts de documents importants. Aussi, une section sur les événements liés à la politique fédérale, mais se déroulant à l'extérieur de la capitale.

Aussi en anglais, l'hebdomadaire indépendant Hill Times: http://www.thehilltimes.ca/ qui, au fil des ans, s'est fidélisé une clientèle importante chez les initiés de la scène politique à Ottawa, en raison de ses informations brèves, pertinentes, provenant de sources près des acteurs politiques, sous la rubrique «Heard on the Hill». La section «Hill Climbers» suit attentivement les déplacements et les mutations de hauts fonctionnaires et de cadres politiques.

Les autres bibliothèques gouvernementales

Il est important de repérer, dans sa région, les ministères, les régies, etc., qui regroupent souvent des collections spécialisées d'importance. Par exemple, la région de Québec est privilégiée avec plus de 30 ministères et régies.

Le provincial

Les provinces ont un large mandat. Le gouvernement provincial compte une vingtaine de ministères et a créé une foule d'organismes paragouvernementaux, allant de la Société de développement des coopératives jusqu'au Commissaire au placement et au Conseil de la magistrature en passant par la Société nationale de l'amiante, le Conseil des collèges et le Comité d'acquisition du Musée d'art contemporain. Ajoutons encore le Comité sur le civisme, le Comité de références économiques en agriculture du Québec, le Conseil des services essentiels, le Comité d'accréditation des associations d'élèves et d'étudiants et la Société générale du cinéma du Québec. Chaque organisme a sa propre structure et ses propres fonctions, mais presque tous traitent et stockent de l'information et de la documentation. Souvent, ils disposent d'un centre de documentation au sens large.

Le ministère des Communications a publié le *Répertoire des bibliothèques et des centres de documentation du gouvernement du Québec*. Ce répertoire contient des renseignements sur les services offerts par les bibliothèques et les centres de documentation des ministères ainsi que des organismes gouvernementaux et paragouvernementaux. Les bibliothèques sont répertoriées par ordre alphabétique des noms des ministères et organismes.

> *Répertoire des bibliothèques et des centres de documentation du gouvernement du Québec*
> 1995, 132 pages, 2-551-16640-3, 29,95 $
>
> Version informatisée incluse pour effectuer la mise à jour et imprimer des étiquettes à l'aide d'une imprimante matricielle ou laser.
>
> ☛ Services gouvernementaux
> http://doc.gouv.qc.ca

Cet ouvrage contient la liste des bibliothèques et des centres de documentation des ministères et des organismes gouvernementaux québécois. Chacune des inscriptions donne les informations suivantes : le ministère ou l'organisme d'origine, le nom et l'adresse, le sigle, la date de création, le nom du responsable, les heures d'ouverture. En plus d'une présentation allégée, le répertoire contient maintenant : une liste alphabétique des bibliothèques et des centres de documentation, les numéros de téléphone et de télécopieur, l'adresse Internet, le type de catalogue et les publications produites.

☛ Bibliothèque administrative
Québec, Québec, Canada – Organisation
http://www.ba.gouv.qc.ca

La Bibliothèque administrative (BA), située dans l'édifice Marie-Guyart à Québec, offre des services documentaires au personnel de la fonction publique du Québec. De son site, vous avez accès au catalogue, aux nouvelles acquisitions, aux formulaires de commandes, à la table des matières des revues, etc.

On publie annuellement le *Répertoire téléphonique du gouvernement du Québec*. Ce répertoire contient, entre autres, les listes administratives des ministères, les listes alphabétiques du personnel gouvernemental de Québec, de Montréal et des autres villes du Québec. D'abord destiné aux fonctionnaires, ce répertoire sera aussi utile, voire essentiel à toutes les personnes qui œuvrent dans le domaine des communications et de la recherche, tant dans le secteur public que privé, où l'on retrouve la liste de tous les services gouvernementaux regroupés par villes, incluant la liste alphabétique de tous les employés du gouvernement.

Le fédéral

Le gouvernement fédéral est le principal gardien d'information au pays. On y trouve des spécialistes dans tous les domaines. Le fédéral s'occupe de plusieurs secteurs qui vont des affaires indiennes à la défense en passant par l'assurance-emploi.

Prenons, par exemple, le ministère de la Justice du Canada. Ce ministère possède son propre centre de documentation (qui est aussi celui du Solliciteur général) situé au 340, avenue Laurier Ouest, 11e étage, Ottawa (Ontario) K1A 0P8. Téléphone: (613) 991-2782.

Le centre de documentation regroupe 25 000 volumes, 20 000 ouvrages et plus de 50 000 documents sur microfiches, y compris ce qui constitue probablement la collection la plus remarquable au Canada en matière correctionnelle. Outre les microfiches, le Centre contient des milliers de publications produites par le Service correctionnel, mais non publiées. C'est là qu'il faut s'adresser pour obtenir, par exemple, un rapport préparé il y a cinq ans et absolument introuvable ailleurs. Le centre possède également l'entière collection du service de microfiches de la US National Criminal Justice.

De plus, les bibliothèques gouvernementales peuvent vous diriger vers d'autres centres fédéraux de documentation; dans le cas présent, on vous recommandera le Centre canadien de la statistique juridique, principale source d'information statistique sur le système de justice canadien (crime, police, services correctionnels, délinquants juvéniles), le Collège canadien de la police, etc. On peut aussi vous orienter vers des organismes privés comme la Société canadienne pour la prévention du crime, le Conseil des Églises pour la justice et la criminologie, l'Institut canadien pour l'administration de la justice, la Commission de réforme du droit, etc.

COMMENT CHERCHER

Vous travaillez sur la violence familiale? Un fonctionnaire compétent peut vous référer au Centre national d'information sur la violence dans la famille qui publie *Vies-à-Vies*, un bulletin qui répertorie les livres, les vidéos et les articles sur la violence. De plus, la banque d'information du Centre est reliée au Centre national de documentation sur les victimes qui a accumulé des renseignements sur quelque 500 programmes d'aide aux victimes au Canada; le Centre possède en plus une banque de résumés de rapports, d'articles et de brochures. La violence dans la famille peut vous conduire à une recherche sur la drogue; on vous dirigera vers The Addiction Research Foundation, agence du gouvernement de l'Ontario qui collabore avec l'Organisation mondiale de la santé.

Pour aider les citoyens à trouver l'information pertinente, le gouvernement fédéral a mis sur pied le Centre de service au public qui possède plusieurs bureaux à travers le pays, sous l'autorité du ministère des Approvisionnements et Services. Ces services sont gratuits, par téléphone seulement. Les agents d'information vous mettent eux-mêmes en contact avec les services pertinents. Par ailleurs, Communication Québec donne des informations sur les services et les programmes du gouvernement du Canada et des gouvernements provinciaux.

Le gouvernement fédéral publie l'*Annuaire téléphonique du gouvernement du Canada,* document qui peut être très utile pour atteindre les bonnes sources. Cet annuaire se divise en plusieurs sections pratiques, dont une section alphabétique comprenant les noms et les numéros de téléphone des employés du gouvernement, et une section ministérielle comprenant les ministères fédéraux et tous leurs services, avec adresses et numéros de téléphone.

Une bonne source de référence dans la jungle fédérale est l'*Index to Federal Programs and Services.* Ce livre de référence annuel, en vente dans les librairies, fait la liste des 1500 programmes et services offerts par les agences, les conseils, les commissions et les ministères fédéraux avec une brève description de chacun. Il répertorie 4 500 adresses et numéros de téléphone gouvernementaux et possède un index par sujets. Chaque programme s'y trouve résumé.

Le gouvernement fédéral édite aussi des annuaires téléphoniques détaillés pour chaque province, dont un pour la région d'Ottawa. Du côté du secteur privé, Southam Communications publie *Corpus Administrative Index.* Ce livre comprend un guide supplémentaire par sujets, ainsi que la liste de tous les ministères fédéraux et provinciaux, de leur personnel clé avec adresses et numéros de téléphone.

☛ Les Services d'annuaires gouvernementaux électroniques (SAGE)
http://canada.gc.ca/search/direct500/geds_f.html
Offrent un annuaire intégré de tous les fonctionnaires fédéraux. On trouve sur ce site deux services d'annuaires soit le Service d'échange d'adresses électroniques (SEAE), qui comporte les adresses de plus de

Les bibliothèques et les centres de documentation

> **TRUC**
>
> ■ Consultez les pages bleues des annuaires téléphoniques pour vérifier les organismes gouvernementaux et paragouvernementaux établis dans votre région. Certains possèdent probablement un centre de documentation lié à leurs fonctions.

170 000 fonctionnaires, et les annuaires téléphoniques du gouvernement du Canada.

France

Bottin administratif
Éditions Firmin Didot

Répertoire complet de l'administration française, il reprend les informations sur la plupart des bibliothèques municipales, des bibliothèques départementales de prêt et des bibliothèques universitaires, auxquelles s'ajoutent les références de nombreuses bibliothèques, ou services documentaires des administrations, ou grandes institutions nationales.

LES BIBLIOTHÈQUES SPÉCIALISÉES

Des milliers de bibliothèques au Canada et au Québec se spécialisent dans un domaine particulier: l'environnement, l'architecture, l'histoire, les soins hospitaliers, etc.

Ces bibliothèques ou centres de documentation ne sont pas toujours ouverts au public, mais cela ne veut pas dire qu'il n'y a aucun moyen de s'y informer. Si vous avez repéré un centre que vous avez besoin d'utiliser, appelez le personnel, présentez-vous ou écrivez, en expliquant le genre d'informations dont vous avez besoin et pourquoi vous ne le trouvez pas ailleurs. Décrivez précisément la recherche que vous effectuez, ses objectifs et le matériel que vous voulez examiner. Parfois (mais pas toujours), le personnel vous permettra d'y travailler.

Les grandes entreprises, comme Alcan, Hydro-Québec, Aliments Culinar, Canadien National, Bombardier, ont en général des centres de documentation qui contiennent des quantités importantes de renseignements sur des sujets liés à leurs centres d'intérêt. Vous cherchez des photos portant sur un accident ferroviaire du début du siècle ? Le Centre de documentation du Canadien National pourra vous confirmer si ces photos existent. Ces centres sont d'abord à la disposition du personnel et, malheureusement, la plupart ne sont pas ouverts au public. Toutefois, par l'intermédiaire du service des relations publiques de ces entreprises, il est possible d'obtenir des informations sur les produits fabriqués. C'est souvent le directeur des relations publiques qui va contacter le centre de documentation et parfois donner l'autorisation à un chercheur de consulter la documentation.

Certaines entreprises actives dans le même secteur regroupent leurs centres de documentation. C'est le cas, par exemple, de l'Institut des pâtes et papiers ou de l'Institut de l'amiante. Ils sont ouverts aux chercheurs pour tout travail sérieux.

COMMENT CHERCHER

> **TRUC**
>
> ■ Consultez les pages jaunes des annuaires téléphoniques pour repérer les compagnies, les organismes, les hôpitaux, etc., installés dans votre région. S'ils possèdent un centre documentaire, leurs collections pourront peut-être vous aider dans vos recherches.

Les musées

Combien de personnes sont mortes à Dachau ou à Auschwitz? Le Musée de l'holocauste de Montréal pourra vous donner les détails. Où trouver des cercueils du siècle dernier avec «hublot»? Le musée (privé) de Lépine-Cloutier, à Québec, en possède.

Le seul nom de musée fait peur à certaines personnes. Mais, sauf de rares exceptions, le personnel des musées vous aidera volontiers. Les responsables sont des spécialistes. Souvent, les musées possèdent un centre de documentation, quelquefois ils renferment une vaste collection, comme c'est le cas du Centre canadien d'architecture, à Montréal.

De quoi avait l'air le premier guichet au pays? Où trouver les menottes qui retenaient prisonniers deux patriotes de 1837? Un mât totémique haut comme quatre étages au cœur de Montréal? Des cachots pour prisonniers durant la Seconde Guerre mondiale? Une momie? Des raquettes pour les chevaux? On peut trouver les réponses dans les musées.

Les sources suivantes permettent de localiser tous les musées existants au Québec, au Canada et ailleurs.

La Société des musées québécois a publié le *Répertoire des institutions muséales du Québec* (Montréal, 1995) qui présente quelque 465 musées. On a adopté une définition très large du terme «musée»; ce répertoire inclut aussi bien l'Atelier d'histoire Hochelaga-Maisonneuve et la Maison du granit que le musée Maria-Chapdelaine ou la Maison Laurier. On y dresse la liste alphabétique des institutions par régions. Société des musées québécois, succ. Centre-ville, UQAM H3C 3P8. Téléphone: (514) 987-3264. gouin@smq.uqam.ca

☛ Internet
http://www.uqam.ca/musees/

Le site Internet comprend la liste des musées du Québec divisés par régions et par thèmes et offre des liens avec d'autres musées au Canada et dans le monde.

L'Association des musées canadiens a publié un *Répertoire officiel des musées canadiens et institutions connexes, (1968-   )*. C'est un répertoire de quelque 1600 musées inscrits par ordre alphabétique, d'abord par provinces, ensuite à l'intérieur de chaque province, par localités et, pour chaque endroit, par noms d'institutions. On y trouve, pour chacun, le nom, l'année de fondation, l'adresse, le numéro de téléphone, une brève description des collections, les publications (s'il y a lieu), les directeurs, etc. Le *Répertoire* comprend aussi une liste alphabétique de toutes les institutions, un index du personnel des musées et un index regroupant les institutions dans 20 catégories distinctes: jardins botaniques, musées religieux, musées maritimes, etc. Il fournit également une liste des associations muséales, des organisations connexes et des organismes gouvernementaux du Canada et de l'étranger.

> **TRUC**
>
> ■ Faites l'inventaire des musées de votre région. Il est fort probable que leurs centres de documentation possèdent les répertoires d'adresses qui vous fourniront les noms des musées pouvant vous aider dans vos recherches.

☛ The Guide to Museums and Cultural Resources
http://www.lam.mus.ca.us/webmuseums/

Le Musée d'histoire naturelle du comté de Los Angeles a récemment inauguré son Guide des musées et des ressources culturelles sur le Web. Les responsables de ce site souhaitent en faire un vaste index des informations sur les musées, les parcs historiques, les aquariums et autres institutions culturelles. Non seulement se propose-t-on de permettre aux internautes d'en visiter les cyberexpositions, lorsqu'ils sont disponibles, mais on veut également fournir toute l'information nécessaire aux visiteurs qui pourraient vouloir visiter les véritables musées. Pour cette raison et de façon à ne maintenir qu'une seule liste, le site est aménagé géographiquement, par continents. Sous le nom de chaque continent apparaît une liste de pays. Pour les États-Unis on trouve aussi la liste des États. Pour chaque élément de la liste, on trouve le nom de l'endroit répertorié, la ou les langue(s) qu'on y parle et l'URL. Dans certains cas, on trouve également une adresse de courrier électronique et une description. Chaque institution fournit elle-même les informations qui la concernent. Une fois la recherche effectuée, on se voit offrir le choix entre la visite du musée et un détour vers la Page géographique apparentée ou il devient facile de trouver d'autres musées situés dans la même région, zone ou quartier. Enfin, le guide comprend une section sur les cybermusées – ceux-ci n'existant que dans Internet.

Hall of Fame Museums: A Reference Guide (Greenwood, 1997) de Victor J. Danilov donne de l'information sur 274 temples de la renommée dans plus de 100 domaines aux États-Unis et dans le monde.

The Official Museum Directory, publié annuellement depuis plus de 20 ans par l'American Association of Museums à Washington, répertorie 6 700 musées américains d'histoire, d'art, de science, de même que des musées plus spécialisés (agriculture, cirque, horlogerie, instruments de musique, etc.). Il comprend un index par États, par noms, par types de collections, par noms du directeur, par catégories (art, spécialités, musées de compagnies, etc.). Il fournit également une liste d'organisations professionnelles.

Le *Directory of Unique Museums* (Oryx Press, Phoenix, 1985) fait de courtes descriptions de musées effectivement uniques: The Tattoo Art Museum, le Vent Haven Museum (ventriloques), Blindiana Museum (aveugles), The Dog Museum of America, etc.

Le *Directory of Museums and Living Displays (1975-   )* donne de l'information sur 35 000 musées partout dans le monde.

Au siècle dernier, l'Université Harvard avait un problème: comment enseigner la botanique alors qu'il n'était pas possible de conserver les plantes très longtemps? On a alors fait appel à des maîtres verriers allemands qui ont fabriqué des plantes en verre. Un travail ahurissant! En consultant le *Catalog of Museum Publications and Media*, on apprend que des diapositives et des cartes postales en couleurs de ces plantes sont en vente au Musée botanique de l'Université. Cet ouvrage donne les détails sur les publications, le matériel audiovisuel et tout autre médium difficile à trouver dans les sources standard (films, périodiques, brochures). Il couvre plus de 1000 institutions, galeries, musées, etc., aux États-Unis comme au Canada, et comprend un index par titres, par sujets et par lieux géographiques.

Pour une liste des musées dans le monde, on consultera *Museums of the World*, 4th rev. and enl. ed. Munich: K.G. Saur, 1992.

Les sociétés historiques

Les sociétés historiques sont malheureusement souvent inconnues et œuvrent dans l'ombre; pourtant elles sont d'excellentes sources d'information. Ainsi, la Quebec Historical and Literary Society existe depuis 1824 au cœur du Vieux-Québec, et rares sont les personnes qui savent qu'on peut y trouver une des meilleures collections de documents sur la capitale. (On y trouve aussi des cartes, des photographies, etc.)

Avec autant de patience que de discrétion, une centaine de sociétés historiques épluchent la petite histoire du Québec: Société historique du Saguenay, Missisquoi Historical Society, Société d'histoire de la Mauricie, Société historique et généalogique de Trois-Pistoles, Société d'histoire du Bas-Saint-Laurent, Société historique du Nouvel-Ontario, etc. La plupart ont des publications: la Société historique canadienne publie *Les Cahiers,* la Société historique de l'Ouest du Québec, *Asticou,* etc.

Si certaines collections sont considérables, comme celle de l'Institut d'histoire de l'Amérique française, d'autres sont beaucoup plus modestes; mais toutes peuvent vous conduire à d'excellentes personnes-ressources.

La Fédération des sociétés d'histoire du Québec, 4545, av. Pierre-de-Coubertin, Montréal (Québec); téléphone: (514) 252-3031. C.P. 1000, succ. M, H1V 3R2. Cette fédération regroupe 125 sociétés d'histoire; elle publie un *Répertoire des sociétés membres de la Fédération.*

Directory of Historical Societies and Agencies in the United States and Canada (Colombus, Ohio). Ce répertoire est publié tous les deux ans, depuis 1956, par l'American Association for State and Local History. Il s'agit d'une liste géographique avec les adresses des sociétés historiques et généalogiques. Les sociétés historiques sont aussi répertoriées dans l'*American Library Directory* et le *Directory of Special Libraries and Information Centers.* (Voir la section «En Amérique du Nord».)

Les bibliothèques des quotidiens

La plupart des quotidiens ont un centre de documentation qui conserve la collection complète de leur propre journal, celle de leurs concurrents, des magazines et des livres de référence. Dans la plupart de ces centres, on découpe le journal du jour, on fait un regroupement par sujets et on dépose le tout dans des classeurs. Les journalistes utilisent ces coupures de presse pour se mettre à jour et vérifier ce qu'ils ont déjà écrit sur le sujet. *Le Journal de Montréal* ne conserve que des exemplaires de chaque numéro publié et n'a pas de centre comme tel. Par contre, *The Gazette*, *La Presse*, *Le Soleil* et *Le Devoir* ont d'excellents centres de documentation, rigoureusement fermés au public. Il faut connaître un journaliste pour y avoir accès.

Newspaper Libraries in the U.S. and Canada (Special Libraries Association, New York, 1980) répertorie un demi-millier de centres de documentation de quotidiens, classés par lieux (États, villes, aux États-Unis; provinces et villes, au Canada). On y trouve un index par villes et par personnes, les noms, les adresses, le tirage du journal, le numéro de téléphone, les heures d'ouverture, etc. On y précise si ces centres sont ouverts au public et, si c'est le cas, on donne une idée de la documentation et des collections spéciales. On mentionne également s'il y a des produits en vente: photos, etc.

☛ Newspaper Archives on the Web
http://sunsite.unc.edu/slanews/internet/archives.html

Sur ce site on peut accéder aux pages d'accueil et aux archives de plusieurs journaux régionaux américains. On donne également des informations sur ces archives et le prix pour obtenir des articles.

Les associations diverses

Les associations pouvant servir de sources d'information utiles sont très variées. Les plus importantes disposent souvent d'un centre de documentation et peuvent vous indiquer des experts à consulter pour votre projet de recherche. (Voir le chapitre 5 sur les experts.)

Cherchez-vous comment remplacer une corniche de métal? Des matériaux compatibles avec l'architecture traditionnelle montréalaise? Héritage Montréal a un petit centre de documentation dont une importante section est réservée à la rénovation. On y trouve, en plus, des catalogues de manufacturiers spécialisés, des répertoires de consultants, une liste d'architectes expérimentés en rénovation, en restauration et en recyclage.

Vous avez besoin de documentation sur les gardiens de but au hockey? Le Centre de documentation pour le sport à Ottawa dispose d'une banque de données informatisée sur le sport, l'éducation physique et la récréation (70 000 données), en plus d'une bibliothèque d'ouvrages de référence. Cette bibliothèque contient également une bonne partie des ouvrages, des articles de revues, des thèses, des comptes rendus de conférences, etc., sur les sports. De plus, le personnel peut vous référer à *Sportsearch* qui dépouille 250 périodiques sur le sport et l'éducation physique ou au *Hockey Hall of Fame and Museum*.

Où en est la recherche sur le recyclage du papier? L'Association canadienne des producteurs de pâtes et papiers pourra vous aider à orienter vos recherches.

POUR TROUVER D'AUTRES CENTRES DE DOCUMENTATION

En panne? Si les ressources locales, régionales et provinciales sont insuffisantes, voici des répertoires qui vous mettront sur la piste de nombreuses bibliothèques.

Au Canada

1. L'*Annuaire des bibliothèques canadiennes* (Toronto: Micromedia, 1985-   ) donne la liste de plus de 7000 établissements et succursales, centres d'information, médiathèques, archives et associations de bibliothèques ainsi qu'une liste à jour des périodiques en bibliothéconomie. Les autres sections de l'annuaire répertorient les systèmes régionaux de bibliothèques, les écoles de bibliothéconomie et les programmes de techniques de la documentation, les organismes provinciaux chargés des bibliothèques et un aperçu annuel de l'évolution des bibliothèques.

2. *Répertoire des bibliothèques canadiennes* (Ottawa: Bibliothèque nationale du Canada, 1974-   ).

    Vol. 1 – Les bibliothèques du gouvernement fédéral.

    Vol. 2 – Les bibliothèques de collèges et d'universités, les bibliothèques spécialisées et les centres d'information de ministères et organismes des gouvernements provinciaux et municipaux.

3. *Collections de recherche des bibliothèques canadiennes* (Ottawa: Bibliothèque nationale du Canada, 1972-   ) répertorie les collections de recherche des bibliothèques canadiennes de recherche et d'établissements d'enseignement supérieur.

    Partie 1: Les universités et les provinces.

    Partie 2: Études spéciales: collections d'ouvrages slaves et est-européens, d'ouvrages sur les beaux-arts, la musique, la danse, les autochtones, le théâtre, etc.

On trouve également une liste de bibliothèques dans:

4. *Corpus Almanac* and *Canadian Sourcebook* – Don Mills, Ontario: Corpus Information Services. On y retrouve une section sur les bibliothèques et les centres d'archives canadiens, classés par provinces et par territoires.

5. *Canadian Almanac and Directory* – Toronto Copp Clark Pitman. Plusieurs rubriques permettent de repérer différents centres documentaires: bibliothèques, cinémathèques, etc.

Si vous ne trouvez rien dans les systèmes public et universitaire, une bibliothèque spécialisée pourrait être utile pour votre recherche. Il en existe entre 1500 et 2000 au Canada, incluant les bibliothèques gouvernementales.

6. L'Association pour l'avancement des sciences et des techniques de la documentation (ASTED) a publié, en 1991, le *Répertoire des centres de documentation et des bibliothèques spécialisées et de recherche*. Ce répertoire recense plus de 670 centres documentaires spécialisés, de langue française, qui vont de André Marsan et associés jusqu'à la Sun Life du Canada, en passant par l'Association olympique canadienne et le Centre hospitalier Robert-Giffard. Le répertoire comprend deux parties. La première présente, par ordre alphabétique, la description détaillée de chaque organisme répertorié. La deuxième partie présente un index des organismes, des personnes-ressources, des sujets, des serveurs et des logiciels documentaires en usage dans ces centres.

En Amérique du Nord

Si c'est insuffisant, il reste les autres bibliothèques de l'Amérique du Nord.

1. Le répertoire le plus complet est l'*American Library Directory* (New York: Bowker, 1923-). C'est une liste alphabétique (par États et par provinces) d'environ 35 000 bibliothèques nord-américaines: publiques, universitaires, spécialisées, etc.

2. Il y a aussi le *Directory of Special Libraries and Information Centers* (Detroit: Gale Research, 1963-), qui décrit 22 400 bibliothèques spécialisées aux États-Unis, au Canada et dans 120 autres pays, avec un index par endroits et un autre par personnes-ressources. Le volume 2 permet de repérer rapidement les bibliothèques par pays et par villes dans une région donnée. Contrairement à ce que son titre pourrait laisser croire, la liste des bibliothèques publiques et scolaires y est aussi incluse. L'index par sujets, détaillé, dirige le lecteur vers les collections spéciales appropriées.

3. Le *Research Centers Directory* (Detroit: Gale Research, 1960-) couvre 7500 centres de recherche dans tous les domaines et est publié tous les trois ou quatre ans (avec des suppléments annuels). On y trouve qui fait quelle recherche et à quel endroit. À Atlanta, par exemple, le Center for Disease Control possède quelques dizaines de milliers de livres sur les moustiques. Ce répertoire fournit la liste des centres de recherche, des herboriums, des observatoires, des laboratoires et d'autres groupes de recherche affiliés à des universités ou à des gouvernements, à des entreprises, à des fondations, à des associations, etc.

4. *Government Research Centers Directory* (1980-), publié aussi par Gale, couvre environ 1500 centres de recherche-développement sous l'autorité du gouvernement des États-Unis, y compris les bureaux et les instituts, les installations de recherche-développement, les stations expérimentales, etc., alors que *Directory of American Research and technology* recense 13 000 corporations, universités et laboratoires américains et canadiens engagés dans la recherche et le développement.

5. Gale publie également *Subject Directory of Special Libraries and Information Centers* (1981-   ). Cet ouvrage couvre 18 500 bibliothèques et centres de recherche des États-Unis et du Canada.
6. Le *Writer's Resource Guide* (Cincinnati, Ohio: Writer's Digest Books) regroupe quelque 2 000 «sources»: fondations, associations, agences gouvernementales, musées, compagnies et collections spéciales, en une trentaine de catégories avec de l'information sur les services spécifiques qu'ils fournissent. Le *Writer's Resource Guide* indique également comment les contacter. L'index par sujets et par titres oriente vers des collections particulières.
7. *Subject Collections* (New York: Bowker) est publié tous les cinq ou sept ans; la dernière édition date de 1985. Ce répertoire de 2 000 pages, classé par sujets seulement, présente 19 000 collections spéciales de sujets dans 11 000 bibliothèques universitaires, publiques, de musées ou de sociétés historiques.

Répertoire des bibliothèques françaises
Coord. par Maud Espérou; préf. de Roger Chartier. Paris: ABF, 1995 (diff. Documentation française).

Ce répertoire comble un manque de l'édition, depuis le grand répertoire des bibliothèques et les centres de documentation spécialisés (BN, 1973) devenu obsolète. Il présente, beaucoup plus modestement, 1 085 établissements aux collections spécialisées, avec pour chacun une fiche technique — coordonnées, collections, services, heures d'ouverture, services par correspondance. Index thématiques.

Les répertoires de bibliothèques et services documentaires

Aucun répertoire récent ne recense de manière exhaustive les bibliothèques et les centres de documentation en France. Cependant, des informations très pertinentes figurent dans plusieurs publications ou banques de données accessibles en ligne.

1. Bibliothèques de lecture publique

Ce sont des bibliothèques de loisirs et d'information, dépendant en général des collectivités locales. Plusieurs répertoires sont consultables:

Adresses des bibliothèques publiques. Annuel, réalisé et diffusé gratuitement par la direction du livre et de la lecture. Comprend les 96 bibliothèques départementales de prêts et plus de 3 000 bibliothèques municipales; simple liste d'adresses. Certains fonds spéciaux des bibliothèques municipales peuvent figurer dans les répertoires des bibliothèques de recherche.

Annuaire des bibliothèques départementales de prêt. Annuel. Diffusé par l'Association des directeurs de bibliothèques départementales de Prêt (B.D.P. de l'Ain, 31, rue Juliette-Récamier 01000 BOURG-en-Bresse). Description détaillée des 96 bibliothèques départementales de Prêt et de leurs services, avec les noms des responsables.

Annuaire des Bibliothèques de la Ville de Paris. Diffusé par la direction des affaires culturelles de la Ville de Paris (6, rue François-Miron 75004). Description détaillée des 56 bibliothèques municipales parisiennes, de leurs fonds et de leurs services, avec les noms des responsables.

2. Bibliothèques de recherche

Elles sont de statuts très divers et ne constituent parfois qu'un service dans un laboratoire ou centre de recherche public ou privé. Des informations précises figurent dans les répertoires suivants :

Annuaire statistique des bibliothèques universitaires. Annuel. Publié par La Documentation française et disponible en librairie. Donne les statistiques d'activités des bibliothèques universitaires et une liste d'adresses complètes ; également disponible dans Internet : http://distb.mesr.fr/bibadr/bibadr.htm

Oriente-Express – 6e éd., 1996. Réalisé et diffusé par la Bibliothèque publique d'information du Centre Georges-Pompidou (également disponible dans Internet : http://www.bpi.fr/bd/orient) : recense 281 bibliothèques de Paris et de la région parisienne, surtout des bibliothèques de recherche (universitaires ou privées) ; donne une très intéressante sélection de services minitel d'informations pratiques et documentaires.

Répertoire des bibliothèques spécialisées françaises. 1994, Réalisé par l'Association des bibliothécaires français et publié par la Documentation française, il recense 1085 organismes documentaires publics et privés, dont les fonds et les services sont décrits avec précision et clarté.

3. Répertoires divers

Papyrus : répertoire de bibliothèques, d'archives et de centres de documentation – 2e éd., 1995, Éd. Pilotes (8, av. Richerand 75010 PARIS). Ce répertoire recense principalement des bibliothèques spécialisées, mais comprend quelques bibliothèques municipales et des services d'archives.

Répertoire des bibliothèques et organismes documentaires. Réalisé et publié par la Bibliothèque nationale en 1971 avec supplément en 1973. Seul recensement exhaustif, malheureusement périmé, il reste précieux pour la description des fonds anciens et de certains organismes spécialisés.

Internet

☛ Bibliothèque nationale de France
http://www.bpi.fr/autres/biblio/biblio.html

Bibliothèques universitaires et de grands établissements et quelques rares bibliothèques publiques.

☛ Catalogues collectifs
http://www.culture.fr/culture/sedocum/ceresdoc.htm

On peut trouver une liste des centres de ressources français dépendant du ministère de la Culture et de la Communication, services d'archives, bibliothèques, médiathèques, phonothèques etc.

☛ *Bibliothèques universitaires de France sur Internet*
http://sdbib.mesr.fr/bibadr/lsp.htm

Vaste répertoire préparé par le ministère de l'Éducation nationale, de l'enseignement supérieur et de la recherche. Ce même site comporte également un répertoire des bibliothèques universitaires de langue anglaise (http://sdbib.mesr.fr/bibdoc/bibdoc.htm) dans Internet, dont plusieurs ont un département d'études françaises.

☛ *Catalogues de bibliothèques françaises et étrangères*
http://www.bpi.fr/autres/biblio/biblio.html

Porte d'accès aux catalogues des bibliothèques offerte par la Bibliothèque publique d'information du Centre Georges-Pompidou à Paris.

Grande-Bretagne

☛ University of Exeter – Bulletin Board for Libraries
http://www.ex.ac.uk/~ijtilsed/lib/wwwlibs.html

La page Library and Related Resources de l'Université d'Exeter (Grande-Bretagne) fournit une foule de tuyaux détaillés sur les sites des bibliothèques et d'information générale du Royaume-Uni. Un de ces sites, le Bulletin Board for Libraries (BUBL), est particulièrement à noter en raison de la qualité de ses index et de son contenu bibliographique. BUBL est classé par ordre alphabétique et selon le Système décimal universel (UDC) – un système analogue au système Dewey. Le site offre également les noms des serveurs en matière d'information bibliothéconomique, des catalogues de bibliothèques, des organisations de bibliothécaires et apparentées, des sociétés savantes, etc.

Dans le monde

Finalement, si vous devez étendre votre recherche au niveau international, vous pouvez consulter les ouvrages suivants:

Les bibliothèques et les centres de documentation

1. *International Research Centers Directory* (Gale, 1981-) : une liste de 6 000 centres de recherche dans 145 pays.
2. *World Guide to Libraries* (New York : Saur, 1980-) répertorie plus de 40 000 bibliothèques à fonds encyclopédiques (c'est-à-dire non spécialisées) dans 167 pays, divisées par continents, pays, types de bibliothèques et villes.
3. *World Guide to Special Librairies* (New York : Saur, 1983-) recense près de 33 000 bibliothèques spécialisées dans 159 pays.
4. Research Services Directory (Detroit : Gale, 1981-) est un guide qui présente environ 4 000 compagnies, centres, laboratoires et particuliers du secteur privé offrant un service de recherche dans tous les domaines, qu'il s'agisse d'analyses chimiques, d'expertises, de sondages, d'études de marché, etc.

Internet

Grâce à Internet et à l'indexation électronique des collections, jamais les grandes bibliothèques du monde n'ont été aussi accessibles. Vous pouvez mener vos recherches bibliographiques aux quatre coins du globe sans quitter le confort de votre foyer.

☞ *Catalogues de bibliothèques sur Internet*
http://library.usask.ca/hywebcat/

Ce site répertorie les catalogues de bibliothèques qu'on peut interroger sur le Web. Le site est divisé par régions géographiques et par type de bibliothèques

☞ Libweb
http://sunsite.berkeley.edu/libweb/

La SunSite Digital Library répertorie plus de 1100 bibliothèques situées dans plus de 45 pays et ayant un service Web. Vous pouvez chercher pour les bibliothèques par continent ou par mot-clé, et jeter un coup d'œil aux services et aux collections d'une institution sélectionnée.

On peut même trouver plusieurs sites qui se spécialisent dans l'établissement de listes de bibliothèques publiques avec services « en ligne ». Mentionnons le site de la bibliothèque publique St. Joseph de South Bend, en Indiana, la première bibliothèque américaine à se constituer en serveur Web : http://sjcpl.lib.in.us/homepage/PublicLibraries/PubLibSrvsGpherWWW.html

Les grandes bibliothèques

La prolifération des sites offerts par les grandes bibliothèques est l'un des secrets les mieux gardés d'Internet. Plusieurs offrent maintenant, au minimum, leur catalogue « en ligne » de cartes. Ainsi :

The New York Public Library (http://www.nypl.org) et le Berkeley Public Library in California (http://www.ci.berkeley.ca.us/bpl) sont deux des meilleurs exemples de ce type de sites.

Tandis que les catalogues «cartes ouvertes» rendent la recherche de plus en plus facile, les sites des bibliothèques offrent d'autres caractéristiques qui en font d'utiles variantes à des outils de recherche comme Yahoo. Plusieurs sites de bibliothèques offrent notamment un large éventail de liens de recherche avec des textes complets, recréant ainsi la salle de lecture d'une bibliothèque virtuelle de recherche.

Certains de ces sites excellent dans les outils permettant d'éviter de s'empêtrer dans des détails et d'entreprendre une recherche qui «ratisse large». Ainsi, le site The New York Public Library, (http://www.nypl.org) dispose d'une page de «ressources dans Internet» qui contient des liens avec des sujets allant du sida aux affaires en passant par la généalogie.

Dans la plupart des cas, les bibliothèques ont conçu des sous-pages pour ces sujets, lesquelles établissent les relais avec un plus grand nombre de liens.

3 LA RECHERCHE RAPIDE D'INFORMATION

Les questions qui demandent une réponse directe, une information précise, impliquent une recherche rapide de quelques minutes seulement. On cherche un fait précis, une statistique officielle, une adresse, etc.? Qui était premier ministre du Canada pendant la Seconde Guerre mondiale? Où est né Félix Leclerc? Quels sont les symptômes du sida? On trouve les réponses à ces questions «faciles» dans les ouvrages de référence, qui sont des sources d'information factuelles.

Les ouvrages de référence sont conçus pour être consultés rapidement et efficacement. Si l'information y est classée par ordre alphabétique, ce qui est souvent le cas dans les dictionnaires, les répertoires d'adresses et certaines encyclopédies, la recherche est simple. Lorsqu'un ouvrage de référence regroupe son information par sujets, c'est-à-dire dans un ordre méthodique, une table des matières élaborée et un index sont alors souvent les meilleurs outils.

La table des matières présente les chapitres, les sujets principaux, en suivant l'ordre des pages. L'index est une liste alphabétique de tous les sujets contenus dans l'ouvrage, avec des renvois, des indications qui dirigent vers le sujet approprié, habituellement la page précise.

COMMENT CHERCHER

TRUC

■ Les catalogues des bibliothèques permettent de localiser rapidement leurs titres. Pour les ouvrages de référence généraux, portant sur tous les sujets, on cherche directement à la catégorie désirée: encyclopédies, dictionnaires de langue, dictionnaires biographiques, etc. Pour les ouvrages de référence spécialisés, ne traitant que d'un seul sujet ou d'une seule discipline, on doit d'abord, dans le catalogue des sujets, chercher le terme spécifique du sujet ou de la discipline désirés, suivi de la catégorie d'ouvrages de référence appropriée: Philosophie – Encyclopédies et dictionnaires,
Canada – Annuaires,
Avortement – Bibliographies, etc.

Les centres qui utilisent la classification décimale de Dewey regroupent leur collection d'ouvrages de référence dans la grande classe 000 (010, Bibliographies; 030, Encyclopédies; etc.), la classe 400 pour les dictionnaires de langue et la classe 900 pour les dictionnaires biographiques.

Ceux qui utilisent la classification de la Bibliothèque du Congrès regroupent leur collection dans la classe A (AE, Encyclopédies; AY, Annuaires; etc.), la classe P pour les dictionnaires de langue et la classe Z pour les bibliographies.

L'examen des pages préliminaires[1] d'un ouvrage de référence, surtout si on le consulte pour la première fois, précise souvent la façon efficace de l'utiliser, renseigne sur l'information qu'il contient, etc.

Toutes les bibliothèques mettent à la disposition de leurs usagers une collection d'ouvrages de référence. Comme c'est une collection qui se consulte sur place seulement, tous les usagers sont assurés de pouvoir disposer de ces ouvrages en tout temps.

Plusieurs «outils» de référence existent sur d'autres supports que le papier, notamment sur microformes ou sur CD-ROM. Les éditeurs et les producteurs d'outils de référence se sont adaptés aux plus récentes technologies. Les éditeurs des dictionnaires *Hachette* et *Robert*, par exemple, offrent maintenant une version sur CD-ROM: *Zyzomis* et *Le Robert électronique*. Des encyclopédies, des bibliographies, des atlas sont maintenant vendus sur ce support.

LES DICTIONNAIRES DE LANGUE

Au préalable, il est parfois important de consulter des dictionnaires de langue pour bien définir les termes du sujet. Il existe toutes sortes de dictionnaires spécialisés dans un aspect seulement de la langue (prononciation, anglicismes, rimes, sigles, synonymes, visuels, bilingues, analogiques, etc.) alors que d'autres sont généraux, regroupant plusieurs informations linguistiques pour chaque terme. Voici quelques dictionnaires de base.

Le Grand Larousse de la langue française, en plusieurs volumes. Il fait un large accueil aux mots techniques et aux néologismes.

Le Grand Robert de la langue française est également offert en plusieurs volumes.

Le Petit Robert est un dictionnaire alphabétique et analogique de la langue française. Pour chaque mot, ce dictionnaire donne la prononciation, l'étymologie, la date à partir de laquelle son emploi dans notre langue est connu, ses différents sens, avec des exemples. De plus, la présentation des synonymes et des antonymes fait du *Petit Robert* un dictionnaire non seulement descriptif et historique mais aussi analogique.

Le Petit Larousse illustré donne l'étymologie, le niveau de langue, tous les sens du mot, etc. Ses célèbres «pages roses» présentent des locutions latines, grecques et étrangères ainsi que des proverbes. Il comporte également une section de noms propres.

---

1. Section d'un ouvrage de référence qui explique le fonctionnement, l'organisation de l'information et sa portée. Le contenu des pages préliminaires peut varier d'un ouvrage de référence à l'autre, mais c'est dans cette section que l'on retrouve l'introduction, la préface, les avertissements et les avis au lecteur et l'avant-propos. Ces pages guident l'usager et ont pour objectif de donner une vue d'ensemble. C'est également dans ces pages que l'on trouve généralement la table des matières dans les ouvrages publiés en Amérique du Nord, y compris le Québec. Les éditeurs européens préfèrent souvent la placer à la fin de l'ouvrage.

Le Grand Larousse se présente en 5 volumes : 116 000 articles, 4 450 photographies, 2 800 dessins, 410 cartes. Tous les domaines de la connaissance et de l'activité humaine y sont soigneusement explorés.

Les canadianismes

À titre d'exemples :

Le *Dictionnaire d'expressions figurées en français parlé au Québec* est publié par Beauchemin. Il présente les québécismes les plus courants.

Le *Dictionnaire nord-américain de la langue française* est publié par Bélisle : il comprend pas moins de 60 000 mots.

Le *Dictionnaire du français québécois* est publié par Les Presses de l'Université Laval.

LES DICTIONNAIRES TERMINOLOGIQUES OU LEXIQUES

Cette catégorie de dictionnaires est importante pour la recherche. On retrouve des dictionnaires terminologiques dans toutes les disciplines et sur énormément de sujets. Ces dictionnaires n'ont pas pour but de fournir de l'information linguistique, comme c'est le cas des dictionnaires de langue (étymologie, synonymes, classement grammatical, etc.), mais d'analyser en profondeur le vocabulaire propre à une profession (jargon), un domaine du savoir ou un sujet.

Ce sont des ouvrages très populaires, que l'on retrouve facilement sur le marché. Larousse, entre autres, publie chaque année des nouveaux titres dans sa collection *Les dictionnaires de l'homme du XXe siècle* sur des sujets variés : jazz, cinéma, religion, psychologie, explorations, etc.

À titre d'exemples :

En philosophie, le *Vocabulaire technique et critique de la philosophie* d'André Lalande.

En techniques de la documentation, le *Vocabulaire de la documentation* de l'Association française de normalisation.

En sciences et en techniques médicales, le *Dictionnaire des termes techniques en médecine*, publié chez Maloine.

Au Canada et au Québec, deux organismes offrent un éventail intéressant de lexiques reliés à divers domaines : comptabilité, édition et reliure, affaires, management, appareils ménagers, etc. Il s'agit du Secrétariat d'État du Canada et de l'Office de la langue française (au Québec), qui se spécialisent dans la production de lexiques (anglais-français, français-anglais) et de vocabulaires.

☛ Dictionnaire des noms communs
http://www.francophonie.hachette-livre.fr/

Pour tous les francophones, Hachette Livre met à votre disposition un dictionnaire de français tel qu'il est parlé sur les cinq continents. Son utilisation est entièrement gratuite. Ce site est permanent et contient la totalité des noms communs de l'ouvrage imprimé commercialisé. De plus, tous les mots sont en hypertexte.

On trouve plus de 400 dictionnaires couvrant quelque 130 langues différentes sur le site http://www.facstaff.bucknell.edu/rbeard/diction.html

LES ENCYCLOPÉDIES GÉNÉRALES

Une fois que les termes d'un sujet sont compris, il est préférable de s'en faire une idée générale, afin de savoir ce qu'implique la recherche, et s'il faut ou non restreindre le sujet. À cette étape, le recours à une bonne encyclopédie s'impose.

Platon et Aristote étaient deux sérieux penseurs grecs qui donnaient des cours sur tout, en marchant, à des élèves de bonne famille qui payaient le privilège de les écouter. Le verbe était cher et on s'est dépêché de retranscrire par écrit ces cours qui faisaient le tour du savoir. Platon et Aristote sont ainsi les pères de l'encyclopédie (qui signifie «instruction embrassant tout le cycle du savoir»). Puis les Romains ont ajouté la compilation de sources écrites et, en 77 après Jésus-Christ, Pline l'Ancien écrivait la plus vieille encyclopédie reconnue. Diderot, au XVIIIe siècle, a élaboré un projet qui ressemble plus à nos encyclopédies d'aujourd'hui. Il y a donc longtemps qu'on essaie de mettre ensemble tout ce qu'on connaît, avec un certain ordre. Une encyclopédie, c'est exactement cela: toutes les connaissances humaines mises en ordre. Alphabétiques ou thématiques, avec ou sans illustrations, les encyclopédies générales résument le monde en milliers de pages. C'est par là que, la plupart du temps, commence la recherche sur un sujet.

Les encyclopédies ne peuvent pas tout transmettre, mais ce qu'elles font, elles le font bien. Ouvrages de référence par excellence, continuellement rajeunies par des suppléments souvent appelés annuaires encyclopédiques, les encyclopédies sont de véritables clés du savoir et donnent, en quelques pages, souvent denses, l'aperçu général d'un sujet.

Certaines encyclopédies sont alphabétiques, donc faciles à consulter, mais ce qu'on cherche peut y être dispersé dans plusieurs articles. Les meilleures, par exemple l'*Encyclopædia Universalis*, ont un index pour indiquer les liens entre les articles et terminent leurs articles par une bibliographie des livres les plus importants, fournissant ainsi une base solide pour une recherche ultérieure.

L'*Encyclopædia Universalis* rassemble des articles de haut niveau rédigés par des milliers de spécialistes. Elle est toutefois utilisable par un large public.

Chaque article est précédé d'une introduction qui donne un aperçu d'ensemble. Cette encyclopédie comprend plusieurs volumes: 23 volumes pour le corpus, dont les rubriques sont classées par ordre alphabétique; 4 volumes pour le «thésaurus-index»; 3 volumes pour le «symposium» qui présente les derniers développements de la science et de la culture. Plus Universalia (voir plus bas).

L'encyclopédie par excellence pour toute recherche concernant le Canada reste l'*Encyclopédie du Canada* (Stanké, Montréal, 1987) en trois volumes. Les articles portent sur l'histoire, la géographie, l'économie, la vie culturelle, la nature, la science et les personnages célèbres. En version originale anglaise (Hurtig Publishers), une deuxième édition en 4 volumes a été publiée en 1988. Une dernière édition: papier 2000 en un seul volume; CD 2000 en 4 versions numériques – bilingue (pour la 1re fois), étudiant, de luxe, DVD (sept. 2000). Ces données se retrouvent également sur la version CD-ROM de *Canadian Encyclopedia* (Toronto: McClelland & Stewart).

Lorsque les encyclopédies utilisent l'ordre méthodique pour classer leurs informations, on consulte l'index pour repérer rapidement ce que l'on cherche.

Le *Grand Dictionnaire encyclopédique Larousse* comprend 21 volumes reproduisant 400 000 notices. Les illustrations sont splendides. À chaque page, on trouve des photographies, des graphiques, des cartes, etc.

L'*Encyclopædia Britannica* a beaucoup changé depuis sa première édition à Edinburgh, en 1768, alors qu'elle écrivait sous la vedette-matière «Femme»: *Woman: female of man. See Man.*

Elle comprend aujourd'hui trois parties: *Propædia* (1 volume) est un profil détaillé de la structure de la connaissance humaine. *Micropædia* (12 volumes) donne une référence rapide sur le sujet (capsules de quelque 750 mots avec des références mentionnant où l'on peut trouver plus d'information) et comprend un index. *Macropædia* (17 volumes) contient des articles exhaustifs sur plus de 4 000 sujets. La maison d'édition Britannica appartient depuis le début du siècle à des Américains; pourtant, sa sœur cadette, l'*Encyclopaedia Americana*: (1829-) garde une longueur d'avance en ce qui concerne les États-Unis. Les articles portant sur des sujets particuliers sont en général courts, alors que ceux sur des sujets généraux sont beaucoup plus exhaustifs.

Sans aucune hésitation, il faut également consulter les encyclopédies pour enfants et adolescents. L'information y est souvent impeccable et beaucoup plus facile à trouver.

Le problème du retard de l'information et sa mise à jour a commencé avec les premières encyclopédies: depuis le XVIIIe siècle, dès que le dernier volume d'une encyclopédie sort enfin des presses, le premier volume est déjà dépassé. Voilà pourquoi *Universalis*, *Larousse* et d'autres encyclopédies font des révisions périodiques. Ainsi, *Britannica* effectue une révision d'environ 20 % de ses articles tous les 10 ans.

COMMENT CHERCHER

TRUC

■ Parmi les encyclopédies **générales**, il faut encore citer les collections encyclopédiques qui abordent tous les sujets dans des fascicules ou des volumes séparés dont chacun est rédigé par un spécialiste. La collection «Que sais-je», qui existe depuis 1941, en est l'exemple type. Comme les cartes, ils suivent de peu la découverte et l'exploration de nouveaux domaines de la connaissance. La collection comprend actuellement plus de 3000 titres. Ces volumes sont mis à jour régulièrement avec de nouvelles éditions. Le catalogue distribué par l'éditeur présente ces titres dans l'ordre alphabétique et selon un classement thématique. On est presque toujours certain de trouver un «Que sais-je» sur un sujet qui nous intéresse ou sur un autre sujet connexe. Chaque volume est en quelque sorte un long article de 127 pages, qui fait la synthèse d'un sujet.

Les annuaires encyclopédiques

Pour vieillir sans trop de rides, les encyclopédies publient des annuaires destinés à mettre l'information à jour. Ces publications annuelles ont deux buts: garder la base de l'encyclopédie à jour et fournir un résumé des principaux événements de l'année. En plus de couvrir les principales tendances dans différents domaines, ces annuaires sont utiles pour retracer les nécrologies, les biographies et les chronologies d'événements.

Du côté francophone, *Universalia*, avec ses articles synthèses et sa liste détaillée des événements, fait revivre une année. En plus de cette chronologie, on y retrouve des articles sur des thèmes et des problèmes actuels, comme «L'affaire Waldheim», des points d'histoire, comme «Les stratégies agroalimentaires» ou «Lueurs de paix en Amérique centrale», et des articles sur la vie quotidienne: «Végétarisme et végétarien» ou «L'affiche japonaise». Ces articles couvrent facilement une demi-douzaine de pages (encyclopédiques) denses. Enfin, *Universalia* répertorie des biographies et des portraits. Des repères cumulatifs permettent de retrouver tous les sujets traités, une véritable mine de renseignements, car rien d'important, ou presque, ne leur échappe.

Pour sa part, Grolier publie, depuis 1950, *Le Livre de l'année*. Celui-ci complète son encyclopédie et présente une chronologie annuelle très vulgarisée qui peut répondre brièvement mais rapidement à des questions d'ordre général. Le *Britannica Book of the Year* offre, depuis 1938, des articles d'importance et des notices brèves sur les principaux événements de l'année. *Britannica* se met à jour en science avec son *Yearbook of Science and the Future*, une publication débordant d'articles sérieux et bien faits sur des sujets scientifiques actuels.

Il existe plusieurs autres suppléments annuels: celui d'*Americana*, depuis 1923, de *Collier's* depuis 1950 et du *World Book Encyclopædia Yearbook* depuis 1922.

LES ENCYCLOPÉDIES ET LES DICTIONNAIRES SPÉCIALISÉS

Les encyclopédies spécialisées représentent des sommes de connaissances dans un seul domaine. Pour suivre la trajectoire incroyable du père Joseph Jean de Rimouski qui devint diplomate de l'Ukraine libre avant de créer des colonies ruthènes en Abitibi, il ne faut surtout pas se plonger tout de suite dans l'*Encyclopedia of Ukraine*. Mais avec les renseignements fournis par l'*Encyclopédie du Canada*, on peut ensuite poursuivre avec la *New Catholic Encyclopedia*, le *Dictionnaire historique* de Robert Mourre, ou avec une autre encyclopédie spécialisée.

Ceux qui cherchent de bons articles d'introduction aux sciences seront mieux servis par les 15 volumes de McGraw-Hill, *Encyclopedia of Science and*

La recherche rapide d'information

> **TRUCS**
>
> ■ Pour savoir si une bibliothèque a une encyclopédie spécialisée, demandez au personnel ou cherchez dans le catalogue votre sujet, suivi des subdivisions «Dictionnaires» ou «Dictionnaires ou encyclopédies». Ainsi, on peut chercher dans le catalogue la vedette-matière «Amérindiens» puis, en regardant les subdivisions des notices, voir s'il y a une subdivision «Indiens – Dictionnaires» ou une autre «Indiens – Dictionnaires et encyclopédies».
>
> ■ Les bibliothèques classent ensemble, dans une collection séparée, tous les ouvrages de référence. Une fois un titre repéré, vous retrouvez à proximité de celui-ci d'autres titres d'ouvrages que possède la bibliothèque, dans la même catégorie.

Technology ou son *yearbook*, que par *Britannica* ou *Americana*. McGraw-Hill, comme la plupart des éditeurs d'encyclopédies spécialisées, s'adresse au profane «éclairé». Des articles présentent chaque discipline scientifique; d'autres traitent de sujets plus spécialisés. Les articles longs sont suivis d'une bibliographie.

De même, on trouve «Sociologie» dans l'*Encyclopædia Universalis*, mais les informations sont beaucoup moins complètes que dans l'*International Encyclopedia of the Social Sciences*. Vous allez certainement en apprendre davantage sur la Kabbale dans l'*Encyclopædia Judaica* que dans *Bordas*. Un article sur Picasso dans l'*Encyclopedia of World Art* est plus long et détaillé que dans les encyclopédies publiées par Larousse.

Bref, une fois les connaissances de base acquises dans une encyclopédie générale, la recherche peut être raffinée grâce aux encyclopédies spécialisées telles *Encyclopédie des sports, Encyclopedia of Alcoholism, Encyclopedia of Ontario, Encyclopédie des jeux de cartes, World Encyclopedia of Comics, Encyclopédie de l'utopie et de la science-fiction, Encyclopédie de l'ésotérisme, Encyclopédie des animaux, Encyclopédie des connaissances agricoles, McGraw-Hill Encyclopedia of Food, Agriculture & Nutrition*, etc.

Internet

On trouve une liste d'encyclopédies et de dictionnaires disponibles en ligne sur le site http://www.sau.edu/cwis/internet/wild/Refdesk/Encyclo/encindex.htm

☛ *Britannica Internet Guide*
http://www.ebig.com

65 000 sites compilés et évalués par l'*Encyclopedia Britannica*. Les sites, classifiés par thèmes, sont hiérarchisés suivant leur intérêt et décrits. Recherche par mot-clé possible.

☛ *Funk & Wagnalls Multimedia Encyclopedia*
http://www.vcot.com

Offre en ligne l'intégrale de ses 29 volumes.

☛ *Concise Columbia Electronic Encyclopedia*
http://encyclopedia.com/

Offre sur son site plus de 17 000 articles.

LES DICTIONNAIRES ET LES RÉPERTOIRES BIOGRAPHIQUES

Les renseignements sur Marilyn Monroe, Élisabeth Ire ou Shirley MacLaine fournis par les encyclopédies vous laissent insatisfaits? S'il n'existe pas sur le marché des biographies de personnages illustres dans divers secteurs

COMMENT CHERCHER

> **TRUC**
>
> ■ En consultant le catalogue-sujets d'une bibliothèque sous le nom du personnage qui vous intéresse, suivi de la subdivision «Biographie», vous saurez si la bibliothèque possède ou non des documents qui relatent la vie de cette personne.
>
> Plusieurs personnalités n'ont pas encore intéressé un biographe et, conséquemment, on ne retrouve aucun livre qui leur est dédié. Certaines ne sont pas mortes depuis assez longtemps. D'autres sont devenues célèbres depuis peu. Des personnalités sont réputées dans certains cercles seulement. D'autres ont été célèbres, mais ne le sont plus. Par où commencer?
>
> Le chercheur doit savoir qu'il existe, dans la plupart des pays :
>
> > Un dictionnaire biographique des personnes vivantes (un *Who's Who*) et un dictionnaire biographique des personnes célèbres décédées.
>
> Y a-t-il des films sur des personnes célèbres? On consultera Famous People on Film (Emmens C) ou Guide to Films (16 mm) about Famous People (Sprecher, D.).

(hommes politiques, comédiens, musiciens, etc.), les dictionnaires biographiques viennent à la rescousse; ils offrent des résumés concis de la vie des personnes qui ont laissé leur marque (historiens, écrivains, rois, chefs d'État, chanteurs, acteurs, etc.). On y donne la date de leur naissance et de leur mort s'il y a lieu, les endroits où ils ont vécu, leur œuvre, leurs traits caractéristiques, leurs contemporains célèbres. Ces répertoires sont utiles pour les journalistes, les *fans* et tous ceux qui ont à contacter diverses célébrités; ils peuvent servir, entre autres, à trouver l'adresse postale d'une personne célèbre, mais pas son adresse personnelle.

On y trouve de tout. Certains se limitent aux personnages d'un seul pays; d'autres traitent des personnalités sur le plan international. Certains ne présentent que les personnes encore vivantes; d'autres, uniquement des personnes décédées et, parfois, les uns et les autres indistinctement. Certains sont spécialisés dans un seul domaine (écrivains, musiciens, etc.), comme le *Who's Who in Television and Cable*. D'autres admettent tous les hommes et les femmes illustres quel que soit leur champ d'activité. Ainsi, le *V.I.P. Address Book* contient plus de 20 000 adresses de personnes célèbres dans certains domaines (religion, éducation, politique, divertissements, loisirs, sciences, etc.), et ce, dans le monde entier. Pour la France, le *Bottin mondain : tout Paris, toute la France* (Paris : Annuaire du commerce Didot-Bottin) recense depuis le début du siècle noms et adresses de personnalités, de commerces et d'organismes français et mondiaux. On y retrouvera bien sûr la liste mondaine des ducs et duchesses et autres membres de la monarchie, mais aussi plusieurs adresses de musées, d'académies, d'Institutions et d'Ordres, de Cultes. Également des adresses commerciales en tourisme, en organisations d'événements fastueux, etc.

Internet

On peut maintenant trouver sur le Web des sites spécialisés dans les biographies de personnes célèbres.

> ☛ Liste de sites biographiques
> http://www.ipl.org/ref/RR/static/ref1000.html
>
> Plus de 40 sites recensés par l'Internet public library. Division par catégorie : artistes, auteurs, etc.
>
> ☛ Lives, the Biography Resource
> http://members.home.net/klanxner/lives/
>
> Collection de liens vers des milliers de biographies, de mémoires, de journaux intimes, de lettres, d'autobiographies, d'histoires transmises oralement et bien davantage. Coup d'œil sur la vie des gens célèbres, des gens tristement célèbres et d'autres pas célèbres du tout. On y trouve aussi des biographies de groupe pour des gens de même profession, de même époque ou de même lieu géographique. On y a également accès à des collections générales, des ressources critiques sur la biographie ainsi que des collections spéciales.

La recherche rapide d'information

☞ Biographical Dictionary
http://www.s9.com/biography/

Ce site est un dictionnaire où sont répertoriés plus de 27 000 hommes et femmes célèbres qui ont façonné l'histoire de l'humanité, de l'Antiquité à nos jours. Il peut être consulté par noms, années de naissance, années de décès, titres des personnages, métiers et professions, œuvres littéraires et artistiques, réalisations diverses, et autres mots-clés.

☞ Biography
http://www.biography.com/

Le site Biography est au cœur du site A&E Television Network. C'est une banque de données qu'on peut interroger de 15 000 biographies en références croisées (fournies par le Cambridge Biographical Encyclopedia). Le site fournit également le texte complet de chapitres extraits de certaines biographies, des critiques de biographies et l'horaire des prochains épisodes de la série Biography.

☞ Biographie.net
http://www.biographie.net

Inventaire d'un millier de biographies disponibles sur le Web francophone, de Jules César et Platon aux Spice Girls en passant par Jospin, Zola et DiCaprio...

☞ CelebSite
http://www.celebsite.com/

Information biographique sur des célébrités avec des liens vers des sites plus détaillés. On peut chercher par nom ou par catégorie (acteur, actrice, athlète, modèle, musiciens, etc.)

☞ Librarian's Guide to the Best Information on the Net
http://www.sau.edu/cwis/internet/wild/Refdesk/Biograph/bioindex.htm

Dans le Librarian's Guide to the Best Information on the Net, on trouve une page consacrée uniquement aux ressources biographiques disponibles dans Internet.

On offre d'abord des liens avec des sources biographiques comme le *Biographical Dictionary*: des milliers de capsules biographiques sur des personnes célèbres de l'Antiquité à aujourd'hui; ou Biography: de courtes biographies sur 15 000 personnes dans tous les domaines; Britannica's Lives, qui permet de trouver rapidement qui est né à n'importe quelle date ou n'importe quelle année accompagné de très courtes biographies; et Namebase Index, qui recense plus de 200 000 citations sur des célébrités dans le domaine des arts, de la politique, etc., à partir de livres et d'articles.

Le site offre également une série de sources par catégories. Acteurs et actrices, artistes, auteurs, femmes célèbres du passé et du présent, personnages historiques américains, inventeurs célèbres, musiciens, les récipiendaires des prix Nobel, les présidents des États-Unis. Enfin, des biographies de personnes importantes dans l'histoire du catholicisme: les saints, une liste complète des papes, etc.

☛ People's century
www.pbs.org/wgbh/peoplescentury

La légende de ce siècle vue à travers les grands personnages qui ont façonné son histoire. Couplé à une émission de télévision de la chaîne américaine PBS, ce site présente une rétrospective des événements importants du 20e siècle, avec chronologies et interviews de personnalités ayant marqué leur époque. Les informations tirées des 26 épisodes de la série sont accessibles de manière thématique, et pour utiliser le contenu à des fins pédagogiques, le site propose un guide pour les professeurs.

☛ Personnages Historiques Europeens Catégorie
http://perso.wanadoo.fr/christophe.henry/

Petit descriptif des personnages historiques européens des principales puissances européennes du Moyen Âge à nos jours.

Les dictionnaires biographiques nationaux et internationaux

Certains dictionnaires sont de portée internationale, notamment *Le Petit Robert 2*, *Le Petit Larousse illustré* (section des noms propres) et le *International Who's Who*. D'autres se limitent à un seul pays.

Le *International Who's Who*, publié annuellement à Londres depuis 1935, contient environ 15 000 biographies brèves des personnalités les plus éminentes du monde, avec un accent sur l'éducation, les finances et le commerce. The Marquis Who's Who Co. édite une variété de répertoires biographiques bien connus dont le vénérable *Who's Who in America* (72 000 biographies) qui existe depuis 1898, de même que les *Who's Who of American Women*, *Who Was Who in America* ou *Who's Who in Science*. Il y a une mise à jour constante, mais les profils des personnalités varient considérablement parce que ces dernières fournissent l'information elles-mêmes. Marquis produit également des *Who's Who* par régions géographiques et par États. Le grand-père de toutes les sources, le *Dictionary of American Biographies*, fournit de l'information détaillée qui est abrégée dans le *Concise Dictionary of American Biography*.

Pour l'information récente, rien ne vaut le *Current Biography* (1940-). Chaque mois, le *Current Biography* présente une vingtaine de profils de personnalités notables de tous les pays et dans tous les domaines. Chaque article comprend la date de naissance, l'adresse personnelle ou d'affaires, le domaine ou la profession et un texte d'environ 2500 mots, avec une photographie récente et des références à d'autres sources d'informations biographiques. Chaque numéro inclut aussi une liste des personnes ayant déjà fait l'objet d'une recension. Le *Current Biography* vise l'objectivité; ses informations sont fiables et pertinentes, ce qui n'est pas toujours facile à trouver.

Le *Current Biography* a, depuis 1940, une refonte annuelle: le *Current Biography Yearbook*, une cumulation annuelle et alphabétique des biographies parues durant l'année, de même qu'un index cumulatif de tous les articles publiés par les répertoires de la décennie. On met l'accent sur les 350 à 400 personnalités internationales, surtout celles qui, d'une façon ou d'une autre, ont eu une influence aux États-Unis.

Le *New York Times Obituaries Index* regroupe toutes les nécrologies publiées dans le *New York Times* entre 1858 et 1978. Ces chroniques nécrologiques sont relativement fiables et mènent à d'autres sources d'information. Après 1978, on regarde dans le *New York Times Index* sous la vedette-matière «Deaths».

Le *Webster's Biographical Dictionary* contient la biographie de quelque 40 000 personnes, avec la transcription phonétique pour les noms difficiles à prononcer.

Plusieurs répertoires portent le titre *Who's Who*, suivi du nom du pays: *Who's Who in Germany*, *Who's Who in France*, *Who's Who in USSR*, etc. L'exception est le *Who's Who* britannique, qui ne précise pas le pays.

Certains *Who's Who* facturent les personnalités répertoriées qui doivent fournir elles-mêmes l'information à publier, ce qui implique non pas des erreurs, mais surtout des omissions! Les *Who's Who* ou les *Who Was Who* n'ont pas tous la même valeur, celle-ci dépendant de l'organisme qui les publie! Il faut donc se méfier de certains répertoires.

Pour le Canada, il existe deux titres: *The Canadian Who's Who* et le *Who's Who in Canada*. Le premier est publié depuis 1910; il ne facture pas les personnalités et comprend aujourd'hui 10 000 noms, en majorité des gens d'affaires. Le quart des personnes pressenties par le *Canadian Who's Who* refusent apparemment de collaborer. Le deuxième, fondé en 1909, demande une somme d'argent à une personnalité pour l'insertion de sa biographie accompagnée d'une photographie.

Certains répertoires comprennent aussi des sections de type *Who's Who*. Le mieux connu est le *Blue Book*, qui comprend des profils d'entreprises, de même que des biographies de leurs administrateurs. Depuis 1986, il existe le *Guide to the Canadian Financial Services Industry*, qui fournit 800 profils de trusts, de compagnies, de banques, de compagnies d'assurances, de fonds mutuels, d'agences de crédit et de conglomérats financiers, ainsi que le profil de leurs principaux administrateurs.

The MacMillan Dictionary of Canadian Biography, un dictionnaire biographique avec de brèves notices, contient des esquisses (de 30 à 600 mots) sur plus de 5 000 Canadiens connus, décédés avant 1976. Le *Dictionnaire biographique du Canada* présente la biographie des personnages de marque au Canada de l'an 1000 jusqu'à 1900. Cette œuvre majeure, réalisée par d'éminents professeurs canadiens, témoigne autant de l'évolution sociale que biographique. L'ouvrage se présente en plusieurs volumes divisés en périodes chronologiques. Les notices sont présentées par ordre alphabétique et chaque volume comprend un index.

Les dictionnaires biographiques spécialisés

Plusieurs dictionnaires biographiques se limitent à un seul secteur d'activité ou à un seul sujet. Les associations et les organismes professionnels de même que les éditeurs produisent beaucoup dans ce domaine.

Certains ouvrages sont de véritables monuments de la biographie et épargnent d'innombrables heures de recherche.

À titre d'exemples:

- Les 10 volumes du *Dictionnaire critique et documentaire des peintres, sculpteurs, dessinateurs et graveurs*, de Bénézit.
- Le *Dictionnaire des personnages littéraires et dramatiques de tous les temps et de tous les pays* (poésie, théâtre, roman, musique). Cet ouvrage présente un choix de personnages créés par la littérature.
- Le *Dictionnaire des auteurs de langue française en Amérique* (Fides), édition revue et augmentée du *Dictionnaire pratique des auteurs québécois*.
- Le *Dictionnaire des écrivains québécois contemporains*.
- Le *Creative Canada*, un répertoire biographique des créateurs et artistes d'interprétation canadiens du XXe siècle. Les volumes incluent plus de 1000 biographies de personnes vivantes ou décédées – nées au Canada ou non – qui ont contribué à la culture canadienne.

Plusieurs *Who's Who* spécialisés inondent le marché: *Who's Who in Canadian Finance*, *Who's Who in Canadian Business*, *Who's Who in Mythology*, *Who's Who in Sports*, etc.

Le *American Men and Women of Science* (Bowker) est le guide bibliographique de base pour les scientifiques canadiens et américains. Les notices donnent le nom complet de la personne, sa position actuelle, son adresse personnelle, ses spécialisations, ses diplômes, son lieu de naissance, les associations dont elle est membre et d'autres informations pertinentes.

L'équivalent britannique du *American Men of Science*, le *Directory of British Scientists*, fournit en plus un index par sujet, une liste de sociétés et de revues scientifiques et un répertoire des établissements de recherche.

Les index de biographies

Le *Biography Index* (H.W. Wilson 1946-   ) permet de trouver rapidement des articles ou des livres sur à peu près toute personne célèbre dans n'importe quel domaine. C'est un index cumulatif de documents biographiques publiés dans des livres ou des périodiques. Il est publié quatre fois par année avec une refonte tous les trois ans. En plus de recenser les livres sur des personnes ou

La recherche rapide d'information

> ### TRUC
>
> ■ Vérifiez l'année d'édition des documents que vous consultez. Plus l'édition est récente, plus les informations ont des chances d'être actuelles et les interprétations, approfondies.
>
> Les index de périodiques que nous présentons au chapitre «La recherche en profondeur» sont des sources importantes pour vérifier s'il y a des articles de revues sur la personne, sujet de votre recherche.

des groupes, il inclut de l'information puisée dans 3000 périodiques. On y recense, entre autres, les chroniques nécrologiques du *New York Times*.

Le *Biography and Genealogy Master Index* (Gale) est un index fournissant de l'information sur plus de cinq millions de personnages actuels ou historiques. On y indexe 600 publications, y compris les différents *Who's Who*. Cette source indique s'il y a un répertoire ou une publication sur une personne célèbre.

LES ANNUAIRES GOUVERNEMENTAUX

Vous voulez lire la rétrospective d'une année, examiner les statistiques officielles les plus récentes, connaître la composition du gouvernement actuel, avoir une liste des principales fêtes de l'année ou encore connaître le nombre de cégeps de langue anglaise? Les ouvrages à consulter sont les annuaires[2] des gouvernements.

Comme leur nom l'indique, ces annuaires paraissent chaque année. Leur principale caractéristique est d'exposer l'évolution la plus récente dans tous les secteurs d'activité. Présentant les statistiques les plus officielles, les annuaires contiennent beaucoup de tableaux et de graphiques. On peut également y retrouver l'explication des nouvelles lois et les politiques marquantes du gouvernement. Voilà donc des instruments propres à donner à certains travaux de recherche un fondement solide et une valeur d'actualité. Les annuaires peuvent ne concerner qu'un seul pays *(Annuaire du Canada)* ou s'étendre à l'ensemble du monde *(Statesman's Yearbook)*.

L'Annuaire du Québec, maintenant disparu, était un relevé complet des statistiques du Québec dans tous les domaines. Il a été remplacé par le *Québec Statistique*. L'annuaire avait une chronologie annuelle depuis ses débuts en 1914. La Bibliothèque de l'Assemblée nationale compilait ces chronologies annuelles sous le titre de *Chronologie du Québec*.

Internet

☞ Le site du gouvernement du Québec
http://www.gouv.qc.ca/index.html

Porte d'entrée sur les sites des ministères, organismes, tribunaux, associations, etc. Il comprend douze thèmes constituant une fenêtre unique sur tous les aspects de la vie québécoise. Le site du gouvernement du Québec dispose de Cassiopée, un puissant moteur de recherche pour ses 100 000 pages Web réparties sur 130 sites gouvernementaux. Chaque jour, le moteur parcourt l'ensemble des sites Web gouvernementaux et indexe les ajouts.

---

2. La plupart des gouvernements dans le monde publient un tel annuaire: les États-Unis, la Grande-Bretagne, la Belgique, l'Australie, etc. Les organismes internationaux produisent également ce type d'ouvrage: l'Organisation des Nations Unies, le Bureau international du travail, etc. Ne pas confondre avec les répertoires d'adresses, notamment les annuaires téléphoniques.

☛ Bureau de la statistique du Québec
http://www.bsq.gouv.qc.ca/bsq.htm

Pour amateurs de statistiques: données sur les industries du secteur des services et de la fabrication, conjoncture économique québécoise, commerce international et interprovincial, statistiques générales sur le Québec, etc.

Depuis 1906, le gouvernement du Canada publie l'*Annuaire du Canada*, un ouvrage de référence préparé par 300 spécialistes sur tout ce qui concerne la situation sociale, économique et culturelle du pays. L'information qu'il contient sur les richesses naturelles, la production, la population, etc., est précise. Il donne également de nombreux renseignements statistiques et analytiques sur toutes les facettes du pays, notamment sur les aspects politiques, constitutionnels, gouvernementaux, économiques, financiers, sociaux, etc. De nombreuses photographies, des cartes et des diagrammes l'illustrent. Il comprend également un index très détaillé. La version française est légèrement différente de l'anglaise afin de tenir compte de la particularité francophone.

Cet ouvrage est maintenant disponible sur CD-ROM. En plus de présenter le contenu de la version imprimée, le CD permet de naviguer grâce aux liens hypertextes menant à des encadrés, à des graphiques, à des tableaux et à des cartes. Des capsules vidéo complètent le texte. Le passage du français à l'anglais est aisé et le GBook permet d'effectuer des recherches.

Alors que la version papier n'est publiée qu'aux deux ans, le CD-ROM sera réédité chaque année, en versions PC et Mac. Entre-temps, il est possible d'avoir des informations plus à jour en consultant le site Web de Statistique Canada (voir plus bas).

☛ Canadiana – La page des ressources canadiennes
http://www.cs.cmu.edu/Unofficial/Canadiana/LISEZ.html

Liste de ressources canadiennes, en français et en anglais: informations générales, statistiques, voyage, gouvernements, politique, éducation, technologie, commerce, industrie, patrimoine, culture et autres. La francophonie canadienne et une section réservée sur le Québec: généalogie; musée; histoire du Québec; Québec sur scène; voyage sur l'autoroute; etc.

☛ Gouvernement du Canada
http://canada.gc.ca

La page d'accueil du gouvernement du Canada est le point de départ de tout ce qui se rapporte au Canada dans Internet. Cette page d'accueil vous mettra sur la bonne piste, que vous cherchiez des journaux, des destinations-voyages, des bibliothèques, des hôpitaux ou des troupes de danse canadiennes.

Un survol de l'appareil gouvernemental nous renseigne sur des institutions-clés tels le parlement, le conseil privé, les ministères et le premier ministre, la Cour suprême, l'Auditeur/commissaire général. On y trouve aussi des informations relatives aux symboles canadiens, comme le nom «Canada», les drapeaux, les cartes et des fiches d'information (*fact sheets*). Toutefois, ce qui témoigne de la grande polyvalence de ce site, ce sont les liens exhaustifs avec les institutions fédérales canadiennes, classées par ordre alphabétique, d'Agriculture et Agro-Alimentation Canada, au Yukon Water Board. Plus de cent liens font également partie du site. Mentionnons le Musée de la guerre, la Commission canadienne du blé, Élections Canada, l'Office national du film et les Archives nationales. Voilà donc une introduction complète et magnifiquement conçue à l'information relative au Canada. Il est possible de faire des recherches sur tout le site. Il établit des liens avec les organisations internationales et les pages d'accueil de gouvernements partout dans le monde.

☞ Information gouvernementale canadienne dans Internet (IGCI)
http://dsp-psd.pwgsc.gc.ca/dsp-psd/Reference/cgii_index-f.html
IGCI donne l'accès par sujet aux sites du gouvernement fédéral, et l'accès géographique aux sites provinciaux et municipaux. Les résumés pour chaque site sont rédigés par des spécialistes en publications officielles à travers le Canada. Classement par sujet, province, municipalité, catalogues de bibliothèques, périodiques électroniques. Ces renseignements sont regroupés en sept catégories et le site est facile a consulter.

☞ Information sur le Canada par matière
http://www.nlc-bnc.ca/caninfo/fabout.htm
La Bibliothèque nationale du Canada offre des liens vers l'information sur le Canada, classés par matière, à partir des ressources d'Internet du monde entier.
Le classement des matières est basé sur le système de Classification décimale Dewey (CDD), le système de classification bibliographique le plus largement utilisé dans le monde. Il y a une classification par sujets et par ordre alphabétique.

☞ Canadian Government Information on the Internet
http://library.uwaterloo.ca:80/discipline/Government/CanGuide/
Donne les liens vers le gouvernement fédéral, les provinces et le monde municipal.

☞ Intergov (gouvernements canadiens en direct)
http://www.intergov.gc.ca/indexf.html
L'équipe intergouvernementale des gouvernements canadiens en direct (GCED) maintient ce site. Liens avec des sites de gouvernements fédéraux, provinciaux, municipaux canadiens et de gouvernements d'autres pays. Forums de discussion: gouvernement coopératif, la police et Internet. Des liens directs pour rejoindre les gouvernements: Centre d'information en direct intergouvernemental de façon spécifique et à travers le monde.

☛ Statistics Canada
http://www.statcan.ca

Statistique Canada est depuis toujours une source importante d'informations sur le pays.

Ce site bilingue du gouvernement canadien offre des nouvelles quotidiennes, «Le Quotidien» (version électronique du bulletin quotidien de Statistique Canada publié depuis 1932), des tableaux de données tirés du recensement de 1996, la location de ses bureaux et des statistiques de base sur l'économie, la population, le gouvernement, etc. Les outils de navigation comprennent un engin de recherche et une carte. L'engin de recherche permet d'interroger le site au complet de même que des bases de données (catalogue, travaux de recherche, etc.).

☛ Info Source: Répertoire des centres fédéraux de demande de renseignements.
http://www.info.tbs-sct.gc.ca:80/SIGS/html/INFO_4/text/files/ENQUIRYP.e.html

Ce répertoire essentiel a été mis sur pied par le Secrétariat du Conseil du Trésor. C'est la principale source pour obtenir l'adresse, le numéro de téléphone, et l'adresse électronique de 270 organismes et agences du gouvernement fédéral. Le site qui contient 157 K est particulièrement long à télécharger, mais l'information est là.

☛ Politics Canada
http://politicscanada.com

Ce guide détaillé de la scène politique canadienne présente les nouvelles nationales et provinciales, les plates-formes de neuf partis politiques canadiens et des dessins éditoriaux politiques. Suivez l'hyperlien MP pour trouver de l'information à propos de votre député.

☛ OttawaScope
http://cgi.carrefour.net/nph-redirect?id=106605

(Ottawa, Canada) Vigie de l'activité législative fédérale du Canada. Dossiers de fond et analyses de la scène politique canadienne. Suivi à Ottawa des événements au gouvernement fédéral.

États-Unis

☛ Federal Government Information on the Internet
http://www.unlv.edu/library/GOVT/

Bien que d'abord destiné aux documentalistes du gouvernement américain, ce site fera le bonheur de quiconque cherche des informations sur le gouvernement américain. Contient des liens répartis par sujets (une centaine au total): cela va de l'Agence pour le développement international à la température. On y trouve également un choix de listes d'envois et de catalogues de bibliothèques. À consulter en priorité pour trouver

La recherche rapide d'information

un répertoire bien conçu de tuyaux sur l'information gouvernementale américaine.

☛ GPO Pathway Services
http://www.access.gpo.gov/su_docs/aces/aces760.html

Avec Pathway Services, un produit de l'Imprimeur officiel du gouvernement américain, on espère rendre plus facilement accessibles les informations sur le gouvernement américain. Ainsi, à partir d'un seul site, l'usager est relié à de nombreuses sources d'information gouvernementale.

Les dossiers du GILS (Government Information Locator Service) – voir plus loin – peuvent également être consultés. Ils renferment de l'information sur les agences gouvernementales ainsi que des liens hypertextes utiles. Pathway Services offre également la possibilité d'effectuer une recherche par mot-clé sur les sites d'information gouvernementale américaine ainsi que dans le MoCat (the Monthly Catalog of U.S. Government Publications). Voilà donc un site prometteur qui permettra au chercheur, à partir d'un seul lieu, d'avoir une excellent point de départ pour des recherches plus poussées.

☛ Government Information Locator Service (GILS)
http://www.usgs.gov/gils/

☛ Global Information Locator Information
http://www.usgs.gov/gils/locator.html

Le Global Information Locator est une émanation du Government Information Locator Service (GILS) qui identifie et décrit les sources d'information d'un bout à l'autre du gouvernement fédéral américain et facilite la quête d'information. Les dossiers de la banque de données GILS représentent la somme des sources d'information disponibles sur plusieurs agences gouvernementales et offre un outil de recherche uniformisé qui donne accès à la documentation sur une agence en particulier aussi bien que de l'une vers l'autre. On y trouve, dans ces dossiers, des fiches-résumés (*abstracts*), des classements par sujets, champs d'intérêts, disponibilités (ce qui comprend les ressources disponibles dans Internet avec un choix de liens hypertextes) et des contacts. À noter : afin de tirer le maximum du système de recherche GILS, il est important de lire le bloc «Helpful Hints for searching GILS Records» du GILS «Search Page».

☛ Yahoo ! Server List of Government Agencies
http://www.yahoo.com/Government/Agencies

Cette liste complète des agences du gouvernement des États-Unis et des hyperliens vers leurs pages d'accueil vous laisse chercher à travers tout le service de recherche de Yahoo !, ou seulement à travers les agences gouvernementales pour de l'information. Ce site offre également des liens vers le pouvoir exécutif, législatif, les banques de la réserve fédérale et d'autres agences.

L'ONU

La documentation officielle des Nations Unies est accessible en français dans Internet (www.un.org). On y offre de l'actualité immédiate grâce à des communiqués de presse ou à des rapports de situation réguliers du Département des affaires humanitaires ainsi qu'une myriade de liens.

☛ Nations Unies
http://www.un.org/french/

Site officiel du Siège des Nations Unies à New York. Histoire de l'organisme, organismes reliés, déclaration des droits de l'homme, sélection de documents officiels, visite des quartiers généraux. Vous y trouverez les nouvelles quotidiennes de l'ONU, les documents et publications officiels, des informations générales concernant l'organisation, des informations sur les conférences, des photos et d'autres ressources de l'ONU.

☛ Répertoire des organismes du système des Nations Unies
http://www.unsystem.org/indfx.html

Répertoire officiel des sites des organismes du système des Nations Unies. Explication des différentes catégories d'organisme des Nations Unies – programmes, institutions spécialisées, organisations autonomes et organes interinstitutions – et liste des organismes par catégorie. Pour chaque organisme: calendriers des conférences, services de bibliothèque et de documentation, communiqués de presse, rôle de l'organisme ou de l'organisation, catalogues des publications destinées à la vente, avis de vacance de poste pour le personnel international.

☛ United Nations Documentation: Research Guide
http://www.un.org/Depts/dhl/resguide/index.html

Les Nations Unies ont récemment créé un guide pour aider les chercheurs peu familiers avec leur documentation. Ce guide fournit un survol des différents types de documents et publications des Nations Unies et offre des indications pour les trouver et travailler avec ces derniers. Les sujets couverts comprennent les outils de recherche de base, des index, des documents complets en format papier et électronique, des documents parlementaires, les résolutions/décisions, des discours et des communiqués de presse. Plusieurs catégories comprennent de l'information sur l'accès électronique à des index et à des textes entiers. Toute personne travaillant avec des documents de l'ONU tirera avantage de ce guide clair et concis.

LES ANNUAIRES NON GOUVERNEMENTAUX

Qu'il s'agisse de la signature du traité américano-soviétique sur l'élimination des missiles de portée intermédiaire, du début du retrait de l'Armée rouge d'Afghanistan ou du krach boursier du lundi noir d'octobre 1987, l'*État du monde*, annuaire économique et géopolitique mondial, permet de suivre et de comprendre ces événements. Il dresse un bilan complet de l'actualité de l'année écoulée et des premiers mois de l'année suivante dans 170 pays.

Une excellente source d'information sur les pays et les organisations internationales est le vénérable *Statesman's Yearbook* publié depuis 1864, un pilier de la référence. Le *Statesman's Yearbook* donne de l'information détaillée sur tous les gouvernements du monde et, plus particulièrement, sur les pays occidentaux. On y trouve des explications sur les constitutions, les gouvernements, les conditions économiques, la religion, l'agriculture et le commerce de chaque pays. Pour chacun, il présente également une liste utile des représentants diplomatiques, des chefs de gouvernement et des principaux bureaux, bref, tout ce qu'on a besoin de savoir, assorti d'une bibliographie sur chaque pays. L'annuaire comprend aussi une analyse des organisations internationales, de l'ONU au Conseil mondial des Églises, en passant par le Commonwealth et l'OTAN.

Même s'il contient en grande partie la même information que le *Statesman's Yearbook*, *The Europa Yearbook*, publié sans interruption depuis 1946, est particulièrement utile pour trouver les renseignements sur les organisations internationales et les pays européens. Le premier volume décrit les organismes internationaux en Europe. Il donne une vue d'ensemble des statistiques économiques et démographiques et fournit un répertoire d'adresses des gouvernements, des organisations religieuses, du tourisme, de l'édition, du milieu universitaire, etc. On y trouve les données essentielles, les statistiques de base, de l'information sur les systèmes politique et judiciaire, la presse et la radio, l'édition, la finance, le commerce, l'industrie et le corps diplomatique. Le deuxième volume suit le même plan pour les autres pays. L'éditeur de cet annuaire international, The Europa Publications, publie aussi des annuaires régionaux: *Far East and Australia, Middle East and North Africa, Africa South of the Sahara,* et un annuaire sur l'éducation: *The World of Learning*.

Si le *Statesman's Yearbook* et le *Europa Yearbook* ne vous fournissent pas l'information souhaitée, il faut trouver l'annuaire du pays ou des continents qui vous intéressent, tel le *South American Handbook* qui, malgré son titre, comprend le Mexique et l'Amérique centrale.

☛ The World Factbook – CIA
http://www.odci.gov/cia/publications/factbook/index.html

Ce site contient des données simples et précises sur tous les pays du monde – grands ou petits. Leur géographie, leur démographie, leur système politique, leur économie. On y apprend que la proportion du sol arable en Albanie est de 21%, que l'espérance de vie de la population mâle du Zimbabwe est de 39,73 ans. On y trouve même des données éclairantes sur les îles inhabitées.

COMMENT CHERCHER

TRUC

■ La plupart des grandes encyclopédies et certains dictionnaires fournissent des cartes pour illustrer leurs articles sur des lieux géographiques.

LES ATLAS ET LES CARTES

Tout aussi utiles que les encyclopédies pour cerner un sujet, mais plus négligées, sont les recueils de cartes, les atlas. Au XVIe siècle, le célèbre géographe Mercator utilisait Atlas, le personnage de la mythologie grecque, sur la page de titre de sa collection de cartes. Depuis lors, atlas signifie «livre de cartes». Et pas seulement géographiques: on trouve des cartes militaires, historiques, etc., qui permettent de visualiser le passé, comme l'*Atlas historique du Canada*, qui est une véritable merveille. Des centaines de spécialistes canadiens ont collaboré pendant des années afin de transposer dans cet atlas l'ensemble des connaissances sur le Canada. De même, l'*Atlas national du Canada* est un atlas par thèmes: santé, économie. Pour les autres pays, on peut utiliser les cartes très peu coûteuses du *National Geographic Magazine*. Pour l'exactitude, la précision et la clarté, elles restent insurpassées.

CARTES
http://www.lib.uwaterloo.ca/discipline/Cartography/cart.html.

L'Université de Waterloo a mis sur pied l'une des meilleures collections d'informations en réseau pour cartographes. C'est un site extrêmement bien organisé, qui se consacre à la consultation par catégories, mais auquel il manque un outil de recherche par mot-clé. Parmi les nombreuses ressources offertes sur ce site, on trouvera des liens avec des collections de cartes spécialisées et des collections de cartes avec notices explicatives (*how-to information*).

☛ Perry-Castañeda Library Map Collection
http://www.lib.utexas.edu/Libs/PCL/Map_collection/Map_collection.html.

La collection Perry-Castañeda de l'Université du Texas, à Austin, est la principale collection de cartes classiques offerte sur le Web. Elle compte plus de 230 000 cartes couvrant toutes les parties du monde. Sa page Web est d'utilisation facile, établissant des liens avec des cartes grâce à une fonction située en haut de page. Mérite certainement le détour.

☛ Gazetteer of the U.S.
http://www.census.gov/cgi-bin/gazetteer.

Le Bureau américain du recensement dispose d'un excellent service qui, bien que débordé, permet aux usagers de consulter les cartes et les données de recensement regroupées par code postal, ville ou État. C'est donc une bonne ressource à la condition que les usagers se montrent patients, le système étant un peu paresseux.

La recherche rapide d'information

> **TRUC**
>
> ■ Les centres de documentation spécialisés possèdent, dans leur collection d'ouvrages de référence, une section de répertoires d'adresses des organismes apparentés à leur spécialité. Il suffit de localiser le centre approprié.

LES RÉPERTOIRES

Un répertoire peut fournir un autre genre d'information rapide. Il existe des répertoires gouvernementaux, des répertoires d'établissements d'enseignement, de fondations, de bibliothèques, de musées et d'autres organisations semblables, de professionnels, de compagnies, d'industries, etc.

Il existe même des répertoires de répertoires. Dorothy E. Ryder a écrit un *Répertoire des annuaires canadiens 1790-1950*, qui donne plus de 900 répertoires listés chronologiquement, à l'intérieur de divisions géographiques. Plus récent, le *Directory of Directories* (1980-   ) est une source majeure qui couvre plus de 8 000 répertoires d'adresses sur tous les sujets : agriculture, droit, gouvernements, sciences, sports, etc. Ainsi, on y apprend que le répertoire *Awards, Honors and Prizes : International Directory of Awards and their Donors* donne la liste de tous les prix et distinctions dans le monde avec le détail des récompenses elles-mêmes ; qu'il existe un répertoire des prix littéraires, un répertoire des ethnies du Canada (avec une liste d'environ 10 000 communautés culturelles, en plus des consulats et des ambassades), des répertoires sur la conservation et l'environnement comme *Environment USA : Guide to Agencies, People and Resources* ou le *National Wildlife Fund's Conservation Directory*. Dans le seul domaine musical, par exemple, on compte trois répertoires : *Directory of Canadian Orchestras and Youth Orchestras*, *Directory of Music Faculties in Colleges and Universities, US and Canada* et *Music Directory Canada*.

Il y a aussi le *Guide to American Directories* de Barry et Bernard Klein. Ce volume, publié en 1989, présente 8 000 répertoires, surtout américains. Finalement, on peut trouver 10 000 répertoires dans *Directories in Print* publié par la maison Gale.

Des répertoires d'adresses spéciaux → les annuaires

Il ne faut pas confondre les répertoires d'adresses avec les annuaires téléphoniques. Certains répertoires d'adresses sont des outils de base pour les agences de recouvrement pour repérer une personne par son nom, son adresse ou son numéro de téléphone. Vous vous demandez qui habite le logement au-dessus du vôtre ? Vous cherchez qui possède tel numéro de téléphone ? Ces répertoires, publiés par diverses maisons d'édition en Amérique du Nord, fournissent ces renseignements. Les bibliothèques publiques en conservent les éditions les plus récentes. Par exemple, l'annuaire *Cole* pour l'agglomération montréalaise donne le nom des établissements commerciaux et des résidents classés par rues et par numéros civiques.

L'annuaire Lovell de Montréal constitue une mine de renseignements précieuse pour plusieurs chercheurs (généalogistes, urbanistes, historiens, gens d'affaires, etc.). Il fournit une liste alphabétique des personnes avec leur adresse et leur occupation. On peut aussi, à partir d'une adresse (ou d'une rue), connaître l'occupation des résidents. Cet ouvrage permet également de retracer une compagnie par son nom, son secteur d'activité ou le nom de sa rue. Qu'il s'agisse d'une petite ou d'une grande entreprise, c'est la manière la plus simple de commencer une recherche. Conçu et édité originalement en 1842-1843 par Robert W. S. Mackay, le premier *Lovell's annuaire de ville pour Montréal* ne comprenait que 272 pages et recensait environ 2 625 noms. Aujourd'hui, cet ouvrage se divise en deux volumes: un pour Montréal et l'autre concernant les banlieues. Plus de 1 300 858 résidents et places d'affaires y sont inscrits, répartis dans 25 569 rues. Au fil des ans, après avoir connu de multiples variantes, la publication s'intitule maintenant *Annuaire «Criss-Cross» Montréal métropolitain*.

Pour 1400 villes américaines, on peut consulter les répertoires de la R.L. Polk Company, qui donnent beaucoup de détails sur les commerces locaux, identifient les occupants de chaque édifice dans chaque rue et fournissent de l'information sur chaque habitant de plus de 18 ans. Ces répertoires sont des mines d'or d'information. Quelques-uns donnent même les adresses à partir du numéro de téléphone.

Le *Catalogue of Directories Published and Areas Covered by Members of International Association of Cross Reference Directory Publishers* donne la liste de plusieurs répertoires de municipalités et l'adresse de leur éditeur. On peut en obtenir gratuitement un exemplaire.

Gunderson, Ted & Roger McGovern publie *How to Locate Anyone Anywhere without Leaving Home*. Il s'agit d'un guide par étapes, pour retrouver des personnes disparues, grâce au téléphone ou à la poste. On y analyse 300 sources différentes d'informations.

Les répertoires de numéros de télécopieurs et de numéros 800

Le *800 Service Directory*, de Telecom Canada, 1 800 561-6600, est publié annuellement; il donne la liste des numéros 800 au Canada.

L'*Annuaire du télécopieur du Québec* (Tamec Inc) en est à sa 9e édition. Le classement ressemble à celui d'un bottin téléphonique, mais on peut aussi y faire sa recherche par grands secteurs économiques dans la section des pages jaunes.

Le *Facsimile Users' Directory* donne les numéros de télécopieurs de 34 000 organisations au Canada, en Europe, en Extrême-Orient et aux États-Unis, avec un index par sujets et par pays. Pour sa part, le *National Fax Directory* donne les numéros de 80 000 organisations américaines. Il inclut également les numéros confidentiels indiquant qu'il faut d'abord appeler ces organisations pour obtenir la permission de leur envoyer un message par télécopieur.

The Toll Free Digest recense 35 000 hôtels, compagnies d'aviation, etc., qui ont un numéro 800. Le répertoire est publié par la Toll Free Digest Company, Claverack, New York (518) 828-6400.

Le *National Directory of Addresses and Phone Numbers* (Concord Reference Book) mentionne non seulement les organisations avec des numéros 800, mais aussi les noms, les adresses et les numéros de téléphone de quelques dizaines de milliers d'organisations souvent appelées comme les médias, les institutions financières, etc. Ce répertoire présente également 40 000 numéros de télécopieurs.

Finalement, AT&T publie ses propres répertoires de numéros 800, le *AT&T Toll Free 800 Numbers*, qui est fait pour les consommateurs, et le *AT&T Toll Free 800 Directory for Business*. On peut les obtenir en contactant: AT&T 800 Directory, 2833, North Franklin Road, Indianapolis, IN 46219, USA, 1 800 242-4634.

Les pages couleur des annuaires téléphoniques

Les compagnies de téléphone (Bell Canada, Québec-Téléphone, etc.) publient annuellement leur annuaire des abonnés. L'usager d'un service téléphonique, reçoit régulièrement un annuaire qui lui permet de rejoindre les autres usagers du service téléphonique, sauf les abonnés qui demandent de ne pas publier leur adresse et leur numéro de téléphone.

Les annuaires téléphoniques peuvent limiter la recension des abonnés à une seule ville ou à un groupe de municipalités d'une région donnée. Les bibliothèques, qui doivent posséder une collection d'annuaires téléphoniques et de répertoires d'adresses spécialisés pour répondre aux besoins d'information de leurs usagers, déboursent des sommes importantes pour se procurer ces outils. La bibliothèque centrale de Montréal, par exemple, doit acheter les annuaires de bien d'autres villes du pays et de l'étranger.

La section des pages blanches inventorie les abonnés (particuliers, associations, entreprises, établissements, etc.) dans l'ordre alphabétique.

La section des pages jaunes regroupe les collectivités (associations, organismes, commerces et entreprises, professionnels, etc.), dans un ordre alphabétique de sujets, sous-classées dans l'ordre alphabétique des noms. Cette section des pages jaunes constitue une mine de renseignements précieuse.

Enfin, la section des pages bleues offre la liste des services et des organismes gouvernementaux et municipaux.

Le premier répertoire téléphonique au Canada – précurseur des pages blanches – était une liste publiée en 1878 par Hamilton District Telegraph Company, premier central téléphonique au Canada. Cette liste ne contenait même pas de numéros de téléphone. On y trouvait, par ordre alphabétique, résidences, médecins, dentistes, magasins, usines, marchands, étables et autres inscriptions telles que police locale, avocats, etc. Au lieu de composer un numéro, l'abonné n'avait qu'à donner à la standardiste le nom recherché. La première utilisation de papier jaune pour imprimer des sections par rubriques remonte à 1883, à Cheyenne (Wyoming), lorsqu'un imprimeur, manquant de papier blanc, lui a substitué du papier jaune, d'où l'origine du nom de ce média publicitaire.

Bell Canada, 1050, côte du Beaver Hall, bureau 820, Montréal (514) 870-7088 (sur rendez-vous), conserve depuis 1877 tous ses annuaires téléphoniques. On peut donc y trouver l'adresse et le numéro de téléphone, depuis 1878 à aujourd'hui, de toute personne ayant déjà eu un numéro de téléphone. Il faut fournir un nom, une date approximative et la municipalité où la personne vivait.

Le premier annuaire *Pages jaunes* canadien est paru en janvier 1909, à Montréal. Aujourd'hui, plus de 340 annuaires *Pages jaunes* sont publiés au Canada.

La compagnie Micromedia de Toronto a produit pour Bell Canada un CD-ROM contenant les coordonnées de six millions d'abonnés du Québec et de l'Ontario, incluant les pages blanches et les pages jaunes.

Internet

Canada

☛ Canada 411
http://canada411.sympatico.ca/francais/personne.html

Gigantesque banque de données pancanadienne des numéros de téléphone et des adresses de particuliers et d'entreprises. La présentation y est discrète, à la mesure d'un bottin électronique, le mode d'emploi, simple, bien présenté et l'engin de recherche, assez efficace. Un excellent site de service.

☛ Canada : People Finder – InfoSpace.com
http://www.infospace.com/canada.html

Annuaire téléphonique en anglais pour tout le Canada. Téléphone, adresse, adresse de courrier électronique, télécopieur des résidences et des entreprises. Envoi de cartes postales, composition du numéro de téléphone. Pages blanches et pages jaunes.

☛ Fast Area Code Look-Up
http://www.555-1212.com/aclookup.html

Annuaire pour le Canada et les États-Unis. Donne le numéro de téléphone et le code régional. Référence aux pages blanches, aux pages jaunes de l'annuaire téléphonique, cherche dans les listes d'adresses électroniques disponibles sur le Web. Ce site est un des meilleurs que vous trouverez sur le Web pour trouver ce genre d'information.

☛ InfoSpace
http://www.infospaceinc.com/

Ce répertoire contient plus 112 millions de numéros de téléphone canadiens et américains. Fondée en 1996, l'entreprise a créé des applications et des outils de communication permettant aux usagers de localiser des numéros : personnels, d'entreprises, de télécopieurs, sans frais (1 800) ainsi que des adresses électroniques dans Internet.

La recherche rapide d'information

☛ Switchboard
http://www.switchboard.com/

Permet aux utilisateurs de chercher sa base de données qui comprend plus de 90 millions de noms pour trouver des numéros de téléphones et des adresses. Les listes sont compilées à partir des pages blanches des annuaires téléphoniques de tous les États-Unis. On peut chercher Switchboard par nom, par ville ou par État. On peut aussi y trouver 10 millions d'adresses et de numéros de téléphone d'entreprises américaines.

☛ Pages jaunes Canada
http://www.pagesjaunes.ca/

Site de Bell téléphone donnant accès aux pages jaunes du Canada, recherche d'entreprises, recherche de personnes. Liens avec d'autres sites de pages jaunes au Canada. Magasinez, recherchez dans Internet nom de l'entreprise, catégorie, ville, province. Images d'endroits au Canada, cartes postales du Canada, annonces classées pour vendre, acheter, louer, liens avec des sites d'actualité.

☛ Pages jaunes de Québec Téléphone
http://pagesjaunesqctel.com/

Pages jaunes des abonnés à Québec Téléphone. Recherche par noms, mots-clés, rubriques. Liens avec des sites classés par sujets. Vous trouverez les nouveautés de la compagnie, une section magazine, des cartes de souhaits, vos commentaires et une section touristique.

États-Unis

☛ Bigfoot
http://www.bigfoot.com

Un répertoire de 100 millions de téléphones résidentiels et de 8 millions d'adresses de courrier électronique.

☛ 555-1212.com
http://www.555-1212.com/

L'annuaire 555-1212.com propose un point de départ unifié pour les recherches de codes régionaux, de numéros de téléphone, d'adresses électroniques, de télécopieurs et de sites Web aussi bien au Canada qu'aux États-Unis.

Monde

☛ Index Telephone Directories on the Web
http://www.contractjobs.com/tel/

Contient des liens permettant de retracer des numéros de téléphone, de télécopieur ou d'entreprises du monde entier. On y trouve un répertoire de numéros 800, les pages jaunes et blanches.

☛ Worldpages Find anything, anyone, anywhere
http://www.worldpages.com/reshome.html/

Bottin en anglais pour le Canada, les États-Unis et plusieurs pays. Pages jaunes, bottins gouvernementaux, sections pour le tourisme, le commerce, cartes géographiques, adresses électroniques. Que vous cherchiez une entreprise ou des personnes, et ce, peu importe l'endroit, vous trouverez grâce à la section internationale.

Codes postaux

☛ Canada 411
http://www.canada411.sympatico.ca/

Annuaire de téléphone canadien et codes postaux. Trouver un nom de personne ou une entreprise, ainsi que le code postal est simple, rapide et efficace. Compte maintenant plus de 12 millions d'entrées, y compris les codes postaux.

☛ Canadian postal lookup
http://www.westminster.ca/cdnlook.htm

Service de recherche des codes postaux au Canada. Aussi, accès à la recherche des codes postaux (*zip code*) aux États-Unis.

☛ Postes Canada
http://www.mailposte.ca/french/frahome.html

Pour trouver les codes postaux partout au Canada.

☛ Société canadienne des postes
http://www.postescanada.ca/CPC2/addrm/pclookup/pclookupf.html

Répertoire des codes postaux du Canada. Recherche par adresse ou par code postal. Recherche de code postal avec adresses rurales et cases postales.

☛ États-Unis
http://www.usps.gov/ncsc/

La recherche rapide d'information

Courrier électronique

☞ Adresses de courrier électronique WhoWhere
http://www.french.whowhere.com/

Recherche d'une adresse de courrier électronique? L'annuaire des adresses électroniques fait la recherche spécifiquement par le nom de la personne et les informations à son sujet, par exemple: la ville, l'état, le pays, le nom de la société, le fournisseur de courrier électronique, numéros de téléphone et adresses.

☞ Internet @ddress.finder
http://www.iaf.net/international/iaf_french.htm

Cet annuaire d'adresses de courrier électronique renferme déjà près de 6 millions d'enregistrements. On peut y trouver facilement n'importe quelle personne qui s'y est inscrite sur une base volontaire. Si vous vous servez du courrier électronique d'Internet, nous vous suggérons fortement de vous y inscrire mais sachez que vous n'avez pas besoin de répondre à toutes les questions. Le principal, c'est de donner vos nom et prénom, le nom de votre organisation, le nom de votre municipalité et, bien sûr, votre adresse de courrier électronique. Cet annuaire se trouve à l'adresse mentionnée ci-haut avec une interface en français.

LES DÉPANNEURS

On regroupe sous cette appellation différents ouvrages de référence qui compilent des informations ponctuelles.

On a recours à ces dépanneurs pour retrouver un nom ou un fait, vérifier l'exactitude d'une donnée ou préciser une date. Ces ouvrages présentent un grand nombre de faits et de statistiques de façon très brève. Ils sont parfaits pour répondre à des questions sur la cause du naufrage du *Titanic* et le nombre de morts, les édifices les plus élevés au monde, des listes de noms ou d'événements (empereurs romains, gouverneurs généraux du Canada, adresses des députés, faits divers de l'histoire, etc.).

Les almanachs

D'abord consacrés à l'astronomie et à la météorologie, les almanachs ont subi de nombreux ajouts au cours des années: folklore, proverbes, santé, conseils pratiques, etc. Tant et si bien qu'un almanach moderne contient une énorme quantité de données géographiques, politiques, économiques, etc.

Les almanachs sont également des publications annuelles. Ils n'ont pas le caractère officiel des annuaires; leur contenu est plus léger, plus populaire. On y aborde des sujets d'actualité, mais sous une forme très simple. En plus de ces articles, les almanachs contiennent habituellement un grand nombre de tableaux, de listes de noms, de dates, de courtes présentations d'événements récents. Bref, les almanachs sont des ouvrages qui peuvent dépanner sur plus d'un détail pratique.

COMMENT CHERCHER

Du côté québécois, l'*Almanach du Peuple* couvre tous les domaines. Il fournit une foule de renseignements sur l'actualité sociale, la politique canadienne et québécoise.

Le *Canadian Almanac and Directory* est le principal almanach canadien. Ses sept sections contiennent de nombreuses informations détaillées sur tous les aspects de la vie canadienne: gouvernemental (provincial et fédéral), scolaire, financier, légal, commercial, transport, édition, etc. Son contenu est classé méthodiquement en 140 sections, chacune incluant de nombreuses dates, des statistiques, des adresses, etc.

On y trouve la liste de la majorité des bibliothèques du Québec avec les noms, adresses et numéros de téléphone, la liste des représentants diplomatiques au Canada et celle des diplomates canadiens à l'étranger, la liste des médias et des principales associations canadiennes avec leurs coordonnées, un répertoire culturel canadien complet avec une liste des musées, des jardins botaniques, des galeries d'art, etc., la liste des maisons d'enseignement, un répertoire des gouvernements, et même la liste des banques avec leur adresse, leur numéro de téléphone et leurs administrateurs. La section «Government Information Source and Quick Reference Table» comporte une division alphabétique par sujets. Ainsi, «The Aged» renvoie à «Senior Citizen» où l'on donne le ministère fédéral qui a autorité en ce domaine, avec l'adresse et le numéro de téléphone du centre de documentation, puis on répète ces informations pour toutes les provinces, y compris le Québec. On trouve aussi, entre autres, une liste des municipalités du Québec, 240 pages de noms et d'adresses d'associations, des listes de revues et de publications ethniques, des journaux canadiens et des éditeurs.

Publié chaque année, le *Canadian Almanac and Directory* a un frère jumeau, *The Source Book: The Corpus Almanac*.

En format plus compact, le *Quick Canadian Facts, The Canadian Pocket Encyclopedia* est une référence rapide sur les Canadiens, le sport, les loisirs, l'économie, la politique, la géographie et l'histoire. On y trouve la liste des fêtes, les organismes gouvernementaux, une chronologie du Canada de l'an 1000 à nos jours, ainsi que de courts articles sur chaque province. Global Press publie *The Canadian World Almanac and Book of Facts*, qui porte sur une variété de sujets canadiens et internationaux: des statistiques récentes sur tous les aspects du Canada, les événements mondiaux, y compris de l'information en profondeur sur les États-Unis, les décisions de la Cour suprême, le nombre de cas de sida, les loteries au Canada, etc.

De l'autre côté de l'Atlantique nous parviennent également, chaque année, *Quid? Tout pour tous* (1963-   ), à la fois un dépanneur et une mémoire de secours, bourré de faits, de chiffres et de dates sur tous les sujets, et le *Journal de l'année* (1966-   ), qui présente une chronologie générale mondiale en faisant le point sur la vie intellectuelle, religieuse et quotidienne.

La recherche rapide d'information

> **TRUC**
>
> ■ *Facts on File* est un des meilleurs dépanneurs. Les résumés des événements parviennent aux centres de documentation dans les 10 jours suivant les événements eux-mêmes. Si vous avez à effectuer une recherche sur la dernière crise politique dans un pays quelconque, *Facts on File* peut vous fournir ce qu'il faut pour avoir une très bonne idée générale de ce qui s'est passé.

The World Almanac and Book of Facts

«The World Almanac» a été créé en 1868 comme manuel pour les journalistes du New York World. Après quelques années, la publication fut interrompue. Lorsque Joseph Pulitzer acheta le New York World, il trouva que ce serait une bonne idée de publier un livre qui serait un «compendium of universal knowledge». Aussi, en 1866, «The World Almanac» était ressuscité. Depuis maintenant un siècle, *The World Almanac and Book of Facts* se veut le reflet du savoir universel en condensé: une chronologie de l'année, un *Guide de survie du contribuable*, des chiffres et des statistiques sur l'éducation, les principales religions, les plus grands tunnels du monde, la vitesse des vents au Canada, etc.

Il y a quelques années est apparu le *People's Almanac*. Cet almanach a gardé le format compact, mais les sujets y sont abordés différemment. Ainsi, dans la section sur les pays, on trouve une vedette-matière «Qui dirige?», suivie quelques lignes plus loin de «Qui dirige vraiment?» où l'on explique la vraie situation politique du pays. On trouve aussi un vaste choix d'énigmes et d'anecdotes et, dans l'édition consultée, une très amusante histoire fouillée de la prohibition des drogues dans le monde, du café à la cocaïne. Par contre, les articles valent ce que valent leurs auteurs et ici, contrairement aux autres almanachs, il y a de nettes et pénibles variations.

☛ Refdesk
http://www.refdesk.com/

Ce site de référence par excellence propose calendrier, cartes routières, calculette, recherche de code postaux, dictionnaires, encyclopédies, actualités en plus des habituels moteurs de recherche Google et Alta Vista.

Les guides des événements récents

Pour retracer un événement qui s'est passé au Canada et en cerner rapidement l'essentiel, *Canadian News Facts* fournit, depuis le 1er janvier 1967, un résumé et un index de l'actualité. En plus de l'agence de nouvelles Presse canadienne, sept quotidiens sont dépouillés systématiquement pour alimenter ces résumés: *Calgary Herald, The Globe and Mail, Halifax Chronicle Herald, Montreal Gazette, Toronto Star, Toronto Sunday Star, Vancouver Sun* et *Winnipeg Free Press*. La source n'est cependant pas mentionnée. Les résumés, qui traitent du Canada seulement, sont publiés deux fois par mois. L'index trie les informations par sujets et par noms propres (relevé photographique et graphique). Un index cumulatif permet de retrouver facilement les personnes et les événements. Son compétiteur, *Newscom*, publie des résumés à partir de quelque 200 journaux, publications financières, magazines, et cite toujours ses sources.

Le *Canadian Annual Review of Politics and Public Affairs* (1901-) revoit les événements de l'année dans une série d'essais rédigés par des spécialistes et classés en quatre grandes parties: le Parlement et les affaires politiques, les provinces, les affaires extérieures et la défense, suivies de l'économie nationale. Cet annuaire a été publié, de 1901 à 1938, sous le nom de *Canadian Annual Review of Public Affairs* et, de 1960 à 1970, sous celui de *Canadian Annual Review*.

Du côté québécois, *L'année politique au Québec*, publié depuis 1988, fait le bilan de l'année écoulée à travers une série de chroniques qui couvrent les principaux aspects de l'activité politique québécoise. Ce livre comprend une importante section de données statistiques et une chronologie détaillée. Cet outil de référence sera utile à ceux qui veulent comprendre l'évolution de la société québécoise.

Pour les événements qui se sont passés depuis le 30 octobre 1940, on peut consulter également le *Facts on File* (460, Park Avenue South, New York, NY 10016 (1 800 443-8323) (Télécopieur 212-583-3633), qui est un condensé hebdomadaire des nouvelles mondiales dont le slogan est particulièrement accrocheur : « How to read 77 newspapers in 30 minutes » et qui comporte un classement chronologique avec regroupement des nouvelles par sujets. Les rédacteurs y résument les faits d'actualité les plus importants à partir d'une cinquantaine de revues et de journaux américains et étrangers. Avec *Facts on File*, l'accent est mis sur les événements américains, mais la couverture reste internationale. Le tout est condensé en rapports courts, factuels et objectifs, présentés sous de larges rubriques telles que affaires mondiales, nationales, finance, économie, etc. *Facts on File* inclut un atlas mondial en couleurs de 32 pages et un index cumulatif bimensuel, trimestriel et annuel.

Le *Keesing's Contemporary Archives* (1931-   ) est un hebdomadaire londonien qui reproduit des informations souvent détaillées sur l'actualité politique et gouvernementale et résume les événements par pays. Il comprend un index bimensuel, trimestriel et annuel.

Le *Editorials on File* reproduit les éditoriaux au complet (et les caricatures éditoriales) de plus de 140 journaux canadiens et américains, bimensuellement. C'est un outil essentiel pour faire le tour des arguments, pour ou contre, sur des sujets actuels.

The Encyclopedia of the Third World, publié par le *Facts on File*, en deux volumes, est une source utile pour les pays du tiers-monde. On y trouve des cartes, des données de base (langue, religion, économie) et une bibliographie pour chaque pays.

Dernières nouvelles

☛ NewsBot
http://www.newsbot.com

Un nouvel outil de recherche consacré exclusivement aux nouvelles, mis au point par HotBot. Excellent pour retracer de très récents articles, il vous permettra même d'effectuer vos recherches en indiquant quand ont été publiées les nouvelles que vous voulez retracer (6 heures, 12 h, 24 h, 48 h, 4 jours, 7 jours, etc.).

☛ NewsHub
http://www.newshub.com

Ici aussi, on vous permet d'avoir accès à des nouvelles toutes fraîches. La spécialité de NewsHub est de retracer les nouvelles récentes, et celles-ci seulement. Toutes les 15 minutes, les plus récentes nouvelles apparaissent sur votre écran. Quant aux nouvelles qui datent un peu plus, elles sont, à partir de celles de la veille, regroupées par périodes de façon à vous permettre de consulter les nouvelles fraîches tout en retournant (pour fins de référence, par exemple) aux versions moins récentes.

☛ News Index
http://www.newsindex.com

Cet index regroupe des articles émanant de quelque 300 journaux et sources de nouvelles à travers le monde, y compris l'agence de nouvelles Reuter. Il ne s'agit toutefois pas d'un site d'archives, seuls les articles d'actualité faisant partie de l'index. En fait, les sites cibles sont réindexés toutes les deux heures. Une excellente façon de parcourir rapidement les grands titres de l'actualité et de se tenir au courant des derniers développements. Encore une fois, il ne s'agit pas d'un outil permettant d'avoir accès à des nouvelles moins récentes.

☛ NewsTracker
http://nt.excite.com

Présenté par Excite, ce site, qui indexe 300 publications, a l'avantage de regrouper les résultats de recherche de diverses façons: par sujets, par date, par publication et, comme sous-catégorie, par sujets.

☛ NewsPage
http://www.newspage.com/

Des milliers d'articles, chaque jour, classées par secteur. L'accès à tous les résumés est gratuit.

☛ NewsTrawler
http://www.newstrawler.com

Ce site est un peu différent. C'est un moteur de recherche de sources d'informations divisé par région et par sujet. Vous cochez des cases pour indiquer quelles ressources vous intéressent. C'est un site excellent si vous cherchez de l'information sur une région particulière.

☛ Total News
http://www.totalnews.com

Ce navigateur est un index de 1200 sites de nouvelles émanant des quatre coins du monde. La banque de données est mise à jour 3-4 fois par jour.

☛ Yahoo

http://headlines.yahoo.com/Full_Coverage/

Accédez à une liste rapide des plus importantes nouvelles et voyez comment elles sont traitées dans des articles parus un peu partout dans le monde grâce à la couverture complète de Yahoo. Cliquez sur l'une des manchettes, par exemple l'affaire de la jeune Anglaise qui travaillait comme jeune fille au pair et est accusée d'avoir tué un bébé, et vous aurez accès à un regroupement d'articles classés sous les rubriques nouvelles, Magazines et Primeurs, Sites apparentés, Couverture en direct et Couverture multimédia.

Les guides de voyage

Au début du XIXe siècle, le fils d'un imprimeur allemand, Karl Baedeker, fondait sa propre maison d'édition. Il publia un guide de voyage sur sa région, le *Guide des voyageurs sur les bords du Rhin*, qui se révéla si populaire qu'il donna naissance à toute une collection de guides de voyage, lesquels furent bientôt traduits dans plusieurs langues et appréciés grâce à l'abondance et à l'exactitude de ses renseignements. Encore aujourd'hui, si vous désirez obtenir une image globale d'un pays, d'une ville ou d'une région durant le dernier siècle, les guides de voyage de l'époque peuvent vous aider grandement. Par ailleurs, pour un résumé de l'histoire, de la littérature ou des arts d'un pays, le *Guide Bleu*, le *Michelin* et le *Gallimard* offrent des survols aussi complets qu'intéressants.

Les dépanneurs de l'inusité

Dans *Il y a toujours une première fois*, éphémérides des premiers événements québécois (1984), Robert Prévost donne 715 primeurs avec une division par jour de l'année. Par exemple, le 13 avril 1709: première ordonnance sur l'esclavage; le 15 mai 1675: première monnaie de papier; le 24 novembre 1834: premier prêtre sous-ministre. Les textes ont quelques paragraphes seulement et le livre comprend beaucoup d'illustrations.

Pierre Germa publie, depuis 1981, *Depuis quand? Les origines des choses de la vie quotidienne*. Qui a inventé la cafetière? la machine à laver? Quand a été fabriqué le premier camembert? Qui a inventé le soutien-gorge? L'auteur dit avoir passé en revue 800 objets, du caleçon au lavabo, en passant par le mouchoir et le yeti.

Le livre des listes, comme son nom l'indique, dresse des listes amusantes, sans plus (10 enfants prodiges, 10 malfaiteurs qui ont tenu la police en haleine, 10 animaux célèbres, etc.).

Guinness est le nom d'une célèbre brasserie irlandaise. En 1955, la brasserie a décidé de prêter main-forte aux pauvres serveurs chargés de trancher les paris entre leurs clients, en publiant un livre qui ferait autorité entre les buveurs. Depuis, *Le Livre Guinness des records* recense pratiquement tout ce qui peut être pesé, mesuré ou compté. *Le livre mondial des inventions* décrit le contexte et fournit une foule de renseignements liés aux inventions. Le

Prudential's Book of Canadian Winners and Heroes, conçu pour répondre à la demande populaire et facile à feuilleter, donne la liste des plus récents gagnants et une foule de renseignements sur eux, les prix dans divers domaines, etc.

Le *Famous First Facts, a Record of First Happenings, Discoveries and Inventions in the United States*, de Joseph Nathan Kane, fait la joie du personnel des centres documentaires qui doivent répondre à des questions du genre : Qui a inventé la brosse à dents ? Qui, le premier, a sauté en bas du pont de Brooklyn ? Il comporte un index par années, par jours du mois, par noms, par lieux géographiques.

Le grand livre des comparaisons, de Diagram Group, montre tous les moyens mis en œuvre pour mesurer l'univers. Afin de rendre cette abondante information facile à comprendre, l'éditeur la présente sous forme d'illustrations, de tableaux et de diagrammes, tous accompagnés d'explications simples et précises. Grâce à cette technique, le lecteur réalise, d'un seul coup d'œil, des comparaisons qu'il serait moins aisé de saisir à l'aide de simples photographies. On y montre, par exemple, le supertanker Bellamya à côté de l'Empire State Building qu'il surpasse de 18 mètres.

Internet

☞ Price's List of Lists
http://gwis.2.circ.gwu.edu/»gprice/listof.htm

Le bibliothécaire américain Gary Price de l'Université George Washington a développé un site de référence très original intitulé Price's List of Lists. Il s'agit en fait près de 200 listes qui sont regroupées en 5 grands thèmes : affaires, éducation, société, politique/gouvernement et sciences. On peut y retrouver entre autres la liste des aéroports les plus achalandés à travers le monde, la liste des 300 sociétés privées les plus importantes au Canada ainsi que celle des 400 citoyens américains les mieux nantis. Price's List of Lists permet de localiser rapidement ce type d'information factuelle qui est parfois très difficile à trouver dans Internet avec les outils de recherche usuels.

☞ *Calculators On-Line Center*
http://www-sci.lib.uci.edu/HSG/RefCalculators.html

Jim Martindale, professeur de sciences, de technologie et d'information digitale, a conçu un site exceptionnel dont la valeur pourra probablement être mise à profit par tout utilisateur : le Calculators On-Line Center.

Ce site regroupe plus de 5 310 calculatrices en ligne. Il est divisé en cinq sections : calculatrices mathématiques, calculatrices scientifiques, calculatrices d'ingénierie ainsi qu'en deux autres sections établissant des listes alphabétiques de calculatrices. Ce site établit des liens avec des calculatrices dans presque tout domaine imaginable : finance, véhicules motorisés, réparations domestiques et résidentielles, construction, cartographie, médecine, cuisine, textiles, navigation, etc.

Les recueils de citations

À titre d'exemples:

- *L'Encyclopédie des citations*, de Dupré, qui comprend des expressions proverbiales et des proverbes français et étrangers.
- *Citations québécoises modernes* de Claude Janelle. Montréal, 1976.
- *Dictionnaire de citations de la littérature québécoise* de David Strickland, Montréal, La Presse, 1974.
- *Dictionnaire de citations françaises*, tome 1 et tome 2, Éd. Robert Poche (1990), collection Les usuels du Robert. Le tome 1 contient 7 537 citations et le tome 2, 8 988.
- *Les grandes allusions*, dictionnaire commenté des expressions d'origine littéraire, Larousse, Le souffle des mots, 336 p., 1990.

☞ http://www.synapse.net/~euler/aufil.htm

Gilles G. Jobin collectionne les citations depuis toujours. Sur son site on trouve une sélection de celles qu'il a relevées au fil de ses lectures. On ne peut chercher dans cette sélection que par auteur, mais Gilles G. Jobin offre également des liens avec d'autres sites de citations françaises et anglaises dont Bribes, John Bartlett familiar quotations, Mathematical quotations et Dictionary of scientific quotations, etc.

Les recueils d'œuvres littéraires

- *Le Nouveau Dictionnaire des Œuvres*, Robert Laffont (Laffont-Bompiami) «Bouquins», six volumes plus un index, 1994. Quelque 21 000 œuvres littéraires, philosophiques, musicales de tous les temps et de tous les pays.
- Du même éditeur, il y a aussi *Le Nouveau Dictionnaire des Auteurs*, 1994, avec 21 000 auteurs de tous les temps et de tous les pays.
- *Le Dictionnaire des œuvres littéraires du Québec*.

4 LA RECHERCHE EN PROFONDEUR

Il est possible de bouquiner, au hasard, sur les rayons d'une bibliothèque et de faire des découvertes inespérées, surtout si l'on parvient à dénicher le rayon correspondant à ses intérêts. Par la suite, des vérifications périodiques permettront de trouver les nouveaux titres pour compléter la recherche. En général, cependant, il faut une méthode de recherche plus rigoureuse, suivre certaines étapes qui vont du général au particulier.

Avant tout, il faut avoir une idée générale du sujet: il est difficile de se poser des questions intelligentes sur un sujet, si l'on ne dispose pas d'un minimum de connaissances en la matière.

Nous avons analysé dans le chapitre précédent les principales catégories d'ouvrages de référence en présentant quelques titres et en indiquant l'information qu'ils contiennent et la façon de les utiliser efficacement pour trouver une réponse rapide à une question factuelle.

La recherche en profondeur vise à reconstituer une histoire, à effectuer une analyse, à fonder une interprétation, à élaborer un rapport détaillé. Y a-t-il eu des Canadiens dans la SS? Pourquoi des milliers d'Irlandais sont-ils enterrés sur une petite île en face de Montmagny? Pourquoi les Montagnais, peuple de la forêt, sont-ils établis maintenant le long du Saint-Laurent? Quel est l'impact des 2000 usuriers de Montréal sur le crime? Quelles sont les activités des Gamblers anonymes?

Trouver les réponses à des questions de ce genre exige un plan de recherche en plusieurs étapes, des ressources variées et de nombreuses heures de travail, sinon des semaines ou des mois. La recherche en profondeur nécessite la même démarche que la recherche rapide. Il faut consulter des almanachs, des répertoires, des encyclopédies; la différence est qu'on doit aller plus loin sur la piste documentaire, chercher plus en profondeur.

Un centre de documentation ne peut pas posséder tous les documents dont les usagers peuvent avoir besoin. Son catalogue ne fournit que l'inventaire de ses collections, et c'est parfois insuffisant pour certaines recherches.

La majorité des ouvrages cités dans ce chapitre ne se trouvent que dans les grandes bibliothèques publiques, dans les bibliothèques collégiales, universitaires et dans certaines grandes bibliothèques spécialisées.

LES BIBLIOGRAPHIES D'OUVRAGES DE RÉFÉRENCE

On peut toujours présumer qu'il y a une encyclopédie ou un autre ouvrage de référence sur le sujet qui vous intéresse. Certains ouvrages peuvent vous indiquer si c'est le cas. Le repérage des titres d'ouvrages de référence est facilité par des index par auteurs, par titres et par sujets ; la plupart de ces répertoires fournissent des annotations pour chacun des titres retenus. Si la bibliothèque où vous effectuez vos recherches ne détient pas les titres que vous désirez, nous verrons dans ce chapitre comment vous pourrez en localiser une autre qui les possède.

La Bibliothèque nationale du Québec a publié en 1969 *Les ouvrages de référence du Québec*, un résumé avec notices bibliographiques des ouvrages de référence publiés au Québec ou sur le Québec. Deux suppléments couvrent également les années 1967-1974 et 1974-1981.

Plus récent, le *Bulletin bibliographique des ouvrages de référence* de Gilles Deschatelets et Liliane Kahil, publié par l'École de bibliothéconomie et des sciences de l'information (Université de Montréal) en 1990, fait un inventaire des principaux outils de référence sur le plan international.

La Canadian Library Association a fait paraître en 1981, par Dorothy E. Ryder, *Canadian Reference Sources: A Selective Guide,* qui répertorie les ouvrages de référence publiés au Canada dans tous les domaines.

Ouvrages de référence canadiens: une bibliographie annotée. Canadian Reference Sources: An annotated Bibliography, Mary E. Bond et Martine M. Caron (UBC Press, 1996, 1076 pages). Cette œuvre de titan recense des ouvrages aussi bien généraux que reliés à l'histoire et aux sciences humaines. Le tout est classé par sujets, genres, types de documents, provinces ou territoires.

Le livre *Guide to Reference Books* (1986), d'Eugene Sheehy, publié par l'American Library Association, est la bible du bibliothécaire de référence pour les titres américains, canadiens et britanniques.

Depuis 1973, *Reference Services Review (RSR)* fait la critique de livres de référence récents dans différents domaines (ouvrages spécialisés en médecine, en droit, en science, etc.) et localise des recensions additionnelles dans la littérature commerciale et professionnelle. RSR répertorie les critiques parues dans *Booklist, Library Journal*, etc. Pour sa part, le *Reference Book Review Index* permet de retracer les recensions parues dans 1000 périodiques.

Chaque volume annuel de la série *American Reference Books Annual (ARBA)* présente, depuis 1970, une recension détaillée de tous les livres de référence publiés aux États-Unis et au Canada, mais aussi en Grande-Bretagne, en Autriche, etc., au cours de l'année précédente, soit quelque 1500 titres. *ARBA* est une bonne mise à jour du *Guide to Reference Books*, de Sheehy. Cinq index cumulatifs (1970-1974), (1975-1979), (1980-1984), (1985-1989), (1990-1994) ont été publiés depuis le début de la série, pour un total de 30 000 ouvrages de référence.

Reference Sources, publié chez Pierian Press depuis 1977, est une liste complète de sources de référence dans tous les domaines, publiées durant l'année.

Dictionaries, Encyclopedias, and Other Word-Related Books, d'Annie M. Brewer (Gale, 1988), donne la liste de 28 000 ouvrages publiés depuis 1961, et *Best Encyclopedias: A Guide to General and Specialized Encyclopedias* (Oryx, 1986), par Kenneth F. Kister, donne la description détaillée de plus de 500 encyclopédies.

Internet

Mégasites

Voici une liste de mégasites, c'est-à-dire de sites Web bien organisés qui offrent des liens avec plusieurs sources de référence.

☛ College and Research Libraries News
http://www.ala.org/acrl/resrces.html

La page «Ressources Internet» du site de l'Association of College and Research Libraries est l'endroit par excellence pour débuter une recherche. Un bibliothécaire professionnel a dressé, pour chacun des sujets traités, une bibliographie à toute épreuve: métasites essentiels, sociétés et musées reconnus, livres d'images, groupes de discussion, départements universitaires, tous dotés d'un lien vers leur site.

☛ The Info Service
http://info-s.com/

Se veut la plus grande source d'informations dans Internet. Sous Généalogie, on trouve 1199 liens; sous business et finance, 3 060 liens, etc.

☛ The Internet Public Library (IPL) Ready Reference Collection.
http://www.ipl.org/ref/

Ce site de l'Université du Michigan regroupe plusieurs types de références. Des catégories générales d'information telles que les arts et les lettres sont utilisées comme têtes de chapitres et offrent des liens vers des sujets plus spécifiques.

☛ Galaxy's EINET Reference.
http://www.einet.net/galaxy/Reference.html.

Sur ce site, les catégories de sujets de référence sont classées par ordre alphabétique: «Acronymes», «Drapeaux», «Citations». Chacune de ces catégories donne accès à un plus vaste regroupement de liens. Ainsi, si on clique sur «Citations», on aura accès à une Page offrant des liens avec plus de 75 sources de citations dont des outils de recherche familiers, comme le Bartletts Quotations. De plus, on y trouve des liens vers de nombreuses sources d'information très importantes sur le monde des affaires.

☛ Ready Reference Using the Internet
http://k12.oit.umass.edu/rref.html.

Ce site est une liste très complète de liens vers plusieurs sources de référence.

☛ Berkeley Public Library's Index to the Net
http://sunsite.berkeley.edu/InternetIndex/

Une liste complètement annotée et sélective d'excellents liens regroupés par sujets.

☛ LookSmart – Subject Directory
http://www.looksmart.com/

Le répertoire de sujets LookSmart, qui fait partie du site Web du *Reader's Digest*, regroupe actuellement plus de 100 000 sites classés en dix catégories principales et en de nombreuses sous-catégories. Tous les sites répertoriés sont accompagnés de brèves notes. LookSmart est une belle tentative en vue d'établir un répertoire de sites qui s'adresse à une vaste clientèle.

☛ Retting
http://www.gale.com/gale/retting/retting.html

Chaque mois, James Rettig, un bibliothécaire spécialiste des ouvrages de référence et auteur de «Retting on Reference», fait la critique détaillée d'une douzaine de livres de référence (*The Atlas of Language, Chronology of Women Worldwide, The Oxford Dictionary of Quotations, Guide to reference books, Handbook of Diseases*) et de sites Web. Un index permet de lire toutes les critiques antérieures. Chaque critique est détaillée, pertinente, et faite par un bibliothécaire qui sait ce qu'il fait. Ce site est un service de la compagnie H.W. Wilson

☛ On-line Reference Works
http://www.cs.cmu.edu/references.html

L'Université Carnegie Mellon offre des hyperliens vers une petite, mais néanmoins pratique, collection de références en ligne. Vous pouvez accéder à de nombreux dictionnaires anglais et étrangers, à des guides d'acronymes, à des cartes, à des dictionnaires de synonymes, à de l'information au sujet de l'US Census, à des bibliothèques et à des annuaires téléphoniques.

☛ Yahoo! Reference
http://www.yahoo.com/Reference

La page de référence du répertoire Yahoo! se qualifie comme l'un des meilleurs index de mégaréférence. En plus de son répertoire considérable d'hyperliens vers de pratiques sites de référence sur le Web, il comprend également des guides d'acronymes, des calendriers, des dictionnaires, des encyclopédies, des drapeaux, des bibliothèques, des cartes, des annuaires téléphoniques, de l'information postale, et plus encore.

☛ Xplore Reference
http://www.xplore.com/xplore500/medium/reference.html

Ce site est le rêve des écrivains et des recherchistes. Il comprend un Who's who et des sources de référence. Que vous soyez à la recherche d'un mot, d'un endroit, d'un vaccin médical, de la population de Casablanca ou d'un sonnet de Shakespeare, vous le trouverez ici.

☛ Argus Clearinghouse
http://www.clearinghouse.net

Parcourant Internet à la recherche de guides de ressources et de sites en ligne, Argus Clearinghouse décrit et évalue ces guides, puis les rend disponibles. Présentement, il présente 12 guides, par sujets: Arts & Entertainment, Business & Employment, Education, Engineering & Technology, Government & Law, Health & Medicine, News & Publishing, Social Science & Social Issues, et plus. Cliquez sur une catégorie pour obtenir instantanément l'accès à des dizaines de sites reliés.

☛ My Virtual Reference Desk
http://www.refdesk.com/

Offre plus de 300 références, une encyclopédie virtuelle des sources, etc.

☛ The Bookwire Index
http://www.bookwire.com/index.html

Offrant un guide détaillé pour les livres de référence dans Internet, ce site présente près de 3 500 hyperliens vers des sites autour du monde. La liste des sites comprend les librairies et les maisons d'édition, plus une liste des bibliothèques américaines. Ce site présente également l'Antiquarian Index, un index des antiquaires pour ceux qui recherchent de l'information à propos de livres rares, ou hors d'impression, et un index d'hyperliens vers des groupes de discussion à propos de votre auteur préféré.

☛ eDirectory
http://www.edirectory.com/

Si vous cherchez de l'information sur un pays en particulier et que vous souhaitez accéder à des index de recherche établis dans ce pays même, le eDirectory est l'outil qu'il vous faut. Ce metasite est un modèle de simplicité: la première page dénombre 39 pays pour lesquels des index de recherche ont été découverts, et il vous suffira de cliquer sur le nom du pays qui vous intéresse pour accéder à une page qui vous fournira les outils de recherche qui lui sont spécifiquement consacrés. Si vous avez besoin d'accéder à un plus vaste éventail de sites que ce que vous offrent les outils de recherche situés aux États-Unis, une visite du eDirectory pourrait vous mettre sur la bonne piste.

LES BIBLIOGRAPHIES DE BIBLIOGRAPHIES

Avant de poursuivre votre recherche dans le catalogue et sur les rayons d'un centre de documentation, il est préférable de savoir si quelqu'un d'autre n'a pas déjà fait tout ce travail à votre place, bref, de voir si la bibliographie du sujet que vous voulez traiter n'existe pas déjà. La compilation de listes de livres a été le premier pas vers le développement des bibliographies. Le deuxième pas, tout aussi logique, a été de compiler une liste de ces bibliographies et de faire des bibliographies de bibliographies, dont la première est apparue en 1686. La bibliographie s'est considérablement transformée avec l'arrivée des nouvelles technologies : microformes, accès direct et CD-ROM.

Une bibliographie est simplement une liste de documents (livres, articles de périodiques, de documents officiels, documents audiovisuels, etc.) sur un auteur ou un sujet particulier. Il existe des bibliographies de portée internationale, alors que d'autres bibliographies, nationales (*Canadiana*) et commerciales *(Books in Print)*, répertorient tous les livres publiés dans un pays. Il existe enfin des bibliographies qui se consacrent uniquement à un sujet particulier, comme *EDUQ: bibliographie analytique sur l'éducation au Québec*. La plupart des livres, des encyclopédies et des articles de fond dans les périodiques comportent une bibliographie. Cette liste donne les meilleurs documents que l'auteur a consultés sur le sujet. Lorsque les sources retenues par des auteurs différents se recoupent, vous êtes sur une bonne piste.

En partant du principe qu'il y a sûrement quelqu'un, quelque part, qui éprouve le besoin de compiler, il faut toujours se demander s'il y a une bibliographie sur un sujet, quel qu'il soit. Lorsqu'on effectue une recherche en profondeur, trouver une bibliographie est aussi important que de découvrir une mine d'or. Cela signifie que quelqu'un d'autre, quelque part, a déjà compilé des documents sur le sujet qui vous préoccupe, ce qui vous fournit souvent les plus importants pour votre recherche. Il faut cependant jeter un regard critique sur la façon dont cette bibliographie a été rédigée (sources consultées, années recensées, etc.) pour savoir éventuellement comment la compléter.

Vous faites un travail sur les films muets ou le western ? Vous serez heureux de connaître *Western Films: an Annotated Critical Bibliography* de J.G. Machbar ou *Silent Cinema: Annotated Critical Bibliography* de L.R. Phillips. De même, ce n'est pas à la fin de longues heures de recherche sur l'Acadie ou l'Abitibi qu'il faut découvrir la *Bibliographie de l'Acadie* de Suzanne Boucher ou la *Bibliographie de l'Abitibi-Témiscamingue* de

La recherche en profondeur

> **TRUC**
>
> ■ Dans un centre de documentation, «Bibliographie» est une subdivision des vedettes-matière; par conséquent, on cherche le sujet suivi de cette subdivision, par exemple:
>
> Art – Bibliographie;
> Chine – Bibliographie.

Benoît Beaudry-Gourd. Si vous faites une recherche sur le monde du travail au Québec, la découverte des 5 700 sources essentielles recensées dans *Le monde du travail au Québec: Bibliographie* représentera une économie de temps considérable.

Parfois, le bibliographe fait plus que mentionner l'auteur et le titre: il ajoute des commentaires. Il s'agit alors d'une bibliographie annotée.

La Bibliothèque nationale du Québec a publié, en 1979, *Bibliographie de bibliographies québécoises* (avec des suppléments en 1980 et en 1981), qui recense plus de 4 000 bibliographies parues dans des livres ou des périodiques. Le terme «bibliographie» est ici utilisé au sens large, incluant non seulement les listes de livres, mais également les catalogues de bibliothèques, d'éditeurs, les discographies, les filmographies, les listes de manuscrits, etc. La consultation de *Bibliographie du Québec* depuis 1981, sous le sujet qui vous intéresse, suivi de la subdivision «Bibliographie», vous indiquera s'il en existe une.

En 1972, Douglas Lochhead a rédigé *Bibliographie des bibliographies canadiennes*. Un an plus tard, Claude Thibeault a publié *Bibliographica Canadiana*: 795 pages, plus de 25 000 livres, brochures, rapports et, surtout, articles de périodiques portant sur l'histoire du Canada et du Québec, des origines à nos jours. La période de 1945 à 1969 comporte plus de 5 000 références. Le livre comprend également un index détaillé de plus de 100 pages. Pour le Canada, on peut aussi consulter *Canada Since 1867: A Bibliographical Guide*, Granatstein, J.L., et Paul Stevens, éd., Toronto, Hakkert, 1974.

Le *Manuel de bibliographie* de Louise Malclès, Presses universitaires de France, 1986, est une des meilleures sources en français.

Le *Bulletin of Bibliography and Magazine Notes* (1897-   ) publie, plusieurs fois par année, des bibliographies sur un grand nombre de sujets dans le domaine des lettres et des sciences sociales.

Le *Library Bibliographies and Indexes*, de Paul Wasserman et Esther Herman (Gale Research), est un guide par sujets des bibliographies et des index qu'on peut trouver dans les bibliothèques, les centres de documentation, les écoles de bibliothéconomie (travaux d'étudiants, par exemple) et les associations de bibliothécaires des États-Unis et du Canada.

Bibliographic Index (Wilson) est une base de données qui indexe chaque année 10 000 bibliographies.

Internet

☛ Online Catalogs and Bibliographic Services
http://www.libertynet.org/~lion/online-catalogs.html

Sur ce site, on trouve plusieurs bases de données avec des millions de notices variées. On peut consulter les catalogues gratuitement.

☛ Direct Search de George Washington University
http://gwis2.circ.gwu.edu/~gprice/direct.htm

Donne une liste de bibliographies et de collections d'archives interrogeables en ligne (Art Therapy Dissertation Database, Nestor-Bibliography of Age an Prehistory, Bach Bibliography, Canadian Music Periodical Index, etc.

LES BIBLIOGRAPHIES COURANTES ET RÉTROSPECTIVES

Bibliographie du Québec : liste mensuelle des publications québécoises est publié par la Bibliothèque nationale du Québec depuis 1968, avec un index annuel et des index cumulatifs. On y recense des ouvrages édités au Québec ou portant sur le Québec.

Le Bureau de la bibliographie rétrospective de la Bibliothèque nationale du Québec publie depuis 1980 l'inventaire des titres parus au Québec entre 1821 et 1967, intitulé *Bibliographie du Québec, 1821-1967*.

Canadiana, publié par la Bibliothèque nationale du Canada, recense les publications produites au Canada depuis 1950 ou se rapportant au Canada. *Canadiana* est publié tous les mois avec une refonte annuelle. Outre les livres et les publications des gouvernements fédéraux et provinciaux, *Canadiana* répertorie également les thèses sur microfilms, les brochures et les enregistrements sonores. Les films sont répertoriés dans *Films-Canadiana*.

La Bibliothèque nationale du Canada a dressé la liste rétrospective des ouvrages publiés avant 1950, sous le titre *Canadiana: 1867-1900 – Livres*, sur microfiches, répertoriant les monographies d'origine ou d'intérêt canadien parues entre 1867 et 1900. On indique pour chaque notice les bibliothèques canadiennes possédant l'ouvrage.

A Bibliography of Canadiana in Prints, 1751-1800, de M. Tremaine, Toronto, publié par University Press of Toronto en 1952, fait la description des premiers imprimés canadiens, livres et journaux. En fin de volume, on retrouve des notes sur les premiers imprimeurs.

Une recherche dans les catalogues de la Bibliothèque du Congrès, bibliothèque nationale et parlementaire des États-Unis, est possible à partir de 1898. Ces catalogues, intitulés *National Union Catalog Books*, sont produits mensuellement, avec refontes cumulatives annuelles.

En 1967, la Bibliothèque a entrepris la publication de *The National Union Catalog: Pre-1956 Imprints,* un catalogue collectif unique des livres publiés entre 1898 et 1955, figurant au fichier national, soit environ 13 millions de fiches sur 16 millions. Avec cette édition de base et les suppléments, nous avons un inventaire collectif des bibliothèques américaines et canadiennes jusqu'au début des années 1980. À partir de 1983, il n'existe que des éditions sur microfiches mensuelles ou trimestrielles, formant plusieurs séries dont

NUC Books et NUC United States Books (pour les livres américains), qui sont des séries mensuelles.

L'équivalent français, publié par la Bibliothèque nationale de France, s'intitule *Bibliographie nationale française* et existe depuis 1811.

Contenu: Recensement de toutes les nouvelles publications françaises (dépôt légal). 5 séries.

LIVRES: liste des livres déposés au dépôt légal:

Supplément I: Publication en série (journaux-revues)

Supplément II: Publications officielles (publications administratives)

Supplément III: Musique (partitions, méthodes...)

Supplément IV: Cartes et plans (cartes, plans, atlas imprimés)

Les titres que nous venons d'énumérer existent aussi sur microfiches, interrogeables en ligne par l'intermédiaire d'un serveur, et sur CD-ROM (à l'exception de *Bibliographie du Québec*). La plupart des pays industrialisés possèdent leur bibliographie nationale.

LES BIBLIOGRAPHIES COMMERCIALES

Des organismes spécialisés dans le commerce du livre publient des bibliographies commerciales qui regroupent les documents actuellement en vente. Les documents inscrits ne sont pas nécessairement nouveaux ou récents; leur inscription indique seulement qu'on peut encore se procurer ces titres chez l'éditeur. Limités à la production d'un seul pays, les bibliographies commerciales se retrouvent dans les librairies et les bibliothèques qui peuvent ainsi repérer les éditeurs des documents désirés, leur adresse, le prix, etc.

Les libraires et le personnel des bibliothèques sont en relation directe avec les différentes maisons d'édition. Ils possèdent leurs catalogues qui répertorient les livres publiés ou à paraître avec, le plus souvent, quelques renseignements supplémentaires. Au Québec ils ont pratiquement tous la même «bible», *Les livres disponibles canadiens de langue française* (1981-   ), publié chez Biblio Data, qui paraissait auparavant sous le titre: *Liste des livres disponibles de langue française des auteurs et éditeurs canadiens*. Il comprend une liste des livres, nouveaux ou non, vendus par les éditeurs. C'est un répertoire de toute la production canadienne de langue française, en trois volumes (auteurs, titres, sujets). Il contient près de 30 000 titres, plus de 500 éditeurs, quelque 300 distributeurs et est publié quatre fois par année.

Internet

☛ Banque de titres de langue française
www.btlf.qc.ca/

Banque de données regroupant plus de 235 000 entrées. Tous les ouvrages de langue française publiés au Canada y sont colligés et, pour chacun, on trouve toutes les données bibliographiques et commerciales. On a aussi accès à des catalogues d'éditeurs et de distributeurs en plus des répertoires des libraires, des éditeurs et des distributeurs.

☛ *Programme canadien de catalogage avant publication*
http://www.nic-bnc.ca/forthbks/ffbintro.htm

Tous les mois, «Livres à paraître» fournit de l'information sur les livres de tous les éditeurs canadiens avant même leur publication. Il énumère les titres traités par *Le programme canadien de catalogage avant publication* (CIP) de la Bibliothèque nationale du Canada. À l'heure actuelle, environ 1600 éditeurs participent à ce programme. Les publications importantes de l'administration fédérale y figurent, tout comme les publications des gouvernements provinciaux de la Colombie-Britannique, du Manitoba, de la Nouvelle-Écosse et de l'Ontario.

Canadian Books in Print (1967-) inventorie les publications des éditeurs canadiens de langue anglaise et comprend un index par éditeurs, par auteurs et par titres. Un autre ouvrage présente les livres par sujets : *Canadian Books in Print: Subject Index*.

En France, *Les Livres disponibles, French Books in Print*, publié annuellement par le Cercle de la librairie (1972-), est une bibliographie commerciale de tous les livres de langue française disponibles dans le monde, en trois volumes : auteurs, titres et sujets. Les trois volumes présentent la liste complète de quelque 8 000 éditeurs de 70 pays. Il comprend également une liste des distributeurs et un index des collections. Le répertoire existe sur microfiches et sur CD-ROM.

Livres de France (1979-) Éditions professionnelles du Livre, présente la liste des nouveautés et des nouvelles éditions du mois. On y trouve une table alphabétique des titres et des auteurs. Les nouveautés de la semaine se retrouvent dans Livre Hebdo.

Aux États-Unis, *Books in Print*, publié par Bowker depuis 1948, répertorie plus de 600 000 livres encore en vente chez 15 000 éditeurs que l'on peut repérer par auteurs, titres ou sujets. Ce répertoire existe également sur microfiches, interrogeable en ligne, et sur CD-ROM. Si l'on connaît seulement l'auteur, on peut trouver la liste des livres qu'il a écrits. Il existe également *Paperbound Books in Print* (1955-) de R.R. Bowker, qui présente la liste des éditions de poche brochées et disponibles sur le marché. Cet ouvrage exclut les titres de fiction. Finalement, on consultera avec profit *Subject Guide to Books in Print*.

À la fin de ces bibliographies commerciales se trouve une liste d'adresses des éditeurs et des distributeurs.

Il y a des équivalents de *Books in Print* pour plusieurs pays, notamment le *British Books in Print*, le *Australian Books in Print, Libros in Venta, Libri Italiani*, etc.

Comme le *Poole's Index,* le *Cumulative Book Index* est né d'un besoin personnel. Lorsque Halsey W. Wilson était étudiant à l'Université du Minnesota, il s'occupait d'une librairie. Il recevait les catalogues de plusieurs éditeurs et les examinait avec attention pour trouver les livres réclamés par ses clients. Il se rendit compte rapidement qu'une publication qui regrouperait tous ces catalogues serait utile pour les libraires. Le premier numéro de *Cumulative Book Index* parut en 1898. Depuis 1928, *CBI,* publiée par H.W. Wilson est une bibliographie de livres publiés en anglais partout dans le monde. Cette publication est mensuelle avec refonte annuelle.

Ces bibliographies commerciales sont souvent les outils préférés des recherchistes, puisqu'elles permettent de passer rapidement à travers le labyrinthe des nombreux catalogues d'éditeurs.

L'industrie du livre

LMP (Literary Market Place) (1940-   ), publié par R.R. Bowker, présente la liste des éditeurs, des organismes de diffusion et autres aux États-Unis et au Canada. Il est divisé en 73 sections dont Éditeurs, Fournisseurs, fabricants. La section 1, par exemple, donne l'index géographique des éditeurs américains, l'index des éditeurs américains selon leurs champs d'activité, et l'index des sujets des éditeurs américains. La section 2 donne la liste des imprimeurs, la section 4, les éditeurs canadiens, la section 7, les Clubs de livres pour adultes, la section 12, les agents littéraires, la section 16, les associations d'écrivains, la section 18, les associations de Radio TV, musique et films, la section 20, organisations internationales et gouvernementales, la section 23, Conférence d'écrivains et ateliers, section 25, les récompenses littéraires, la section 28, l'Index des experts selon leurs champs d'activité, la section 40, agences de photo, etc.

LMP répertorie aussi les clubs de livres, les traducteurs, les photographes, les chroniqueurs, etc.

Internet

☛ L'ANEL
http://www.cam.org/~anel/index.htm

L'ANEL, l'Association nationale des éditeurs de livres, regroupe les maisons d'édition québécoises et canadiennes de langue française. Sur son site on trouve la liste de tous les membres avec adresse, numéros de téléphone de même qu'un annuaire des Salons du livre et d'événements internationaux.

☛ Booklist
http://www.ala.org/booklist/index.html

L'édition en ligne du magazine *Booklist* publié par l'American Library Association depuis 1910. Chaque année, Booklist examine 4 000 livres pour adultes, 2 500 ouvrages pour enfants, 500 manuels de référence ainsi que 1000 titres tirés de matériels audiovisuels et électroniques. Les lecteurs fatigués des listes «Top Ten» toutes identiques trouveront ici une information concise et actuelle sur une plus grande variété de livres.

☛ Library Journal Digital
http://www.ljdigital.com

Fondé en 1876, le Library Journal se met au goût du jour en offrant à l'internaute une version en ligne de cette «bible des bibliothécaires». Cent mille personnes lisent chaque année ses commentaires, essais et critiques pour guider leur achats de livres, de cédéroms, de magazines. Dans la section «WebWatch», on rassemble les sites Web les plus utiles sur un sujet particulier: jardinage, impôts, mariage, Kosovo, etc.

Cherchez-vous un éditeur de l'Albanie, de l'Uruguay ou de l'Allemagne?

Le site Publisher's Catalogues Home Page (http://www.lights.com/publisher/) fournit une liste de liens vers des éditeurs du monde entier et vers des organismes internationaux qui publient des documents, comme l'ONU, la Banque mondiale ou Amnesty international. Le site fournit également une liste des foires mondiales de livres.

☛ AcqWeb's
http://www.library.vanderbilt.edu/law/acqs/pubr.html

Dans ce site, on retrouve de nombreux liens avec un annuaire alphabétique des principaux éditeurs. Des informations et différentes ressources sont offertes aux libraires qui ont la responsabilité de faire les achats et d'acquérir des nouvelles collections. Ce site est d'envergure internationale.

☛ Books Out-of-Print
http://www.bowker.com/bop/home/boop.html

Une des banques de données les plus utiles, Out-of-Print database est accessible 24 heures par jour. Ces ressources précieuses vous permettront de retracer des livres qui ne sont plus imprimés et ne sont plus stockés et cela vous permet de retracer plus de 1,3 million de livres. Le site est facile d'accès et vous pouvez chercher par index, auteur, sujet et mot-clé.

☛ BookWire
http://www.bookwire.com/AboutBW/about.html

Ce site est le plus complet pour suivre l'industrie du livre. On y trouve les dernières nouvelles de l'industrie, un guide des événements littéraires, des entrevues d'auteurs, des critiques, une liste de librairies mondiales et quelque 7000 liens vers d'autres sites sur le monde du livre. On peut trouver sur ce site les critiques publiées dans *The Boston Book Review*, *The Hungry Mind Review*, *The Quarterly Black Review*, *Computer Book Review and NAPRA Review* et *Library Journal Digital*, *The Book Report* et *Chub's Choice*.

☛ Chapitre.com
http://www.chapitre.com/

Site dédié à la littérature et aux livres français. La Librairie offre 350 000 titres, vente en ligne. Vous trouverez plusieurs sections comprenant l'actualité, premiers chapitres avant parution, dossiers, entretiens, chroniques, ressources littéraires et il est possible de faire une recherche afin de trouver des livres rares.

☛ Répertoires d'éditeurs et de libraires
http://www.culture.fr/culture/guides/dll/editeurs.htm

La Direction du livre et de la lecture en collaboration avec son Centre de documentation vous donneront accès à son répertoire des éditeurs et des libraires, une banque de données ainsi que des liens pour effectuer vos recherches. Si cela n'est pas suffisant, vous êtes en lien direct avec le ministère de la Culture et de la Communication, qui offre d'autres liens et des infos pratiques.

☛ ZaZieWeb
http://www.imaginet.fr/zazieweb/

Une mine d'informations sur le livre et la littérature en France. De prime abord, on y trouve une liste détaillée de liens (éditeurs, librairies, etc.), ensuite un annuaire de sites, une revue de presse, un agenda, forum, petites annonces.

Des librairies électroniques

Pour acheter un livre par le biais d'Internet

Au Québec, plusieurs librairies virtuelles sont déjà bien connues des internautes. La Librairie Garneau met en ligne une imposante librairie virtuelle (250 000 titres). Garneau fait partie de l'empire Sogides. http://garneau.infiniT.net. Mais on retrouve aussi Gallimard (http://www.gallimard-mtl.com), Renaud-Bray (http://www.renaud-bray.com), et même le site du Marché du livre (http://www.marchedulivre.qc.ca). Chez les spécialisés, on peut en outre visiter le «voyagiste» Ulysse (http://www.ulysse.ca); humer les plantes et fleurs de l'enseigne du livre (http://www.jardins.versicolores.ca); ou consulter un spécialiste de la littérature amérindienne, le livre voyageur (http://www.mtl.net/livre.voyageur).

Amazon Books (http://www.amazon.com) offre plus d'un million de titres sur son site Internet. Celui-ci est particulièrement attrayant et bien organisé. On peut fureter sur les étagères virtuelles, faire une recherche et lire les recensions des livres. Amazon offre également une liste de best-sellers et peut vous aviser lorsque des livres susceptibles de vous intéresser sont disponibles. Ensuite, et c'est le but de l'exercice, on peut commander le livre.

Book Stacks Unlimited (http://www.books.com) offre sensiblement les mêmes services avec en plus des entrevues audio avec des auteurs et une section «nouvelles».

COMMENT CHERCHER

TRUC

■ Des compagnies se spécialisent dans la recherche de livres introuvables. On les retrouve dans les petites annonces de revues comme *New York Review of Books, Quill and Quire*, etc. Mais on peut aussi utiliser Internet.

Pour les livres français

☛ Alapage
http://www.alapage.tm.fr/

C'est la plus grande librairie virtuelle de France. Vous accédez à des milliers et des milliers de livres d'une simple touche.

☛ Books on line
http://www.bol.fr

La librairie en ligne de Berteslmann et Havas offre la recherche par titre ou auteur dans un catalogue de 400 000 titres en français.

☛ Électre (Service payant et abonnement d'essai gratuit).
http://www.electre.com

Electre met quotidiennement à jour une base de données sur l'édition française qui comprend les notices de près de 400 000 titres de livres disponibles en langue française, plus de 8 000 CD-ROM et les références d'environ 10 000 éditeurs et diffuseurs ainsi que 6 500 sociétés en rapport avec le multimédia.

☛ Répertoires d'éditeurs et de libraires (France)
http://www.culture.fr/culture/guides/dll/editeurs.htm

Le serveur Internet du ministère de la Culture signale de nombreux sites d'éditeurs et de libraires; il faut se reporter à la rubrique «Internet culturel» et choisir «Livre et édition».

Pour les livres britanniques

☛ Internet book shop
http://www.bookshop.co.uk/hme/hmepge.asp?

Ce site permet d'accéder à près de un million de titres disponibles en librairie et publiés par 150 éditeurs de Grande-Bretagne.

Pour les livres allemands

☛ Librairie et édition en Allemagne
http://www.buchhandel.de/

Pour trouver un livre introuvable

☛ A-albionic Research
http://a-albionic.com/search.html

Cette compagnie promet de trouver les livres difficiles à trouver

☛ Advanced Book Exchange
http://www.abebooks.com/

Pour trouver des livres usagés, qui ne sont plus vendus, rares etc. Le site comprend un répertoire de plusieurs centaines de marchands.

☛ Alibris
http://www2.alibris.com/cgi-bin/texis/bookstore

Se vante d'avoir « amassé des millions de livres parmi les plus rares, datant jusqu'à plusieurs siècles et couvrant les sujets les plus divers ». À partir de son réseau de libraires « Network of Leading book dealers », recherchez par auteur, titre, sujet, mot-clé, éditeur, prix, ISBN...

☛ AntiQbokk
http://www.antiqbook.com/database/index.html

Situé aux Pays-Bas, il vous permet de chercher parmi quatre bases de données: livres édités avant 1900, livres édités après 1900, cartes et imprimés anciens et imprimés provenant du Illustrated London News.

☛ BiblioFind
http://www.bibliofind.com/

Une compagnie spécialisée dans la recherche de livres introuvables. Cherchez à votre guise parmi les « huit millions de livres rares et vieux... chez plus de 3 500 libraires à travers le monde »

☛ Blake's Books
http://www.blakesbooks.com/

Site d'un antiquaire spécialisé dans le livre usagé.

☛ BookFinder.com
http://www.bookfinder.com

Offre l'option usagé/sans suite dans son formulaire de recherche.

☛ « The Rare Book Section » de Powell's Books
http://www.powells.com/psection/RareBookRoom.html

Regroupe les titres disponibles par sujets.

☛ Reed Reference Books Out-of-Print
http://www.reedref.com

Reed Reference offre gratuitement sur son site Books-Out-of-Print, http://www.reedref.com/boop.html, l'outil familier aux bibliothécaires.

☛ Virtual Bookshop
http://www.bookshop.com

Se spécialise dans les livres rares tels que les premières éditions, les volumes anciens, les pièces de collection et offre une large sélection de titres de Edgar Rice Burroughs.

Critiques et recensions

Les éditeurs fournissent de nombreux livres aux critiques. Ceux-ci font leur choix et publient leurs commentaires dans les journaux et les revues. Les critiques sont particulièrement utiles, car elles vous donnent une idée générale d'un livre avant de l'acheter ou de l'emprunter grâce au prêt entre bibliothèques.

Les libraires doivent tenir compte de leur clientèle et sont en général bien informés des parutions nouvelles. De même, avant de faire l'achat de nouveaux documents, le personnel des bibliothèques affecté au choix consulte les diverses publications qui analysent et critiquent les livres récents, comme *Nuit Blanche* (Québec), *Livre d'ici* (Québec), *Bulletin critique du livre français* (France), *Livres hebdo* (France), *Préfaces* (France), etc.

Choix: documentation imprimée, publié par les Services documentaires multimédia[1] depuis 1964, répertorie et analyse la documentation imprimée de langue française destinée aux adultes et aux adolescents. Il est publié deux fois par mois avec une refonte annuelle. *Choix* existe également sur microfiches, interrogeable en direct, et sur CD-ROM. Depuis janvier 1992, une version hebdomadaire peut être obtenue par télécopieur.

Du côté anglophone, *Canadian Book Review Annual*, (1989-   ) donne de courts comptes rendus de livres (en anglais) commerciaux et éducatifs.

Books in Canada: a National Review of Books (1971-   ) est une revue qui donne des résumés de livres de langue anglaise publiés au Canada.

Quill and Quire (1935-   ), mensuel traitant du marché du livre canadien, donne aussi des nouvelles sur les bibliothèques, le milieu de l'édition, les problèmes actuels, le marché récent et les livres éducatifs. Il comprend également une chronique sur les publications à paraître.

Book Review Index (1965-   ) ne fait que localiser des critiques de livres qui ont paru dans quelque 200 périodiques. Il n'y a pas d'extraits, contrairement à *Book Review Digest (BRD)* (1905-   ), qui recense 100 périodiques américains, britanniques et canadiens et qui, pour chaque livre, (6 500 chaque année) donne de larges extraits de comptes rendus. On ne recense pas le premier livre venu ou à la mode. Les livres doivent avoir reçu un minimum de comptes rendus pour être listés dans le *BRD*. Jusqu'en 1983, il était restreint aux livres publiés aux États-Unis; depuis cette date, il répertorie les livres publiés au Canada anglais. Il y a aussi *Current Book Review Citations* (1976-   ), qui localise 1000 périodiques généraux ou spécialisés non couverts par le *BRD* (*Art News, Microwaves, Yale Law Journal*, etc.).

Reference and Research Book News fait dans chaque numéro trimestriel des recensions concises, pertinentes, de plus de 200 livres récents. Les livres sont choisis en fonction de l'intérêt qu'ils présentent pour le personnel de bibliothèques publiques, collégiales et universitaires. Il fournit donc toutes les données bibliographiques.

Deux revues spécialisées font des recensions remarquables. D'abord, le *Library Journal* recense articles et comptes rendus depuis 1876. La rédaction se demande en quoi ce livre va ajouter à la collection de livres d'une bibliothèque, que ce soit une petite bibliothèque publique ou une grande bibliothèque universitaire. Le *Library Journal* publie plus de 5 000 recensions

---

1. Antérieurement la Centrale des bibliothèques.

annuelles de livres intéressants. Il dresse des bibliographies sur des sujets divers. La liste annuelle de mai recense, depuis 1984, les sources de référence les plus pertinentes.

Booklist (1905-   ), publié par l'American Library Association (ALA), fait des recensions qui visent les petites et moyennes bibliothèques. En août, paraît un index cumulatif annuel.

Internet

Sur le site de *Library Journal* ‹http://www.ljdigital.com/›, on trouve informations techniques, critiques de livres, de vidéos, de CD-ROM et, surtout, critiques de sites Web. Dans un numéro récent, on y trouvait l'analyse de plusieurs sites Web consacrés au sport et qui seront essentiels aux bibliothécaires de référence.

Booklist (http://www.ala.org/booklist/index.html) a une nette longueur d'avance sur Library Journal. Articles de fond (comment évalue-t-on une encyclopédie), index cumulatif des dizaines de critiques de chaque numéro (livres de référence, outils de recherche, fiction ou non, etc.).

Certaines critiques de revues sont tellement exhaustives, réussissent tellement bien à faire le tour de l'œuvre qu'on sait immédiatement ce que vaut le livre. Ainsi, les critiques du *New York Review of Books* (1963-   ) ont facilement plusieurs pages. Chaque numéro contient une dizaine de critiques (environ 3500 mots chacun). L'index du *New York Times* comprend des critiques de livres qui ont paru dans le quotidien ou dans la section «Book Review» de l'édition du dimanche. Dans cette section, on fait la critique d'une trentaine de livres chaque semaine. Ces critiques se retrouvent grâce à *The New York Times Index* (1851-   ). Regardez sous la vedette-matière «Book Reviews», ils y sont classés par auteurs (lorsqu'il s'agit d'un seul auteur) et par titres pour tous les autres ouvrages (anthologies, collaborations, etc.). Le *New York Times* a justement publié *The New York Times Book Review Index* (1896-1970).

Il y a aussi des critiques spécialisées. Ainsi, l'American Association for the Advancement of Science publie *Science Books & Films* (1965-   ), qui s'adresse aux bibliothécaires et aux professeurs de science. Ils peuvent y lire, en plus de bibliographies spécialisées, une revue critique de livres, de films et de vidéocassettes sur tous les aspects de la science. On recense, par numéros, plus de 300 sujets qui touchent aussi bien les jardins d'enfance que les professionnels.

☞ Critiques sérieuses de livres sérieux
http://h-net2.msu.edu/reviews

Ce site est probablement la plus grande collection de critiques académiques en ligne. Une réalisation de H-Net Humanities & Social Sciences Project du Michigan State University. Le site contient plus de 600 critiques sur différents sujets et on peut les retrouver par auteur, titre, etc. La plupart des critiques concernent des livres publiés au cours des trois ou quatre dernières années. Le ton de chaque critique est équilibré et intelligent. Une bonne ressource pour la bibliothèque de référence, les universitaires et les étudiants.

☛ Arts & Letters Daily
http://www.cybereditions.com/aldaily

Des critiques de livres à la douzaine, des articles extraits de publications littéraires et intellectuelles, des essais et opinions (*out the wazoo*), des liens menant aux sites d'informations (médiatiques) majeurs, une collection diversifiée de revues et de journaux ainsi que des éditoriaux provenant de toutes parts du spectrum politique.

☛ BookBrowser
http://www.bookbrowser.com

Se décrit comme «le guide des lecteurs avides», ressemble plus à un magazine en ligne qu'à un index. Vous y trouverez plus de 1500 critiques de livres de tous genres (les auteurs du site affirment qu'ils en ajoutent au moins 10 nouvelles chaque semaine), des mises à jour des titres à paraître, des informations sur les auteurs et un fureteur de points de vente pour vous aider à situer les librairies en ligne. Selon les auteurs du site, le cœur de BookBrowser est la section Reading List. Cette dernière est subdivisée ainsi : Series and Sequels liste les auteurs populaires de chaque genre ainsi que les titres de leurs livres ; If You Like..., Try..., est une liste groupant des livres de même genre, compilée par des libraires en partant du principe qu'«un bon livre mène à un autre» ; enfin, Place and Time classe les titres par époque ou par situation géographique. Des listes de livres ayant été primés sont aussi disponibles.

☛ BookWire
http://www.bookwire.com

Le site de R.R. Bowker, se vante d'être la source d'information en ligne la plus complète de l'industrie du livre, et c'est probablement vrai. C'est l'hôte des *dead-tree friends* de quelques professions de l'information : Publishers Weekly (Publisher's Weekly Interactive http://www.bookwire.com/pw/pw.html), Library Journal LJDigital http://www.bookwire.com/ljdigital) et School Library Journal (School Library Journal Online http://www.bookwire.com/slj).

BookWire héberge aussi The Boston Book Review (http://www.bookwire.com/bbr/bbrhome/html), The Hungry Mind Review (http://www.bookwire.com/hmr), Computer Book Review (http://www.bookwire.com/cbr) et NAPRA Review (http://bookwire.com/napra – «New Alternative for Publishers, Retailers & Artists Inc.», dont les membres participent à la création, à la distribution et à la vente de livres, de matériel musical et d'autres produits supportant la croissance spirituelle et les changements sociaux positifs.) The BookWire Index (http:// www.bookwire.com/index.html) liste plus de 7000 liens vers des sites liés aux livres (éditeurs, libraires, bibliothèques, (*what-have-you*). Vous y trouverez un calendrier des principaux évènements de l'industrie du livre de même qu'un calendrier des tournées d'auteurs populaires.

☛ The Boston Globe's Boston. com: Going Out / Arts / Books
http://www.boston.com/goingout/books

Propose une compilation de toutes les critiques de livres parues dans le journal au cours de l'année précédente, et ce, gratuitement.

☛ Chicago Books
http://www.chicago.digitalcity.com/cafe/books

Est le fruit de la collaboration entre *The Chicago Tribune* et *Digital City Chicago*. On y trouve des forums de discussion sur les livres, une collection de plus de 300 «premiers chapitres», un calendrier des événements ayant rapport aux livres ainsi que des listes de livres recommandés et primés. Les archives de ce site sont disponibles à partir de 1985.

☛ Los Angeles Times Books
http://www.calendarlive.com/LA_Times/Arts_and_Entertainment/Books_Talks)

Le «Sunday Book Review» y est. On y consulte gratuitement les articles des sept jours précédents et on peut obtenir les articles datant de huit jours ou plus moyennant des frais, sauf si ces derniers font partie d'un «série spéciale» et apparaissent ailleurs sur le site.

☛ The New York Review of Books
http://www.nybooks.com/nyrev/index.html

Vous y trouverez une sélection d'articles tirés des archives ainsi que l'intégrale de la chronique à partir de 1995 gratuitement.

☛ The New York Times: Book
http://www.nytimes.com/books

L'hôte de la vénérable chronique hebdomadaire *Book Review* donne accès à plus de 50 000 critiques ayant paru dans celle-ci depuis 1980.

☛ Washington Post: Books & Reading
http://www.washingtonpost.com/wpsrv/style/books/front.htm

Inclut la chronique hebdomadaire *Washington Post Book World*. Il est possible de consulter les archives, mais des frais sont chargés pour les articles et les chroniques datant de plus de 14 jours.

☛ USA Today Bookshelf
http://www.usatoday.com/life/enter/books/leb.htm

Si ce site n'est pas aussi consistant que ceux mentionnés plus haut, on y trouve tout de même le «premier paragraphe» de quelques nouveautés et des archives que l'on peut consulter gratuitement. On ne précise toutefois pas jusqu'à quand remonte l'archivage.

LES CATALOGUES COLLECTIFS ET LES RÉSEAUX DE BIBLIOTHÈQUES

Une bibliothèque ne peut pas posséder tous les documents qui existent sur le marché. Même les collections des bibliothèques universitaires, qui possèdent dans plusieurs cas quelques millions de documents, sont insuffisantes pour répondre à tous les besoins de leurs usagers. À titre d'exemple, la Bibliothèque générale de l'Université Laval effectue chaque année quelque 7 000 emprunts et prête à d'autres centres de documentation 10 000 documents.

Les centres de documentation qui offrent un service de prêt entre bibliothèques possèdent nécessairement des catalogues collectifs imprimés ou sur microfiches. Ces outils de travail ne peuvent pas toujours être utilisés par les usagers, puisque c'est souvent le personnel qui effectue les recherches à leur place.

La Bibliothèque nationale du Canada offre un service téléphonique de localisation de documents pour 400 bibliothèques canadiennes et québécoises. Elle publie également divers catalogues collectifs de titres de périodiques, notamment *CANUC* (sciences sociales et humaines), et *Liste collective des journaux canadiens*.

Aux États-Unis, la Bibliothèque du Congrès publie plusieurs titres intitulés *National Union Catalog*, relatifs aux livres, aux documents audiovisuels et au matériel cartographique. Plus de 11 000 bibliothèques américaines et canadiennes participent à ces catalogues.

Certaines bibliothèques sont regroupées en réseaux, chacun étant relié par terminal à un catalogue automatisé. Ces réseaux sont évidemment fort utiles pour le prêt entre bibliothèques. *DOBIS*, produit par la Bibliothèque nationale du Canada, permet la consultation de plus de 1000 bibliothèques canadiennes. *OCLC*, sigle signifiant Online Computer Library Center, regroupe les collections de 7 000 bibliothèques à travers le monde.

SIGIRD (BADADUQ), réseau de l'Université du Québec, réunit les collections de toutes les bibliothèques et les centres de documentation de toutes les composantes de l'Université du Québec à travers la province, et de toutes ses écoles affiliées.

RENARD, de la Fédération des cégeps, regroupe une trentaine de bibliothèques collégiales du Québec.

UTLAS dessert quelque 2 000 bibliothèques canadiennes et américaines et possède plus de 40 millions de notices catalographiques. Ce réseau se compose, entre autres, des collections des Bibliothèques nationales du Québec et du Canada, de la Bibliothèque du Congrès, de la plupart des bibliothèques universitaires canadiennes et des bibliothèques gouvernementales du Québec et du Canada.

LES RÉPERTOIRES DE TITRES DE PÉRIODIQUES : POUR LOCALISER UNE REVUE OU UN JOURNAL

Qui pourrait croire qu'il y a une revue, *Wooden Boat*, consacrée uniquement aux bateaux à coque de bois, à leur construction, à leur réparation et à leur préservation? La question du divorce vous intéresse? Le *Journal of Divorce* est fait pour vous. Les jeunes? *Adolescence*, un trimestriel international consacré aux aspects physiologique, psychologique, psychiatrique, sociologique de cette période de la vie humaine, répondra à votre intérêt. Vous voulez tout savoir sur les gauchers? *Lefthander Magazine* est ce qu'il vous faut. Vous collectionnez les paquets d'allumettes et vous voulez entrer en contact avec d'autres collectionneurs? *Les grands collectionneurs québécois* vous mettra sur la piste de vos collègues. Le showbizz? *Variety*. L'invasion de la vie privée? *Privacy Journal*. Toutes ces revues fournissent de l'information en plus d'indiquer d'excellentes personnes-ressources. Il existe des outils de travail pour connaître les titres de périodiques (revues et journaux) qu'on peut se procurer sur le marché.

Internet

Canada

☛ PubList
http://www.publist.com/

Publist utilise des sources telles que International Periodicals Directory pour vous fournir des données bibliographiques sur plus de 150 000 publications imprimées et en ligne. Sont inclus: magazines, journaux, journaux électroniques, listes d'envois, monographies et liens vers des éditeurs. Ce site permet l'accès facile et rapide à une information détaillée: titres, formats, adresses d'éditeurs, données sur le lectorat et numéros d'identification ISSN.

☛ NewsDirectory.com
http://www.newsd.com

NewsDirectory.com est le nouveau nom d'Ecola Newsstand. Depuis bientôt trois ans, ce site fait autorité comme source fiable en matière de journaux et de revues. Il s'agit d'un guide interactif vers des sites créés par des journaux et des revues d'un peu partout à travers le monde. Ne prenant rien pour acquis, on a confié à une équipe éditoriale le soin de veiller à ce que les liens indiqués présentent suffisamment d'intérêt, s'assurant ainsi d'en limiter le nombre. Il offre 8 000 liens Internet vers les nouvelles et les médias du monde entier de langue anglaise, incluant 1900 journaux et magazines américains.

Parmi les nouveautés qu'offre le site, un guide gratuit des recherches d'archives en ligne; une page «Quoi de neuf?» mise à jour quotidiennement, un guide des stations de télévision américaines avec, en prime, des guides des collèges, des librairies, et des informations touristiques. Enfin, on peut y fureter et y faire une recherche par pays, par sujet ou par titre.

☛ *E-Journal*
http://www.edoc.com/ejournal/

Répertorie les journaux, les revues, les bulletins disponibles dans Internet sous différentes catégories (College or University, Academic and Reviewed Journals, Magazines, etc.)

☛ *The CIC Electronic Journals Collection*
http://ejournals.cic.net/

Pour une liste des revues savantes dans Internet.

☛ *Magazine Directory*
http://www.askmagpie.com/

Ask Magpie est un moteur de recherche spécialisé dans les périodiques. Il regroupe plus de 7 000 d'entre eux, organisés en catégories et cherchables par sujet et par titre.

☛ *The MediaFinder CONNECTion*
http://www.mediafinder.com/index.htm

Offert conjointement par Oxbridge Communications et Newsletters Online, ce site est un service de CONNECT, Inc. Il publie des annuaires célèbres et reconnus de bulletins d'information, de magazines et de catalogues.

☛ *The News Office's Homepage*
http://ksgwww.harvard.edu/~ksgpress/ksgnews.htm

Sur ce site, l'École d'administration publique John F. Kennedy, de l'Université Harvard, permet aux journalistes d'avoir accès aux meilleures ressources américaines et internationales. En plus des sources disponibles à la faculté, il offre des informations sur les événements, les recherches et les publications au moyen de sa page de nouvelles liée au Réseau en ligne d'informations politiques OPIN (Online Political Information Network), qui est un réseau très développé de liens avec les principales sources gouvernementales et politiques disponibles dans Internet.

☛ *The Alternative Press Center's Online Directory*
http://www.altpress.org/direct.html

L'Alternative Press Center's Online Directory est une bibliographie des publications (périodiques, journaux et magazines) considérées comme étant de gauche. Elle sont répertoriées et contiennent toutes le titre, la fréquence de la parution, le nom de l'éditeur et de ses employés, l'adresse et le numéro de téléphone. On peut également y trouver des index complets sur des publications qui ne sont pas citées dans les revues standards comme le Reader's Guide to Periodical Literature ou le Social Sciences Index.

Également ce service en ligne permet de fureter alphabétiquement selon le titre de la publication ou par sujet.

☛ Catalog of Electronic Journals
http://www.edoc.com/ejournal/

Le Catalog of Electronic Journals comprend plus de 1800 notices. Il est divisé en grandes catégories: académiques, bulletins électroniques, revues, journaux etc. Les grandes catégories ont des sous-catégories et les plupart des entrées décrivent succinctement le journal ou la revue de même que son adresse Internet.

Depuis 1991, Association of Research Libraries (ARL) publie chaque année un *Directory of Electronic Journals and Newsletters*. Cet ouvrage est maintenant disponible dans Internet et contient 1700 notices (http://www.arl.org/scomm/edir/).

Les revues et les magazines: pour localiser une revue ou un magazine

Des dizaines sinon des centaines de milliers de revues et de magazines couvrent des milliers de sujets. En 1925, *World List of Scientific Periodicals* recensait 25 000 revues; en 1934, 36 000, en 1952, 50 000, et en 1981, 100 000.

Même si votre sujet est sérieusement restreint, il peut y avoir une revue ou un magazine qui s'y consacre. Quelques éditeurs se sont lancés dans leur recension. Le géant actuel est le *Ulrich's International Periodicals Directory* (1932-   ) qui recense annuellement quelque 100 000 périodiques à travers le monde, classés en un demi-millier de sujets. Ce répertoire facilite la tâche des recherchistes. Vous cherchez votre sujet dans l'index et il vous donne la liste des revues dans le domaine: le titre du périodique, le nom de son éditeur, l'adresse, sa périodicité, le tirage, et même la liste des vedettes-matière en plusieurs langues dont le français. Il comporte aussi un index par titres, une liste de revues gouvernementales et même une section nécrologique sur les revues disparues.

The Standard Periodical Directory est un répertoire de périodiques américains et canadiens. Pas moins de 65 000 magazines, revues, bulletins, répertoires, publications d'associations ou de compagnies, etc., y sont classés en 250 domaines et indexés par titres. On trouve le nom de l'éditeur, son adresse et son numéro de téléphone, les tarifs publicitaires et d'abonnement, le tirage, la périodicité, plus une description du contenu, le numéro ISSN et la date de fondation. Il ne remplace pas le *Ulrich's*, mais il le complète. Si l'approche des deux ouvrages est sensiblement la même, la couverture est différente. On retrouve dans le *Ulrich's* un vaste choix de périodiques non américains, alors que le *Standard* est limité aux publications américaines et canadiennes.

The Serials Directory, un nouveau répertoire international publié par l'agence internationale d'abonnements Ebsco, recense 113 000 périodiques, annuels, réguliers ou non.

Le *Magazine for Libraries* (Bowker) a l'avantage de fournir des annotations pour les revues ; il indique également quelles sont les meilleures revues dans un domaine. Le *Guide de la presse*, publié par l'Office universitaire de presse, analyse plus de 2 500 titres de revues et de journaux par année, en mettant l'accent sur la presse nationale et régionale de France, mais les principaux titres internationaux sont également présentés.

Répertoire de périodiques spécialisés américains

MediaJump
http://www.owt.com/dircon/mediajum.htm

Pour un répertoire de la presse spécialisée américaine (*trade magazines*, revues professionnelles, revues de consommation). Liens vers plus de trois mille publications, à partir d'une liste de plus de deux cents catégories.

Les répertoires similaires sont rares au Québec et au Canada. Pour le Canada, mentionnons celui du groupe MacLean's, à l'adresse http://www.mhbizlink.com

Les catalogues collectifs de périodiques

Quelle bibliothèque a cette revue ou ce journal ?

Une fois que vous avez repéré le journal ou la revue dont vous avez besoin, il faut ensuite trouver la bibliothèque ou le centre de documentation qui le possède.

La Bibliothèque nationale du Québec, depuis 1973, inventorie tous les périodiques déposés dans ses collections sous le titre *Liste des revues et journaux courants québécois*.

La Conférence des recteurs principaux des universités du Québec et la Bibliothèque nationale du Québec produisent *CACTUS*, un catalogue collectif sur microfiches de toutes les bibliothèques universitaires du Québec et de la Bibliothèque nationale. Le ministère des Communications du Québec a publié en 1989 la 4e édition du *Catalogue collectif des bibliothèques gouvernementales du Québec*.

La Bibliothèque nationale d'Ottawa a publié *Union List of Serials in the Social Sciences and Humanities Held by Canadian Libraries*. Il s'agit d'une liste collective des publications en série dans le domaine des sciences sociales et humaines dans les bibliothèques canadiennes (1980-   ). Le Conseil national des sciences publie *Union List of Scientific Serials in Canadian Libraries* et *Union List of Music Periodicals in Canadian Libraries*.

Du côté américain, la source de base pour savoir quelle bibliothèque possède quel périodique s'intitule *The Union List of Serials in the Libraries of United States and Canada* (1965-   ). C'est un catalogue collectif de près d'un millier de bibliothèques qui totalise la somme de 156 000 titres de périodiques dont la publication a débuté avant 1950. Il est suivi de *New Serials Titles: a Union List of Serials*. C'est le catalogue collectif des périodiques conservés par la Bibliothèque du Congrès et par plus de 500 bibliothèques des États-Unis et du Canada.

POUR TROUVER UN ARTICLE DE REVUE : LES BIBLIOGRAPHIES D'ARTICLES DE PÉRIODIQUES (INDEX ET *ABSTRACTS*)

Les catalogues des bibliothèques ne signalent pas les articles publiés dans les périodiques auxquels ils sont abonnés ; cela nécessiterait un personnel considérable. Il faut donc se tourner vers les services de dépouillement et d'indexation qui produisent des bibliographies, appelées communément *index* (les renseignements bibliographiques nécessaires à leur repérage) ou *abstracts* (résumés pour chaque article). En général, dans ces index ou *abstracts*, on cherche par auteurs et par sujets ; certains services classent même les articles de périodiques par dates.

Ces outils de travail existent souvent en version imprimée ou sur microfiches, sous des livraisons mensuelles ou bimestrielles, avec refontes annuelles et cumulatives, qu'on peut parfois interroger en ligne ou sur CD-ROM.

Pour trouver un article de périodique (revue ou journal)

☛ Canadian Online Explorer – CANOE
http://www.canoe.ca

Ce site est offert conjointement par la Toronto Sun Publishing Company et Rogers Multi-Media. C'est un site complet sur les journaux canadiens. On y retrouve notamment une sélection d'articles tirés des grands journaux de la Toronto Sun de Calgary, d'Edmonton, d'Ottawa et de Toronto. La section sportive comprend des articles sur le hockey, le football, le baseball, et le basketball. Le tout est complété par une sélection d'articles tirés du *Financial Post* et du magazine *McLean's*. Dans chacune des composantes de CANOE, on peut effectuer des recherches.

Une banque de données d'articles de la presse française et internationale est à votre disposition à l'adresse Internet : http://www.newspaper.tm.fr/

Par une recherche simple et rapide par mots-clés, vous retrouvez plus de 100 000 articles dans 130 magazines. Il s'agit ici du titre des articles ; pour obtenir l'article lui-même, il faut payer. Cependant, ce service peut être utile pour repérer des articles.

L'équivalent américain est CARL UnCover. CARL (Colorado Alliance of Research Libraries) http://www.indwes.edu/Academic/Library/indx_exp.html

☛ *UnCover*
http://wdev.carl.org:80/cgi-bin/unCover

Base de données contenant des références à 7 millions d'articles tirés de 17 000 périodiques avec service d'envoi d'articles par télécopieur. Comprend deux niveaux de services : recherche en ligne pour les non-abonnés et achat d'articles pour les abonnés. L'abonnement est sans frais. Vous commandez l'article désiré et il vous est expédié (moyennant paiement) par télécopieur.

☛ *News Library*
http://newslibrary.infi.net/

On peut chercher parmi 10 millions d'articles dans cette banque. On fournit un résumé de l'article, mais il faut payer pour le texte intégral.

En 1847, William Frederick Poole était étudiant à l'Université Yale. Plutôt que de chercher dans l'index de chaque périodique, il décida de compiler tous leurs index. Un an plus tard, il publia le premier index de périodiques. En 1876, lors du premier congrès de l'American Library Association, une cinquantaine de bibliothécaires acceptèrent de collaborer à l'amélioration de son index. Celui-ci va devenir le *Poole's Index to Periodical Literature: 1802-1906*, les articles étant classés par sujets seulement. On le considère comme le père des index de périodiques actuels.

Nineteenth Century Reader's Guide indexe, par sujet, auteur et illustrateur, 51 périodiques publiés dans les années 1890

Environ 1100 périodiques sont répertoriés au Canada, dont le quart sont en français. Il est souvent utile de commencer une recherche par les revues parce que les articles de revues traitent de sujets plus variés que les livres; leur information est récente et concise.

Des index de périodiques, comme leur nom l'indique, « montrent du doigt » des articles publiés dans les périodiques généraux ou spécialisés. Ils dépouillent les articles de plusieurs revues ou journaux et en font la liste, avec parfois des résumés d'articles *(abstracts)*. Avec ces index, on peut trouver des articles sur à peu près tous les sujets et l'on y indique la source bibliographique complète (jour-mois-année ou volume-numéro) et la page précise. Chaque index précise, au début ou à la fin, parfois au milieu, les titres des revues qu'il dépouille et fournit leur adresse.

Le choix des revues dépouillées donne également une idée de l'index. Certains index ne se préoccupent que des revues de consommation courante qui touchent un grand nombre de sujets. Par contre, d'autres index se concentrent dans un domaine restreint de la connaissance. Par ailleurs, aucun index ne peut suivre à la trace toutes les revues savantes qui sont publiées dans le monde.

Il faut se familiariser avec les index qui ont recours à une série de sigles et de codes pour économiser de l'espace. Cela représente à peu près la seule difficulté

TRUCS

■ Généralement, les périodiques indiquent s'ils sont dépouillés en précisant l'index ou l'*abstract* en question.

■ Le personnel des bibliothèques peut vous initier à la recherche dans les index imprimés ou en ligne.

■ Quand vous trouvez une référence, assurez-vous d'inscrire tous les renseignements bibliographiques pour ne pas être obligé de reprendre votre recherche.

de consultation d'un index. Quand on a appris à décoder sans problèmes le *Canadian Periodical Index* ou le *New York Times Index*, les autres index n'ont plus de secrets, puisqu'ils utilisent sensiblement les mêmes abréviations et les mêmes sigles.

Le décodage n'est pas difficile: 136:31 N 18'85 signifie que l'article a paru dans le volume 136 et commence à la page 31 du numéro daté du 18 novembre 1985. Chaque répertoire explique dans ses pages préliminaires comment l'utiliser efficacement en fournissant des listes d'abréviations et de sigles.

Les périodiques d'intérêt général

Au Québec, depuis 1972, deux répertoires, *Radar* et *Périodex*, ont dépouillé les articles parus dans des revues du Québec et en français dans le monde (Europe, Afrique, etc.). Ils ont été remplacés en 1984 par *Point de repère*, qui analyse et indexe les articles de quelque 300 périodiques de langue française (200 au Québec, 10 au Canada et 70 dans les pays européens et africains). L'Université Laval a publié, entre 1966 et 1972, un répertoire intitulé *Index analytique* qui dépouillait sensiblement les mêmes titres.

Pour les revues canadiennes, le *Canadian Periodical Index* (1938-) dépouille les articles de 375 périodiques canadiens, dont quelques-uns en français, dans les domaines des affaires, de l'économie, des beaux-arts, de la bibliothéconomie, de la littérature, de la culture populaire et des sciences sociales. Il répertorie articles, comptes rendus, poèmes, nouvelles, biographies, portraits et œuvres d'art. On a publié, en 1988, un répertoire rétrospectif, *Canadian Periodical Index* (1920-1937).

Canadian Magazine Index est également publié depuis 1986. On y indexe 400 magazines canadiens et quelques revues américaines importantes (*Scientific American, Hot Rod*, etc.)

Une fois un article repéré, s'il est impossible de trouver le périodique sur place, il faut effectuer un prêt entre bibliothèques. En dernier recours, il faut communiquer avec l'éditeur pour lui demander un exemplaire.

On a déjà parlé de *Point de Repère* et du *Canadian Periodical Index* (CPI); si les quelques centaines de revues qu'ils analysent sont insuffisantes pour vos besoins de recherche, il faut alors puiser dans le réservoir américain: des milliers de revues, des dizaines de milliers d'articles chaque année.

Reader's Guide To Periodical Literature (1900-), l'équivalent américain du *Canadian Periodical Index* ou de *Repère*, permet de connaître ce qui s'est publié depuis près d'un siècle dans les principales revues américaines.

Les magazines (*Newsweek, Life, Sports Illustrated* et 200 autres) indexés dans le *Reader's Guide* sont des magazines pour le grand public, de portée populaire. Les sujets techniques y sont donc vulgarisés. Par exemple, le sujet «la bombe atomique» est expliqué dans des termes simples dans une des revues dépouillées par cet index, ce qui n'est pas le cas d'un article sur le même sujet publié dans *Atomic Scientist*.

Si l'on ne trouve pas d'articles dans le *Reader's Guide*, on peut chercher dans les 150 périodiques dépouillés depuis 1975 dans *The Magazine Index* (Information Access). Il dépouille 400 revues d'intérêt général. Il ne fait pas double emploi avec le *Reader's Guide*. On peut trouver dans *Access* les articles écrits dans des périodiques tels que *Ballet News*, *Camera Arts*, *Channels of Communications*, *Discover*, *Geos* et *Science*, et dans des revues à caractère régional.

En 1969, l'année de Woodstock, quelqu'un a pensé à toute la presse alternative et radicale. Depuis, *Alternative Press Index* (Alternative Press Centre, College Park, 1969-) en dépouille une partie, plus précisément 221 périodiques dont 17 gais. Il indexe tous les articles en quelques paragraphes, de même que les bibliographies, les répertoires, les index, les éditoriaux, les listes de ressources, les poèmes, les critiques de livres, etc.

Enfin, *Utne Reader* (LENS Publishing, Minneapolis), publié tous les deux mois, est un des meilleurs répertoires du domaine de la presse alternative. On y résume des articles parus dans *Mother Jones*, *Cultural Survival Quarterly*, *Whole Earth Review*, etc., ou on les reproduit intégralement.

International Index to Periodicals est le compagnon du *Reader's Guide*. On y trouve beaucoup de revues savantes qui ne sont pas dépouillées par le *Reader's Guide*.

Dans *Periodicals of Public Interest Organizations* (Commission for the Advancement of Public Interest Organizations), le lecteur trouvera les articles de 103 périodiques publiés par des organisations nationales d'intérêt public.

Certains pays occidentaux ont un index qui dépouille leurs principaux périodiques. L'Allemagne indexe plusieurs milliers de périodiques et de journaux allemands dans *Internationale Bibliographie des Zeitschriftenliteratur*. En Grande-Bretagne, c'est le *British Humanities Index* et le *British Technology Index*.

Finalement, l'index essentiel pour toute recherche approfondie reste le *Public Affairs Information Service Bulletin (PAIS)* qui, depuis 1915, s'intéresse aux affaires publiques en général. Sa politique de choix de références dénote une attention particulière aux politiques publiques, à l'administration et à la législation. Il a, depuis 1972, un petit frère polyglotte, *PAIS Foreign Language Index*, qui fait le même genre de recension à partir de 400 périodiques et de 2 000 livres publiés chaque année en français, en allemand, en espagnol, en portugais et en italien. Depuis 1985, on fournit des résumés en anglais de 90 % de cette documentation.

Les périodiques spécialisés

Il y a des répertoires d'articles qui se spécialisent dans un seul sujet. Le *Social Sciences Index* (1974-), le *Humanities Index* (1974-), le *Business Periodicals Index* (1958-) et le *Applied Science and Technology Index* (1958-) recensent chacun 300 revues dans leurs domaines respectifs. Le *General Science*

La recherche en profondeur

> **TRUC**
>
> ■ Certains périodiques donnent, généralement dans leur dernier numéro de l'année, une table des matières abordées dans leurs pages tout au long de l'année et, parfois, un index des articles. Quelquefois, tous les cinq ou dix ans, ils regroupent le contenu de ces tables annuelles dans une table refondue. Voilà donc un autre moyen de repérer la documentation.

Index en recense 90, le *Biological and Agricultural Index* (1964-   ) en recense 180. L'*Index to Legal Periodicals* (1908-   ) en recense 400, l'*Education Index* (1929-   ) en recense 330. Le *Music Index*, l'index de base dans ce domaine, couvre 350 périodiques de 20 pays. Il y a également le *Religion Index One: Periodicals* et *Children's Magazine Guide*, publiés deux fois par année depuis 1948, ainsi que le *Canadian Feminist Periodical Index*. Le dernier-né, en version CD-ROM, s'intitule BRIO; ce CD-ROM, produit par SDM, est une banque de ressources sur les technologies de l'information en langue française.

Les sujets sont pratiquement sans limites. Votre diète vous préoccupe? Regardez dans *Consumer Health and Nutrition Index*. Cet index recense les articles et les critiques de livres à partir d'une quarantaine de revues de santé et de nutrition écrites pour le profane. L'*Engineering Index* couvre tous les aspects de l'ingénierie. Le *Costume Index* localise les images de divers costumes dans les livres couvrant toutes les périodes historiques et pratiquement tous les peuples et milieux. Le *Consumer's Index to Product Evaluations and Information Sources*, de Pierian Press, trimestriel, indexe, à partir d'environ 110 magazines comme le *Consumer Reports*, le *Parents Magazine*, l'*Audio*, le *Model Railroader*, etc., des articles qui analysent des produits courants.

Vous êtes intéressé par le droit et le crime? Il suffit de consulter quelques index dont un canadien, l'*Index to Canadian Legal Periodical Literature*, qui existe depuis 1961. Aux États-Unis, l'*Index to Legal Periodicals* (1908-   ) indexe plus de 620 périodiques légaux, de même que les revues du barreau et des conseils judiciaires. Il en existe plusieurs autres dans ce domaine: l'*Index to Periodical Articles Related to Law* (1958-   ) et l'*Index to Foreign Legal Periodicals* (1960-   ). Finalement le *Criminal Justice Periodical Index* (1975-   ) est le répertoire de base pour les périodiques sur la justice criminelle. Il dépouille environ 100 périodiques.

La compagnie américaine H.W. Wilson s'est établi une réputation solide dans les répertoires spécialisés. Ce sont des séries en plusieurs volumes qui relèvent des articles de plusieurs secteurs: lettres, sciences sociales, sciences, art, etc. On retrouve le *Biological and Agriculture Index*, le *Social Science Index*, l'*Education Index*, l'*Applied Science and Technology Index*, l'*Art Index*, le *Biological and Agricultural Index*, le *Business Periodicals Index*, le *General Science Index*, le *Humanities Index*, etc.

Current Contents dépouille chaque semaine, à sa manière, la documentation courante. Il reproduit les tables de matières de plus de 4 000 périodiques et les dépouille à partir de l'information qui y est contenue sous sept rubriques.

Chaque rubrique comprend trois sections: «ISI Press Digest» comprend des résumés d'articles tirés de la presse générale et spécialisée, et choisis pour leur intérêt général. «Current Book Contents» reproduit les tables des matières de manuels, de livres, de comptes rendus de conférences, etc. «Current Contents Address Directory» permet de trouver les adresses des auteurs qui publient en science, en sciences sociales et en arts et lettres. La liste d'auteurs donne les noms et adresses des auteurs et des coauteurs, plus une brève description de leurs publications. La liste par organisations permet de retracer les adresses des auteurs selon leur affiliation à une organisation et l'index géographique fait de même par le lieu de l'institution.

Les périodiques spécialisés publient souvent des données spécifiques à leur domaine. Chaque année, *Automotive News* publie son almanach contenant une foule de données sur les ventes d'autos et de camions. *Guide to Special Issues and Indexes of Periodicals* indique à quel moment des périodiques publient des numéros spéciaux.

*Les répertoires analytiques d'articles (*abstracts*)*

Un répertoire signalétique d'articles (index) donne seulement la référence bibliographique: l'auteur, le titre de l'article et de la revue, la tomaison, etc. Les répertoires analytiques d'articles *(abstracts)* non seulement indiquent la référence bibliographique, mais fournissent un résumé *(abstract)* de l'article. Ces répertoires se concentrent sur une discipline seulement.

Par exemple, le *Current Literature on Aging* (1957-), publié par The National Council on the Aging, est en tête de file pour la gérontologie sociale. Cet index résume tous les livres importants sur le sujet de même que des rapports choisis, des articles de périodiques et des documents gouvernementaux. Le *Ecology Abstracts* dépouille, depuis 1970, la littérature couvrant l'interaction entre les organismes et leur environnement en se spécialisant dans le management des écosystèmes. Le *Criminal Justice Abstracts* (1968) couvre environ 100 revues internationales dans la prévention du crime, génétique et crime, délinquants juvéniles, attitudes face aux armes à feu, etc.

Le *International Political Science Abstracts* (1951-) dépouille des articles en science politique parus dans des centaines de revues scientifiques et universitaires éditées dans le monde. Le *Eric Current Index to Journals in Education* dépouille plus de 700 revues importantes du domaine de l'éducation.

Internet

The Academic Press (http://www.apnet.com/) publie des livres et des revues dans le domaine des sciences. Sur son site on trouve les résumés des articles de quelque 175 revues, de *Acta Virologica* à *Zoological Journal of the Linnean Society*. On ajoute environ 2 000 articles chaque mois.

Les journaux: pour localiser un journal

Vous faites une recherche sur l'antisémitisme au Québec et vous cherchez des exemplaires des journaux racistes publiés par Adrien Arcand? Vous voulez connaître les réactions des Sherbrookois à la fin du siècle dernier face au «Jesse James» québécois, Donald Morrison? Un livre vous permet de repérer quels étaient les journaux publiés à Sherbrooke, à cette époque. *La presse québécoise des origines à nos jours*, d'André Beaulieu et Jean Hamelin, est un précieux instrument de recherche qui permet de localiser en un instant tous les journaux du Québec depuis la fondation de *La Gazette* en 1764 jusqu'à 1963. La fiche de chaque imprimé comprend le dernier titre du périodique, les titres antérieurs et les variantes, le lieu d'édition, la durée, la périodicité, la tendance politique principale, le format, le tirage, le prix, la localisation des collections et des microfilms. Chaque description bibliographique est suivie d'un bref historique où se dégagent les noms des fondateurs, propriétaires, éditeurs, imprimeurs, rédacteurs et auteurs cités. Un index des titres, un index des noms et un index toponymique complètent l'ouvrage.

Le catalogue collectif publié par la Bibliothèque nationale du Canada et intitulé *Liste collective des journaux canadiens* aide à repérer 10 000 journaux canadiens sur microformes conservés dans plus de 700 bibliothèques. Cet ouvrage inclut des titres publiés à n'importe quel moment et dans n'importe quelle langue ; il y sont classés par provinces, villes et titres, avec un index des titres. Un autre répertoire, le *Union List of Non-Canadian Newspapers Held by Canadian Libraries*, existe également.

Canadian Newspapers on Microfilm, publié par la Canadian Library Association, recense plus de 300 journaux du XIXe et du XXe siècle.

Newspapers in Microform est une publication produite par University Micro-films International. Elle comprend les journaux édités depuis le XVIIIe siècle et qui existent sur microformes. Ce répertoire est de portée internationale.

Le *Gale Directory of Publications* répertorie pratiquement tous les journaux des États-Unis et du Canada. Il succède au *Ayer Directory of Publications*, qui existait depuis 1880. La division est géographique plutôt que par sujets. À la fin du livre, une liste regroupe les journaux par catégories : publications religieuses, ethniques, techniques, etc. Ainsi, si l'on veut savoir quels journaux français sont publiés en Californie, on trouvera la réponse à la fin du livre. On y donne l'adresse, le numéro de téléphone, le tirage, le nom des personnes à contacter pour 25 000 publications.

Internet

☞ WebOvision
http://www.webovision.com/cgibin/var/media/sd/index.html

WebOvision fournit des liens avec les sites de télévision, de radio et de journaux de partout à travers le monde. Le site comprend également des renseignements sur les nouvelles, des liens vers le théâtre et le cinéma ainsi que des ressources professionnelles destinées aux journalistes. Les ressources médiatiques sont regroupées par pays, puis par État ou province, s'il y a lieu. Un outil de recherche par mot-clé permet d'explorer le site en entier.

☛ The Ultimate News Links Page
http://pppp.net/links/news/

Si vous êtes à la recherche de nouvelles, ce site se propose de vous offrir plus de liens pertinents qu'aucun autre. Une interface simple permet à l'utilisateur de fureter parmi les 37 000 liens qui sont offerts vers des journaux de partout dans le monde. Le répertoire est classé géographiquement ; d'abord par continents, puis par État ou province. Cliquer sur un lien avec un journal en particulier ouvre une nouvelle fenêtre où vous trouverez la page d'accueil de ce journal. Cela permet soit de poursuivre sa recherche à partir du Ultimate News Links Site ou de lire le journal du coin du monde qui vous intéresse. C'est un site simple, mais qui remplit parfaitement ses promesses.

☛ Directory of World Wide Electronic Newspapers
http://www.mediainfo.com/ephome/npaper/nphtm/online.htm

Ce site de la Editor and Publisher Co. offre une impressionnante banque de données sur les journaux en ligne à travers le monde (actuellement 2 500). Chaque entrée contient une partie ou la totalité des informations suivantes : nom, liaison hypertexte, contacts, prix, description et date de mise à jour. On connaît la banque de données au moyen d'une carte sur laquelle on peut cliquer par continent ou par pays. Les États-Unis et le Canada sont ensuite respectivement subdivisés par États et par provinces. On peut effectuer des recherches directement dans la banque de données.

☛ Répertoire des journaux électroniques
http://www.mediainfo.com/ephome/npaper/nphtm/online.htm

The Editor and Publisher Co. offre une banque de données impressionnante de deux milliers de journaux en ligne. En général, chaque notice contient le nom, le lien hypertexte, le prix, et la description. On peut interroger la banque de données ou encore chercher d'abord par continent puis par pays. Les États-Unis et le Canada sont divisés par États et par provinces.

☛ Catalog of Electronic Journals
http://www.edoc.com/ejournal/

Le Catalog of Electronic Journals comprend plus de 1800 notices. Il est divisé en grandes catégories : académiques, bulletins électroniques, revues, journaux, etc. Les grandes catégories ont des sous-catégories et la plupart des entrées décrivent succinctement le journal ou la revue en plus de donner son adresse Internet.

Pour trouver un article de journal

Les journaux sont des sources d'information qui se caractérisent avant tout par la variété et la diversité de leur information.

Pour les journaux du Québec, la source est l'*Index de l'actualité à travers la presse écrite* qui recense tous les articles du *Devoir* depuis 1972, ainsi que

La recherche en profondeur

> **TRUC**
>
> ■ Metropolitan News Agency, 1109, rue Cypress (métro Peel), Montréal (Québec) H3B 1N3, téléphone : (514) 866-9227, offre au public le plus vaste choix de journaux au Québec, sinon au Canada, depuis une quarantaine d'années. On y vend *La Pravda* (en russe), le *Miami Herald*, le *Los Angeles Free Press*, le *Frankfürter Allgemeine* et une foule d'autres journaux introuvables ailleurs.

les articles de *La Presse* et du *Soleil*. Les articles sont classés par ordre alphabétique de sujets et par dates. Le résumé de l'article figure seulement dans cette dernière section. *Le Devoir* est cependant dépouillé depuis 1966 dans l'*Index du journal Le Devoir*. Si vous repérez dans cet index une référence à la mort de quelqu'un ou à un événement, vous obtenez ainsi la date de l'événement et vous pouvez ensuite compléter vos informations avec les anciens numéros de *La Presse* ou d'un autre quotidien. Depuis l'automne 1990, nous pouvons utiliser un CD-ROM intitulé *Periodisc La Presse*, qui est en fait la première base de données textuelles au Québec. Ce disque contient le texte intégral de tous les articles du journal *La Presse* de la dernière année. Le premier disque comprend la recension de 1985 à 1990. *Periodisc La Presse* remplace *Infodex*, version imprimée, créé en 1985. En 1992, Cedrom-SNI a lancé le CD-ROM *Actualité-Québec* qui indexe, en plus de *La Presse*, *Le Devoir*, *Le Soleil*, l'*Actualité*, *Voir* et *Le Droit*.

Du côté anglophone, le *Canadian News Index* dépouille, depuis 1977, des quotidiens de langue anglaise *(Toronto Globe and Mail, Toronto Star, Vancouver Sun, Winnipeg Free Press, Calgary Herald* et *Halifax Chronicle Herald)*. Il couvre ainsi environ 53 000 articles par année.

Sur le plan international, les plus grands journaux sont indexés article par article. Le journal *Le Monde* est dépouillé mensuellement par la compagnie Research Publications et par le journal même. Un index rétrospectif couvre la période de 1944 à 1968. *Le Monde diplomatique* est dépouillé dans *Point de repère* depuis 1984 et il existe un index rétrospectif pour les années 1954 à 1983.

Le *New York Times* est dépouillé par le *New York Times Index*. *Information Bank of New York Times* remonte à 1969. On y trouve les résumés des 100 000 articles annuels du *New York Times*, en plus de 100 000 autres résumés des principaux articles parus dans le *Washington Post*, le *Los Angeles Times*, le *Business Week*, le *Wall Street Journal*, le *Chicago Tribune*, le *Christian Science Monitor* et dans trois journaux britanniques. À ces articles s'ajoutent généralement des coupures d'une cinquantaine de périodiques de langue anglaise : *Consumer Reports, Newsweek, Psychology Today, Sports Illustrated, U.S. News and World Report* et *Washington Monthly*. Enfin, un choix est fait parmi certaines publications touchant des domaines particuliers : le monde des affaires *(American Banker, Fortune)*, les affaires internationales *(Far Eastern Economic Review, Foreign Affairs, Latin America Political Report, Middle East)* et même le monde scientifique *(Astronautics, Science, Scientific American)*.

C'est en somme une encyclopédie électronique dont les sujets sont classés par dates, par noms propres, par titres, par sujets, par thèmes et par genres (reportages, entrevues, déclarations, communiqués). Pour des thèmes apparentés à un sujet, on retrouve des renvois de type « voir aussi », comme dans un dictionnaire de synonymes.

Le *National Newspaper Index* dépouille de façon exhaustive le *Christian Science Monitor*, le *New York Times* et le *Wall Street Journal* depuis le début de l'année 1979 et profite de mises à jour mensuelles. Tous les articles de ces journaux sont inclus dans la banque de données, à l'exception des prévisions météorologiques, des cotes de la bourse, des mots croisés et de l'horoscope.

Du côté britannique, *The Times Index* (1785-) dépouille article par article *The Times, The Sunday Times and Magazine, The Times Literary Supplement, The Times Educational Supplement* et *The Times Higher Education Supplement.*

Qui dépouille quoi ?

Pour savoir s'il existe un index ou un *abstract* sur une discipline qui vous intéresse, il faut consulter le *Ulrich's* qui possède une section «Abstracting and Indexing Services» et les répertoires dont il est question ci-après.

Depuis 1982, le *Abstracting and Indexing Services Directory* (Gale) recense et décrit tous les titres de répertoires bibliographiques d'articles de périodiques signalétiques et analytiques en précisant leur support : papier, microforme, en ligne ou CD-ROM. Ce guide identifie les organisations qui résument, indexent et publient l'information sur un sujet particulier. Pour chaque sujet, on indique si un *abstract* ou un index lui correspond.

Chicorel Index to Abstracting and Indexing Services (1978-) donne une liste de périodiques dans le domaine des lettres et des sciences sociales et vous indique où ils sont dépouillés.

Les agences d'abonnement

Les bibliothèques font souvent appel à des agences pour leurs abonnements. Chaque agence produit annuellement un catalogue (imprimé ou sur un autre support) qui précise les périodiques auxquels on peut s'abonner par leur intermédiaire et les modalités administratives requises. Un particulier peut également utiliser leurs services.

Les agences les plus connues au Québec sont les Services d'abonnement CanEbsco (Saint-Lambert, 1 800 361-7322), Express Magazine (Montréal, 1 800 363-7141), Faxon Canada (Mississauga, Ontario, (416) 273-3780), Pécado (Laval, (514) 628-3568 ou (418) 647-1087) et Periodica (Outremont, (514) 274-5468).

LES BULLETINS (*NEWSLETTERS*)

Les *newsletters* ou bulletins d'information sont des sources d'information sur tous les sujets, surtout les plus obscurs, *AIDS Treatment News, World Rainforest Report,* etc. Ils fournissent une information alternative indispensable et variée. Certaines de ces publications traitent de sujets «pointus», tels les pluies acides au Moyen-Orient, l'univers des insomniaques chroniques (*Night Owl's Newsletter*) ou celui des sages-femmes du Massachusetts (*The Midwife Advocate*) tandis que d'autres nous informent simplement des mille et une façons de réutiliser les contenants de jus congelés. Certains offrent des articles de 10 000 mots sur la réforme du système d'enseignement public alors que d'autres en proposent des plus succincts – 400 mots environ – sur les groupes de support s'adressant aux enfants de mères lesbiennes. Mais tous les bulletins d'information ont une chose en commun: ils sont, au sein de la presse, un genre riche, diversifié, et hautement spécialisé. Remarquons que de nombreux bulletins sont l'organe officiel d'organisations, de groupes, ce qui explique pourquoi plusieurs d'entre eux «proposent non seulement un point de vue mais aussi un programme».

Oxbridge Directory of Newsletter, avec 13 330 titres, est le plus grand répertoire de bulletins canadiens et américains. Il fournit des détails sur des bulletins gratuits ou non, professionnels, de consommateurs, d'associations, etc. Le *National Directory of Newsletters and Reporting Services* donne aussi une liste de bulletins dans tous les domaines. Ces bulletins se repèrent également dans les bibliographies de titres de périodiques, notamment le *Ulrich's International Periodical Directory*, le *Gale Directory of Publications*, etc.

Internet

☛ The Newsletter Library
http://pub.savvy.com/

L'Internet Newsletter Library contient une liste détaillée de sujets et plus de 11 000 bulletins en banque. L'un d'entre eux vous permettra sans doute de trouver ce que vous cherchez. Le site offre également de vous faire parvenir n'importe quel bulletin gratuitement, sans aucune obligation. Tout ce que vous devez faire est de sélectionner les sujets qui vous intéressent et de remplir la formule de demande. Votre requête sera acheminée aux éditeurs des bulletins appropriés et une copie gratuite vous sera alors postée.

Sur le site http://www.edoc.com/ejournal/ on trouve un répertoire impressionnant de bulletins électroniques. Ces bulletins s'adressent aussi bien à la communauté anglophone de Paris (AngloFiles) qu'aux amateurs de bingo (The Bingo Bugle Online Newspaper) et traitent de sujets qui vont de la création de Auroreville (Attempt) aux comédies britanniques (Britcomedy Digest) en passant par les films d'horreur (B-Movie Theater).

Les fanzines

Ce sont des publications irrégulières rédigées par des fans. Leur contenu varie de l'insignifiance à l'indispensable. Beaucoup sont maintenant dans Internet.

Internet

☛ Todd Kuipers' E-Mail Zines Listing
http://www.propagandist.com/tkemzl/

☛ E-Zines Database
http://www.dominis.com/Zines/

☛ John Labovitz's E-Zine List
http://www.meer.net/~johnl/e-zine-list/
Plus de 2500 fanzines.

LES BROCHURES

En général, les brochures ne sont pas répertoriées par les bibliographies commerciales. Pour combler cette lacune, la compagnie Wilson consacre une bibliographie dédiée aux brochures: le *Vertical File Index*. Il n'existe pas d'équivalent en français.

Jean Hamelin, André Beaulieu et Gilles Gallichan ont publié *Brochures québécoises* (1764-1972), 598 pages (Québec, ministère des Communications, 1981). Il s'agit d'une liste de quelque 10 000 brochures classées chronologiquement. Ces documents ont été compilés à partir de bibliothèques particulièrement riches en brochures; leur localisation est également fournie.

LES THÈSES

Les thèses sont des travaux présentés par des universitaires pour obtenir une maîtrise ou un doctorat. Elles font généralement une revue de ce qui a été écrit sur un sujet et fournissent, en principe, une bibliographie complète. Quelque 35 000 thèses sont déposées chaque année, ce qui représente 400 000 travaux, depuis un peu plus d'un siècle, en Amérique du Nord seulement. Elles suggèrent des pistes. Si vous trouvez peu de documentation sur votre sujet, il faut alors penser à ces chercheurs.

Par pays

On peut consulter le *Guide to Theses and Dissertations: an International Bibliography of Bibliographies*, édité par Onyx Press et *Thèses de doctorat* concernant le Canada et les Canadiens, produit par la Bibliothèque nationale du Canada qui couvre de 1884 à 1983.

Au Canada seulement, la Bibliothèque nationale reçoit 6 000 thèses (dans tous les domaines) chaque année, soit environ 70 % de toutes les thèses soumises dans les universités canadiennes. 100 000 thèses ont été microfilmées depuis 1965. Retrouver une thèse canadienne peut facilement devenir un calvaire.

La Bibliothèque nationale du Canada produit chaque année sur microformes, depuis 1984, *Thèses canadiennes, Canadian Theses*, une liste des thèses du Canada sur tous les sujets acceptés par les universités canadiennes. Les thèses sont classées en 41 grandes divisions et, à l'intérieur de chacune, par ordre alphabétique d'universités, puis d'auteurs. La Bibliothèque conserve également les copies originales, fournit des services de consultation concernant les thèses et un service de microfiches pancanadien. Une thèse sur microformes ne coûte que quelques dollars. http://www.nlc-bnc.ca/ifla/V/wgddst/wgddst.htm

Si c'est insuffisant, on peut écrémer la production américaine et européenne. Il suffit de consulter le *Comprehensive Dissertation Index* (CDI) (1861-1972), un index des thèses résumées dans *Dissertations Abstracts International* et *American Doctoral Dissertations*.

Le principal ouvrage qui répertorie et donne un résumé de 600 mots des thèses est le *Dissertation Abstracts International (DAI)*. Ce répertoire recense en deux sections (A: Lettres et sciences sociales, B: Science et ingénierie) les thèses de doctorat soutenues dans plus de 400 institutions américaines et canadiennes. La compagnie University Microfilms International (1 800 343-5299) peut effectuer des recherches pour vous et peut également vous envoyer les thèses désirées, sur microformes, à un prix raisonnable.

World Guide to Doctoral Dissertations in Science and Technology est, comme son nom l'indique, un guide pour retracer des thèses un peu partout dans le monde. Pour ce faire, on a demandé à un bibliothécaire d'une vingtaine de pays d'expliquer les particularités des thèses de chaque pays, les différentes façons de se les procurer et les différentes bibliographies sur le sujet. Aussi, même si l'accent est mis sur les thèses scientifiques, les informations seront utiles à tous ceux qui recherchent une thèse.

Internet

Le site de University Microfilms International's http://www.umi.com/ contient des *abstracts* des dissertations les plus récentes (trois mois).

En France, l'Association internationale des docteurs en lettres de l'Université de Paris publie *Bibliographie analytique des thèses* (1899-1965), une liste complète des thèses ès lettres d'universités soutenues en France de 1899 à 1974. En Grande-Bretagne, il existe l'*Index to Theses Accepted for Higher Degrees in the Universities of Great Britain and Ireland* qui est publié annuellement depuis 1950.

Par universités

En plus de cette manne documentaire, des universités font également une recension annuelle des thèses qui ont été déposées et parfois de projets de thèses en cours. C'est le cas notamment de la plupart des universités québécoises et canadiennes : Laval, Montréal, McGill, Université du Québec, Ottawa, London, Toronto, Calgary, Alberta, etc.

Internet

☛ Téléthèses
http://w3.cnusc.fr/cnusc/textes/tele.html

Ce site offre un accès Telnet à plus de 250 000 thèses de toutes disciplines confondues présentées en France depuis 1972.

☛ Thèses en études françaises (1925 à nos jours) – University of Toronto
http://www.epas.utoronto.ca:8080/french/intrigue/app8.htm
http://www.nlc-bnc.ca/forthbks/ffbintro.htm

5   LES EXPERTS

Trouver et utiliser des sources intéressantes, écrites ou non, est la première étape vers l'information. Mais les encyclopédies ont quelques années de retard sur les événements; pour les livres, c'est au moins une année tandis que les revues ont quelques semaines de retard. Il peut donc arriver que l'information trouvée soit dépassée ou, tout au moins, requière une mise à jour. Pour ce faire, il faut interroger les experts qui, eux, se tiennent constamment à jour. Vous vous posez des questions? Ces questions, quelqu'un, quelque part, y a déjà répondu.

La dernière étape consiste alors à localiser ou à repérer les experts et à les consulter. Les experts sont partout. Certains, comme le toxicologue québécois Albert Nantel, sont célèbres, mais la majorité ne le sont pas nécessairement. Un expert est tout simplement quelqu'un qui connaît un sujet à fond, parce qu'il s'y intéresse et qu'il y a souvent consacré une grande partie de sa vie. Entre autres, les experts connaissent les meilleurs documents sur un sujet. Si vous semblez bien préparé, un expert acceptera sûrement de vous aider dans votre recherche; ainsi, il n'aura pas l'impression que vous lui refilez votre problème. Soyez précis: une question vague donnera une réponse vague.

DEMANDEZ À UN EXPERT

Une cinquantaine d'experts dont plusieurs scientifiques sont accessibles dans Internet. On peut les interroger sur pratiquement n'importe quoi, la culture Amish, la planète Pluton, les poêles à bois, etc.

☞ All Experts
http://www.allexperts.com/

Voici un site providentiel pour ceux qui n'arrivent pas à trouver de réponse à leurs questions. «All Experts» réunit des experts dans presque tous les domaines du savoir, aussi bien les religions que la mécanique automobile. Une fois que vous avez déterminé de quel domaine relève votre question, vous choisissez l'expert et lui faites parvenir votre demande. Le service est totalement gratuit. Dans certaines catégories comme le domaine légal, les avis des experts ne peuvent bénéficier qu'aux Américains.

☛ Ask-An-Expert Page
http://njnie.dl.stevens-tech.edu/curriculum/aska.html

Cette page du «New-Jersey networking in education» offre de nombreux liens vers des sites spécialisés qui disposent d'un expert pour répondre aux questions du public. Les principaux domaines touchés: science et technologie, médecine et santé, recherche en bibliothèque et «juste par curiosité». Également quelques liens vers d'autres sites proposant les services d'experts.

☛ Ask an Expert Sources
http://www.cln.org/int_expert.html

Voici une autre collection de liens vers des sites où des experts sont prêts à répondre aux questions les plus ardues. Les différentes ressources sont classées de manière à correspondre aux différentes matières scolaires (beaux-arts, histoire, mathématiques, etc.).

☛ Experts.com
http://www.experts.com/

Annuaire Internet d'experts utilisé par les avocats, les journalistes, les producteurs et recherchistes partout dans le monde lorsqu'ils ont besoin d'une sommité dans un domaine, d'un spécialiste ou d'un porte-parole. La recherche dans la base de données peut se faire par domaine, catégorie ou mot-clé. Utile pour ceux qui sont à la recherche d'un auteur, d'un consultant, d'un spécialiste ou d'un témoin expert.

☛ Expert search – find experts & professional witnesses in the medical & industrial sectors
http://www.expertsearch.co.uk/

Cette base de données britannique regroupe plus de 3000 experts, témoins experts et consultants du Royaume-Uni. Comme plus de mille domaines d'expertises sont représentés, l'outil de recherche est indispensable. Chaque fiche d'expert comprend un résumé de son curriculum.

☛ Pitsco's Ask An Expert
http://www.askanexpert.com/

Des centaines d'experts, qu'ils soient astronautes ou gardiens de zoo, sont prêts à répondre à vos questions... gratuitement. On doit d'abord trouver la page Web du bon expert relativement à la question que l'on veut poser, vérifier si la réponse n'est pas déjà dans la FAQ, puis poser sa question sur la page de l'expert. En moyenne on obtient la réponse une semaine plus tard.

☛ KnowPost – The Question and Answer Network
http://www.knowpost.com/

Un site où vous pouvez poser des questions, mais où vous devez également répondre à quelques-unes. L'idée étant que si vous voulez bénéficier du site, vous devez également y contribuer. Les différents domaines dans lesquels vous devez entrer pour poser votre question sont appelés des *channels*. Chaque question affichée reçoit en moyenne quatre réponses. Pour utiliser ce service il faut s'inscrire... et c'est gratuit.

☛ Ask Eric
http://ericir.syr.edu/

☛ The Mad Scientist network, Washington University
http://medschool.wustl.edu/~ysp/MSN/

☛ Ask a scientist STANet, Dalhousie University, Halifax, Nova Scotia, Canada
http://129.173.1.52/~stanet/ask.html

☛ Ask the Franklin Institute: Franklin Institute Science Museum, Philadelphia, PA
http://sln.fi.edu:80/tfi/publications/askexprt.html

☛ Ask a Scientist from the Franklin Science Museum
http://sln.fi.edu/tfi/publications/askexprt.html

☛ Ask a Scientist: Sheffield Hallam University, Sheffield UK
http://www.shu.ac.uk/schools/sci/sol/forms/question.htm

☛ Ask a Scientist: The ALCOM Education Project
http://olbers.kent.edu/alcomed/Ask/ask.html

☛ Ask Dr. Math
http://forum.swarthmore.edu/dr.math/dr-math.html

☛ Ask a Scientist
http://www.cedarnet.org/aska/scientist/index.html

☛ Ask a Mad Scientist
http://pharmdec.wustl.edu/YSP/MAD.SCI/MAD.SCI.html

☛ Ask a Meteorologist
http://www.weather.com/metnet.html
mail to: metnet@landmark.net

☛ Ask An Astronaut
http://www.nss.org/askastro/

☛ Ask an Astronomer
http://www-hpcc.astro.washington.edu/k12/ask.html
mail to: ask@astro.washington.edu

☛ Ask an Astronomer II
http://tfnet.ils.unc.edu/ask.html
mail to : starman@unc.edu

☛ Ask the Astronomers and Space Physicists
http://umbra.nascom.nasa.gov/spartan/ask_astronomers.html

☛ Ask An Expert
http://www.enosburg.k12.vt.us/EXTRAS/HTML/IDL_ASKE.HTM

Vous pouvez explorer les forums vous-même sur les sites suivants :

EdWeb's E-Mail Discussion Lists and Electronic Journals
http://edweb.gsn.org/
ou http://catalog.com/vivian/interest-group-search.html

Listes de discussions et forums (*newsgroups*)

Les forums sont des lieux de discussion regroupés par sujets. Quel que soit votre sujet, aussi ésotérique soit-il, vous êtes certain de trouver un groupe de discussion sur ce sujet. Usenet a commencé il y a une vingtaine d'années et c'était alors l'endroit où des personnes échangeaient de l'information technique et académique. Voici comment ça fonctionne : vous trouvez le sujet qui vous intéresse et vous parcourez les messages qui y ont été laissés. Si vous avez une question ou un commentaire, vous pouvez laisser votre propre message. C'est une bonne façon d'avoir un avis d'expert sur un sujet très spécialisé. Dejanews http://www.dejanews.com/ est le meilleur guide pour naviguer à travers les quelque 30 000 forums de discussion dans Internet qui vont de la philosophie aux pesticides en passant par des sujets beaucoup moins sérieux. C'est la version électronique de la ligne ouverte.

☛ Pour trouver des listes
http://www.lsoft.com/lists/listref.html

CataList est le catalogue des listes LISTSERV. À partir de cette page, vous pouvez fureter à travers n'importe laquelle des 15 529 listes LISTSERV publiques disponibles dans Internet, effectuer des recherches pour trouver des listes d'envoi postal qui vous intéressent et obtenir de l'information à propos des listes hôtes de LISTSERV. Cette information est générée automatiquement à partir des bases de données «LIST» de LISTSERV et est toujours maintenue à jour.

Autres sources pour les listes

☛ Delphi
http://www.delphi.com/navnet/faq/listsub.html

☛ Forum One
http://www.forumone.com/

☛ A Huge Index of Mailing Lists
http://www.geocities.com/Eureka/6146/index.html

☛ Tile.net
http://www.tile.net/tile/listserv/index.html

☛ Publicly Available Mailing Lists
http://www.Neosoft.com:80/internet/paml

☛ Lists of Lists
http://catalog.com/vivian/interest_group_search.html

☛ All Listserv worldwide known mailing lists
http://mailserv.cc.kuleuven.ac.be/intgroups/globlist.html

☛ Pitsco's Launch to Listserv Information
http://www.pitsco.com/p/listinfo.html

☛ Search The List of Lists
http://catalog.com/vivian/interest-group-search.html

☛ Recherches
http://www.delphi.com/navnet/faq/listsub.html

Guide pour s'abonner aux différents forums de discussion par courrier électronique et pour chercher leurs archives. Il apprend à l'internaute à se débrouiller avec différents types de listes : listserv, listproc, mailserv, mailbase et majordomo.

☛ Reference.com
http://www.reference.com

À la recherche d'une aiguille dans une botte de foin ? Allez jeter un coup d'œil à Reference.com pour obtenir l'accès à plus de 16 000 groupes de discussion et à un grand nombre de listes de publipostage publiques. Ce site aide même les surfeurs novices en expliquant comment trouver un forum de discussion, comment fureter ou chercher et comment participer. Ce site se rappelle également vos intérêts et vous envoie un message lorsqu'il trouve ce dont vous avez besoin.

LE PERSONNEL DE RÉFÉRENCE EN DOCUMENTATION[1]

La meilleure source d'information demeure le personnel de référence des centres documentaires. Répondre à toutes sortes de questions fait partie de son travail quotidien ; il peut également suggérer des titres d'ouvrages de référence, expliquer leur utilisation, être un soutien pertinent à toute recherche. Quelle que soit la question qui vous vienne à l'esprit, posez-la au personnel de référence : il l'aura peut-être déjà entendue. Ce qui ne veut pas dire qu'il va

---

1. Bibliothécaires, techniciens en documentation, spécialistes en moyens techniques d'enseignement, archivistes, etc.

faire le travail à votre place. Dans les bibliothèques publiques, il est à la disposition de tous: il n'a donc pas que vous à servir. Ailleurs, il sert des étudiants ou une clientèle particulière.

Dans les grandes bibliothèques, les bibliothécaires sont spécialisés dans un domaine: histoire, littérature, etc. Ainsi, la bibliothèque de l'Université Concordia a des bibliothécaires spécialisés dans des domaines tels que les communications, l'histoire, le matériel non imprimé ou le cinéma. En plus de savoir où sont les documents, les bibliothécaires sont des experts pour suggérer des pistes. Ils connaissent à fond «leurs» collections et sauront utiliser leurs connaissances pour vous aider dans votre recherche.

Selon le personnel de référence, l'erreur la plus fréquemment commise est de ne pas oser leur demander ce que l'on cherche. En fait, la plupart des gens demandent ce qu'ils croient que le centre documentaire possède. Or, le personnel doit savoir précisément ce que vous cherchez. Si vous dites: «Je voudrais des livres sur l'Allemagne hitlérienne», le personnel de référence vous indiquera des tonnes de livres alors que, si votre vraie question est: «Qui était Göring? ou Heydrich?», il va vous référer directement au *Who's Who in Nazi Germany*. Demandez-lui s'il y a un livre de référence de base qui couvre le secteur dans lequel vous cherchez de l'information. Les questions doivent être aussi précises que possible.

Internet

☛ Association of Research Libraries
http://arl.cni.org

Association à but non lucratif des institutions de recherche d'Amérique du Nord, l'Association of Research Libraries vous donne accès à une liste de ses membres. Vous pouvez ensuite cliquer sur le nom d'une institution pour immédiatement accéder au serveur de ce site. Les membres universitaires comprennent également les universités Brown, Harvard, McGill, Stanford et des dizaines d'autres.

☛ Réseau des archives du Québec (RAQ)
http://cgi.carrefour.net/nph-redirect?id=100918

(Montréal, Québec, Canada) Le Réseau des archives du Québec rassemble des membres des services d'archives d'institutions publiques et privées, de centres d'archives, de sociétés d'histoire, de sociétés de généalogie et tout organisme ou groupe d'intérêt œuvrant dans le domaine de la gestion des documents administratifs et des archives au Québec.

> **TRUC**
>
> ■ Les pages jaunes des annuaires téléphoniques de différentes villes vous permettront de repérer un vaste choix de librairies générales et celles qui offrent une spécialité : administration, religion, théâtre, livre allemand, sports, etc.

LES LIBRAIRES

Les libraires aussi peuvent répondre à toutes sortes de questions. Ils connaissent bien les documents qu'ils vendent et savent comment s'en procurer d'autres parce qu'ils possèdent les outils bibliographiques appropriés. Il faut s'informer non seulement dans les librairies générales mais aussi dans les librairies spécialisées.

À Montréal, on trouve des librairies spécialisées dans des domaines qui vont des livres rares et précieux jusqu'aux livres d'ésotérisme, en passant par *Superman* et le *Guide des Seychelles*. Vous cherchez quelqu'un qui « revient d'un voyage astral » ? de Ouagadougou ? Pour la première question, vous trouverez facilement une réponse dans une librairie versée en sciences occultes. Pour la seconde, la piste que vous devrez suivre vous conduira infailliblement à la librairie Ulysse, qui ne vend que des livres de voyage. Qui, mieux qu'un employé de Comic Book Store, peut vous présenter la personne clé vous permettant de comprendre les effets pernicieux de la kryptonite rouge sur Superman ? Les amateurs – et les professionnels – du New Age peuvent déjà, dans cette vie-ci, questionner les libraires de Métamorphoses ou de la librairie Ésotérique et trouver tout ce qui concerne leur vie actuelle ou antérieure.

☛ L'ANEL
http://www.cam.org/~anel/index.htm

L'ANEL, l'Association nationale des éditeurs de livres, regroupe les maisons d'édition québécoises et canadiennes de langue française. Sur son site on trouve la liste de tous les membres avec adresse, numéros de téléphone de même qu'un un annuaire des Salons du livre et d'événements internationaux.

Cherchez-vous un éditeur de l'Albanie, de l'Uruguay ou de l'Allemagne ?

☛ Publisher's Catalogues Home Page
http://www.lights.com/publisher/

Fournit une liste de liens vers des éditeurs du monde entier et vers des organismes internationaux qui publient des documents comme l'ONU, la Banque mondiale ou Amnesty international. Le site fournit également une liste des foires mondiales de livres.

Répertoires d'éditeurs et de libraires (France)

Éditeurs et diffuseurs. Paris : Électra, 512 p.

Fait suite à *Éditeurs et diffuseurs de langue française*. Supplément à *Livres Hebdo*. Publié annuellement, ce répertoire important permet des recherches à partir des spécialités et donne des informations très complètes, sur 3 371 entreprises, à partir d'un recensement international (éditeurs francophones dans le monde entier) ; il est disponible dans toutes les librairies (éventuellement, sur commande) et est consultable dans la plupart des grandes bibliothèques.

Catalogue – annuaire du Syndicat national de l'édition. Paris: S.N.E., 90 F.

Publié annuellement, à l'occasion du Salon du livre de Paris, ce répertoire, qui est aussi un plan du Salon, détaille les entreprises d'édition qui adhèrent à cet organisme professionnel.

AUDACE: annuaire à l'usage des auteurs cherchant un éditeur. Paris: CALCRE (diffusion Soleils), 1996, 496 p.

Ce répertoire, rédigé par une association d'auteurs, recense 839 éditeurs, donnant sur chacun d'eux des informations très complètes et un commentaire critique reflétant le point de vue de l'association.

Internet

Annuaire des éditeurs (France Éditions)
http://franceedition.org/

Les quelque 200 éditeurs membres de France Éditions constituent un éventail très complet des principaux acteurs de l'édition française. Elle publie régulièrement des catalogues thématiques regroupant une sélection de titres publiés par divers éditeurs. Le site est complet pour l'obtention d'informations précises dans le domaine de l'édition en multimédia, le côté juridique ou autres. Vous y trouverez aussi l'événement du mois qui vous informe sur les salons du livre et les différents événements reliés au réseau de librairies au service du livre français dans le monde.

Éditeurs et libraires ont parfois fait l'objet d'autres répertoires, par spécialités ou par régions. Les bibliothèques publiques constituent les meilleurs centres de ressources pour toute recherche concernant ce secteur culturel.

LES ASSOCIATIONS

Vous aimez les tortues, craignez les ratons laveurs et ne savez que faire des écureuils? *Animal Organizations and Services Directory* recense des centaines d'associations qui se préoccupent du bien-être et de la protection des animaux. Vous y trouverez une liste de cliniques spécialisées, de clubs, de magazines, etc. Vous ne croyez pas en la réincarnation – du moins dans cette vie? L'Association des sceptiques du Québec est un organisme qui vous convient. Les athlètes vous fascinent? D'Ottawa, l'Athlete Information Bureau pourra répondre à vos questions et vous envoyer sa revue *Champion*.

Les associations sont les meilleures pouponnières d'experts. Elles ont pour buts d'informer et d'aider leurs membres, de leur fournir des services, de défendre une cause, de faire des recherches, de diffuser de l'information auprès du public, etc. Des milliers d'associations regroupent des personnes intéressées par les mêmes sujets: Association des banquiers canadiens, Assemblée des évêques du Québec, Association des constructeurs de routes et de grands travaux, Association des femmes autochtones du Québec, Association canadienne des libertés civiles, etc.

Les experts

Tous les groupes de professionnels ont une association qui, souvent, publie un répertoire d'adresses de leurs membres en règle avec, parfois, des renseignements complémentaires sur leurs directeurs, leur personnel, leurs publications, leurs réunions annuelles, etc. Ainsi, l'Association of Consulting Engineers of Canada donne non seulement la liste de ses membres, mais aussi leur domaine d'expertise. En fait, la variété des associations est incroyable et on peut donner comme règle générale que, quel que soit votre sujet, des fils barbelés aux jurons, une association s'est formée dans le seul but de s'y consacrer.

La plupart des organisations fournissent de l'information sur elles-mêmes par des brochures, des magazines ou des bulletins de liaison. Elles mettent aussi à la disposition du public des statistiques, des rapports et des études. La plupart publient un bulletin ou une revue à l'intention de leurs membres. Ainsi, l'Association des entrepreneurs en construction du Québec publie *Chantiers* et l'Association canadienne pour la santé, l'éducation physique et la récréation, la *Revue de l'ACSEPR*.

Pour trouver un syndicat, on consultera le Répertoire des organisations de travailleurs et travailleuses au Canada 1996, une publication du ministère des Ressources humaines Canada. Il fournit des renseignements essentiels sur plus de 600 syndicats; les syndicats nationaux et internationaux; les syndicats locaux indépendants. De plus, il comprend les titres des publications officielles et les dates des congrès; un index alphabétique des syndicats et de leurs dirigeants; une liste alphabétique des sigles des syndicats.

Le Québec à votre portée (Éd. Québec dans le monde (418) 659-5540) est un répertoire descriptif de 700 organismes-clés touchant tous les secteurs d'activité. Le même éditeur offre: Associations Québec (3 900 associations régionales, nationales ou internationales) Éducation et Formation (1350 organismes), Le Québec international (1100 organismes québécois ou étrangers), Loisirs et Sport au Québec (1350 organismes) associations, regroupements, organismes, ministères et agences gouvernementales, établissements d'enseignement et publications spécialisées. On y trouve des références comme *Le répertoire des associations patronales québécoises, Le répertoire de la vie française en Amérique, Le répertoire des organismes des communautés culturelles, Le répertoire environnemental, L'annuaire des arts,* qui répertorie les associations artistiques et culturelles canadiennes, *L'Association Wallonie-Québec, Le Conseil canadien de l'artisanat, L'Association canadienne du mime,* etc. Le répertoire comprend un index par sujets, par pays et par régions.

Pour trouver des experts canadiens, on consultera le *Répertoire des associations du Canada* (Toronto: Micromedia) qui donne la liste de 18 000 associations internationales, nationales, interprovinciales et provinciales en les répertoriant sous une ou plusieurs rubriques. L'accent est mis sur les associations à but non lucratif et non gouvernementales qui s'occupent de questions d'actualité telles que l'avortement, le libre-échange, le multiculturalisme, les disparitions d'enfants, les banques de produits alimentaires, etc.

Pour l'Amérique du Nord et le reste de la planète, le meilleur livre de référence est, depuis plus de 25 ans, l'*Encyclopedia of Associations, International Organizations.* On y décrit plus de 20 000 associations américaines regroupées par sujets. On indique si l'association possède un centre de documentation. On répertorie également les associations pour les autres pays, les organisations internationales et les différents programmes de recherche et de financement.

L'*American Society of Association Executives* peut également vous aider à localiser la bonne association. Le *Yearbook of International Organizations*, publié par l'Union des associations internationales, recense près de 32 000 organismes internationaux dans plus de 225 pays. Il comprend également un index géographique et un index par sujets.

Si une association ou une institution a édité une publication dont vous avez oublié le titre, la maison d'édition Bowker publie *Associations' Publications in Print* pour résoudre ce problème. C'est une bibliographie recensant les revues, les journaux, les bulletins, les brochures, les livres et le matériel audiovisuel d'environ 3 500 associations ; elle comprend également des index de titres, d'associations, de sigles, d'éditeurs, etc.

The Talk Show Guest Directory est utilisé par la télévision américaine pour trouver des spécialistes sur tous les sujets, de l'éducation des adultes aux jardins zoologiques. Ce répertoire donne le nom des organisations, des compagnies, des écoles ou d'autres organismes qui ont accepté d'être contactés comme source d'information. Par exemple, si vous cherchez dans la section «Antisémites», on vous réfère au Centre Simon-Wiesenthal et à la personne désignée pour parler de ce sujet.

Répertoire des organismes des communautés culturelles du Québec, 5e édition, ministère des Affaires internationales, de l'Immigration et des Communautés culturelles, 1994, 344 p., réfère à plus de 1 400 organismes des communautés culturelles, répertoriés de façon pratique selon les régions administratives et les secteurs d'activité.

SOURCES SELECT Online (SSO) s'adresse aux journalistes et à ceux qui ont besoin d'informations substantielles. Le SSO offre le répertoire Sources – 5 000 références émanant de plus d'un millier d'organisations et d'entreprises qui présentent des connaissances et des avis sur plus de 12 000 sujets – plus Connexions, la liste parlementaire de noms et des numéros de téléphones. On y trouve également Embassy Row et une banque de données dans le domaine des variantes en santé et en environnement ainsi que des liens avec d'autres banques de données et des sites d'information fiables.

Internet

☛ Sources
http://www.sources.com/

Voici la version Internet de ce répertoire canadien de ressources. Il contient des analyses, des commentaires ou simplement des informations sur des personnalités bien en vue. On y trouve plus de 13 000 sujets et questions d'actualité. Chacun renvoie à une sélection d'organisations, d'entreprises ou d'agences. On y trouve les noms et les numéros de téléphone des personnes-ressources.

☛ International Organization – NGO Web Sites Index page
http://www.uia.org/website.htm

Ce site offre des liens vers plus de 12 000 organisations internationales, congrès internationaux, organismes non gouvernementaux et organismes multinationaux. Les informations sont puisées dans le *Yearbook of International Organizations* produit par la Union of International Associations. On doit s'inscrire (gratuitement) pour obtenir un nom d'usager.

☛ GuestFinder
http://www.GuestFinder.com

GuestFinder est un service utile pour les journalistes et les recherchistes. Il leur permet de trouver des invités et des personnes-ressources. GuestFinder offre plus d'une centaine de liens avec des experts dans des domaines très variés qui peuvent parler aussi bien du racisme, de la cuisine minceur, des maladies, de l'hypnotisme ou des secrets pour bien élever ses enfants.

☛ ASAE Gateway to Associations Online Search Directory of Association Web Sites
http://info.asaenet.org/gateway/OnlineAssocSlist.html

L'American Society of Association Executive offre un répertoire d'associations accessible par mot-clé ou par l'une des 110 catégories. Pour avoir accès à la liste des membres de l'association et à d'autres sections réservées aux membres, il faut s'inscrire et obtenir un nom d'usager ainsi qu'un mot de passe.

☛ Macrocosm USA
http://www.macronet.org/macronet/

Site sans but lucratif qui sert de point de rencontre aux progressistes. On y met l'accent sur les dossiers et les solutions en ce qui concerne la paix, la justice, l'environnement et la santé. Offre un répertoire de plus de 7 000 entrées indexées et est doté d'un outil de recherche. Offre les liens vers les organisations ayant leur site Internet.

☛ Progressive Directory – Institute for Global Communications
http://www.igc.org/igc/

Le Institute for Global Communication est un organisme qui désire promouvoir le changement dans le monde par la justice sociale, la démocratie et le partage des possibilités économiques. Ce site progressiste donne accès à la liste des membres de l'Institute, des titres dans l'actualité reliés à son action et à ses sites associés : PeaceNet, EcoNet, AntiracismNet et WomensNet.

☛ Organisations internationales
http://www.library.nwu.edu/govpub/resource/internat/

Ce site offre des liens vers 60 gouvernements et 100 associations internationales. Ces sites sont mis à jour deux fois par semaine. On trouve également sur ce site piloté par la Northwestern University des sujets spécialisés comme le Quart Monde ou le maintien de la paix.

Dans le premier cas, par exemple, on trouve des liens vers le Parti autonomiste du Groenland, l'Assemblée des Premières Nations ou le Scottish National Party.

☛ Northwestern University
http://www.library.nwu.edu/govpub/resource/internat/igo.html

De l'Arab Satellite Communications Organization (ARABSAT) à la World Tourism Organization en passant par Nuclear Energy Agency, on trouve une liste impressionnante d'organisations internationales sur le site Web de la Northwestern University Library. On peut également consulter les communiqués de presse de ces organismes et découvrir leurs publications.

☛ Associations on the Net
http://www.ipl.org/ref/AON/

IPL Associations on the Net (AON) est une collection de plus de 700 sites Internet fournissant de l'information sur un vaste choix d'associations professionnelles, commerciales, politiques, culturelles, syndicales, etc.

Dans chaque cas, on trouve un résumé expliquant l'association et son site. On peut chercher par catégorie ou par liste alphabétique

☛ InterNIC WebFinder
http://ds.internic.net/ds/webfinder/WebFinder.html

Ce outil de recherche repère les pages Web associées à des organisations. Plutôt que d'utiliser la *spider technology* pour la recherche de textes, de pages, de titres ou d'adresses de pages Web, il utilise le chercheur par requête [*search query*], ce qui lui permet de faire des recherches dans une banque de données sur les organisations. Cette banque de données contient actuellement 76 000 entrées. Pour chaque requête, plusieurs pages Web apparentées à une organisation peuvent être restituées. Les utilisateurs peuvent recevoir une liste partielle ou complète de trouvailles (*hits*).

TRUCS

■ Quand vous consultez un document, remarquez quelles personnes l'auteur remercie. Outre ses amis et ses parents, l'auteur a souvent lui-même consulté des experts qui sont faciles à repérer par la suite.

■ Pour plus d'information sur les journalistes et les médias, on peut communiquer avec la Fédération professionnelle des journalistes du Québec, qui regroupe un millier de journalistes, 1278, rue Panet, Montréal, Québec H2L 2Y8 ; (514) 522-6142, ou avec l'Association des journalistes indépendant du Québec

■ On peut contacter des journalistes d'enquête américains et consulter la liste de leurs dossiers en s'adressant à : *Investigative Reporters & Editors*, P.O. Box 838, 100 Neff Hall, University of Missouri, Columbia, MO 65205 ; (314) 882-2042. http://www.ire.org/

■ Dans le milieu des journalistes indépendants de l'Amérique du Nord, une dizaine de personnes répandent la terreur. Ce sont les vérificateurs de faits du *National Geographic Magazine* et du *Sélection du Reader's Digest*. Ces deux revues sont trop souvent négligées pour les recherches. On peut discuter l'orientation, le choix des articles de ces revues, mais pour ce qui est des faits, ils sont sans faille. Elles ont publié des quantités d'articles sur tous les sujets, et à la portée de tout le monde. Le *National Geographic* et le *Sélection* font comprendre en quelques paragraphes les quasars, Beethoven, le Talmud, les déchets toxiques, etc. (Vérifiez le *National Geographic Index*, 1888-1988, avant de faire une recherche.) Cet index est maintenant disponible dans Internet (http://wvoyag.nationalgeographic.com/aboutind.htm)

LES SERVICES DE RELATIONS PUBLIQUES

La meilleure façon de prendre contact avec tout organisme est souvent de passer par son service des relations publiques. Presque toutes les organisations, même celles de moindre importance, sont dotées d'un tel service. Leur personnel, toujours compétent et serviable, a pour fonction d'informer le public sur leur entreprise et leur domaine d'activité. Il ne faut pas négliger les relationnistes. Dans nos sociétés de plus en plus complexes, où le jargon règne en maître, les spécialistes de l'information (dont les relationnistes) sont devenus les liens essentiels entre le public et un très grand nombre de sources spécialisées. À moins d'être né à Disneyland, on apprendra sans surprise que les relationnistes sont payés pour présenter leur entreprise sous un jour favorable. C'est vrai pour l'Alcan et aussi pour la CSN. Cependant, l'information de base que les relationnistes transmettent reste fiable. De toute façon, aucune recherche ne doit s'appuyer sur une seule source, et toute information doit être vérifiée.

La maison d'édition Québec dans le monde ((418) 659-5540) publie *Bottin des communications du Québec,* qui répertorie environ 1000 professionnels et responsables des communications, télécommunications, marketing, publicité, presse, etc.

LES AUTEURS ET LES JOURNALISTES

Pour rejoindre un auteur, il faut, en général, lui écrire par l'entremise de son éditeur. Pour des raisons évidentes, un éditeur ne vous donnera ni l'adresse ni le numéro de téléphone d'un auteur, mais il lui transmettra votre lettre. Un éditeur conserve toujours les coordonnées de ses auteurs, ne serait-ce que pour payer les droits. Si l'éditeur est difficile à retracer, soit parce que son adresse n'est pas indiquée dans le document que vous consultez, soit parce qu'il a déménagé, consultez un répertoire d'adresses d'éditeurs.

Pratiquement tous les périodiques citent des experts et font ainsi une partie de votre travail de recherche en les identifiant. Habituellement, la revue donne le nom de l'expert et l'endroit où il travaille. Si la consultation de l'annuaire téléphonique ne permet pas de les retrouver, il faut alors contacter le journaliste qui a écrit l'article en s'adressant au journal ou à la revue en question. En général, les responsables d'édition qui, au Québec, sont souvent les seuls employés permanents des revues, suivent de près leur secteur. Le rédacteur en chef de *Québec Science* connaît les centres de recherche du Québec ; celui de *La Terre de chez nous* connaît les fermes laitières.

Cela est particulièrement vrai pour les revues professionnelles spécialisées, destinées à une industrie donnée. Ces revues s'adressent soit aux manufacturiers, soit aux détaillants. Par l'intermédiaire de ces revues, on peut rejoindre des petites organisations qui ne font pas souvent les manchettes.

Les journalistes de la presse hebdomadaire locale connaissent leur région à fond et possèdent des renseignements pertinents et judicieux.

COMMENT CHERCHER

> ### TRUC
>
> ■ Minority Rights Group est un groupe de recherche international qui fait des études objectives sur différentes minorités de la planète. Les membres sont la plupart du temps des journalistes chevronnés qui font des synthèses d'une cinquantaine de pages. Avant de traiter des Palestiniens, des Indiens, des Basques, des Tamouls, des Intouchables, etc., la lecture de ces publications vous fera gagner un temps précieux. Vous pouvez les obtenir pour quelques dollars. On peut commander le catalogue en s'adressant à: Minority Rights Group, Benjamin Franklin House, 36 Craven Street, London WC2N 5NG.

Le Conseil de la Vie française en Amérique publie chaque année un Répertoire de la vie française en Amérique qui contient plus de 2 000 inscriptions d'organismes internationaux, nationaux, régionaux et locaux (y compris les médias). Les journalistes de ces médias sont francophones et connaissent leur région. *Le Soleil de la Floride*, par exemple, établi depuis des années, peut répondre à presque toutes vos questions sur cet État.

Souvent, une compagnie publie une revue pour son personnel et une autre pour le monde extérieur. Ainsi, Hydro-Québec publie *Forces* pour le public international en général, *Hydro-Presse* pour son personnel et *Courants* pour les cadres et les spécialistes. Il y a presque autant de revues internes qu'il y a de compagnies. Un répertoire de ces publications, le *Gebbie House Magazine Directory*, est publié deux fois par année.

Pour trouver une information ou rejoindre ceux qui la détiennent, on peut aussi contacter des associations de journalistes spécialisés comme l'Association canadienne des rédacteurs agricoles, l'Association des communicateurs scientifiques du Québec, le Centre pour le journalisme d'enquête, la Society of American Travel Writers, l'Association des journalistes de la presse spécialisée, l'Association canadienne des périodiques catholiques, etc.

Médias du Québec, un répertoire de la presse écrite et électronique, préparé par le ministère des Communications du Québec, contient les données nécessaires pour rejoindre les personnes clés à la rédaction des quotidiens et des hebdomadaires, ainsi que les responsables des services de nouvelles et de programmation des médias électroniques. Un chapitre est consacré aux revues et aux journaux spécialisés.

Les Éditions Québec dans le Monde ((418) 659-5540) publient *Médias d'information du Québec*, qui répertorie quelque 1000 médias.

Argus promotionnel recense 865 quotidiens, stations de télévision et de radio, hebdos régionaux, câblodistributeurs, médias communautaires et étudiants, agences de presse. En tout, plus de 5 500 personnes-ressources.

Argus sectoriel décrit 500 revues de consommation, publications professionnelles, avec leurs tarifs publicitaires et leurs tirages. Plus de 1500 personnes-ressources.

Argus ethnique répertorie plus de 475 médias, associations, clubs sociaux, écoles, églises, congrégations religieuses, consulats étrangers au Québec, etc.

Le *Répertoire des médias du Canada* du Club de Presse Blitz offre une quantité d'adresses et de noms de personnes-ressources dans le monde des médias canadiens. On y trouvera aussi quelques adresses importantes aux États-Unis et dans le monde (p. ex. les grandes agences de presse). Également, de nombreuses listes telles que celles des députés à la Chambre des communes et à l'Assemblée nationale, les ambassades, etc.

Pour la France, on consultera l'*Annuaire de la presse et de l'actualité*, publié par la société d'édition de l'Annuaire de la presse.

Le *Gale Directory of Publications* répertorie pratiquement tous les journaux de l'Amérique du Nord. On y trouve une liste des noms et des numéros de téléphone des chroniqueurs les plus populaires (art, automobiles, mode, films, immobilier, société, sports, condition féminine) dont les articles paraissent dans des journaux qui ont un tirage de plus de 5 000 exemplaires.

National Institute for Computer-Assisted Reporting (NICAR), Missouri School of Journalism, 100 Neff Hall, Colombia, Missouri 65211. Tél. (573) 822-0684, télécopieur (573) 884-5544.

Les médias ethniques du Québec

Ce répertoire publié par le ministère des Communications propose des données récentes et vérifiées sur plus de cent publications, plus de soixante-dix émissions de télévision et plus de soixante émissions de radio. Un guide unique pour communiquer efficacement avec les Québécois et les Québécoises des communautés culturelles. 1994, 88 pages.

Médias

☛ Répertoire des journaux électroniques
http://www.mediainfo.com/ephome/npaper/nphtm/online.htm

The Editor and Publisher Co. offre une banque de données impressionnante d'un millier de journaux en ligne. En général, chaque notice contient le nom, le lien hypertexte, le prix, et la description. On peut interroger la banque de données ou encore chercher d'abord par continent, puis par pays. Les États-Unis et le Canada sont divisés par États et par provinces.

Journalisme

☛ Journalisme québécois
http://www.cactuscom.com/gagnonm/journalisme.html

Dans ce site on trouve les nouvelles de Radio-Canada, le site de différents gouvernements, les journaux accessibles sur le Web, les médias francophones dans Internet, etc.

http://www.ryerson.ca/~ricarc

Le tout nouvel institut de JAO de l'École de journalisme de Ryerson, à Toronto, a une liste grandissante de bases de données et de fichiers informatiques accessibles aux journalistes.

Pour journalistes seulement

☛ ProfNet
http://www.profnet.com

Trois fois par jour, ProfNet envoie des questions de journalistes à plus de 4 000 organisations, dont des firmes de relations publiques, des universités et des organisations sans but lucratif.

☛ ExpertSource
http://www.businesswire.com/expertsource

L'Expert Source relève des organisations Business Wire et de Round Table Group. Il envoie aux recherchistes une liste de sources provenant de bases de données mises au point par des consultants des milieux universitaires et d'experts de différents domaines, membres de Business Wire.

☛ Newswise
http://www.newswise.com

Fondé et dirigé par un rédacteur des domaines de la biochimie et des sciences, Newswise distribue des questions de journalistes à plus de 350 clients dont principalement les universités et les instituts de recherche, à propos des sciences, de la médecine, du domaine des affaires et des modes de vie.

☛ BznetUSA
top.monad.net/~gehrung

BznetUSA est dirigée par une entreprise de relations publiques. Elle répond à des questions concernant les affaires et le domaine de la finance.

☛ YearbookNews.com
http://www.yearbooknews.com

La version en ligne du livre *The Yearbook of Experts, Authorities and Spokespersons*.

☛ PolicyExperts.org
http://www.policyexperts.org/experts

La base de données en ligne de l'Heritage Foundation du mouvement conservateur met à la disposition des internautes une liste de contacts de plus de 2 000 spécialistes.

Autres sites

☛ L'excellente page de Julian Sher, «The Fifth Estate» (CBC-TV)
http://www.vir.com/~sher/julian.htm

☛ Le site de Pascal Lapointe
http://www.cam.org/~paslap/menu.html

Porte d'entrée sur le Net de ressources pour les journalistes québécois et des dossiers qui concernent les pigistes.

☛ La page de Andy Rigg de *The Gazette*
http://www.vir.com/~andymon/

Porte d'entrée sur le Québec anglophone. Offre aussi de bons sites pour les photographes de presse, la liberté d'expression et une section sur le référendum.

Signalons aussi le site

☛ WWW Virtual Journalism
http://www.cais.com/makulow/vlj.html

On y trouve les associations professionnelles, les cours, les prix, etc.

LES CHERCHEURS ET LES UNIVERSITAIRES

Les chercheurs des secteurs privé ou public sont constamment à la recherche de nouveaux produits, de nouvelles techniques, de nouvelles méthodes. Pourquoi ne pas les consulter à leur centre de recherche ou dans le laboratoire où ils travaillent?

Les universitaires ne sont pas tous enfermés dans une tour d'ivoire; plusieurs en descendent volontiers. La plupart des universités publient une liste de leurs experts qu'on peut consulter. McMaster University a publié *Media File*, une liste des membres de l'université qui acceptent d'être contactés par des écrivains, des journalistes et des éditeurs soit pour des commentaires d'experts, soit pour des articles sur leurs recherches.

La majorité des collèges et des universités ont un service de relations publiques. Vous appelez et on vous indique la personne à contacter. Ou vous vous procurez l'annuaire des cours et vous l'examinez jusqu'à ce que vous trouviez un cours donné sur votre sujet. Ensuite, vous appelez le professeur.

La liste des cours des universités ou des cégeps vous amènera sans difficulté aux professeurs spécialisés dans un domaine particulier. De plus, il existe des listes par thèmes. Ainsi, l'Association canadienne des études nordiques distribue une liste des spécialistes du Nord dans les universités canadiennes. C'est une ressource à jour et utile pour qui fait une recherche sur le Nord et son milieu.

Enfin, il faut penser aux divers regroupements de professeurs. La Société des professeurs d'histoire du Québec, celle des professeurs de géographie, etc., ont souvent une publication et toujours une liste d'experts.

La revue *Interface*, de l'Association canadienne-française pour l'avancement des sciences (ACFAS), publie chaque été *Le Bottin de la recherche* qui répertorie 900 organismes canadiens et québécois de recherche et plus de 10 000 scientifiques de 420 disciplines. On y trouve un index des abréviations (par exemple: PRAUS: Programme de recherche sur l'amiante de l'Université de Sherbrooke; CQRS: Centre québécois de la recherche sociale, etc.), des organismes de recherche, des organismes subventionnaires, des universités, etc. Ce guide est fort utile: on y découvre un grand nombre d'organismes souvent peu connus.

Si l'on a besoin de rejoindre un expert du très vaste réservoir de professeurs de l'Amérique du Nord, il faut fouiller dans les volumes du *Directory of American Scholars*, un répertoire d'environ 25 000 professeurs de collèges et d'universités. On y tient compte également des professionnels non enseignants qui ont contribué à la recherche en éditant, en écrivant ou autrement. Le titre est un peu trompeur parce que ce livre de référence ne comprend pas les professeurs de sciences et des beaux-arts. On peut consulter également le *Directory of American Research and Technology*, qui inventorie près de 12 000 établissements commerciaux et scolaires.

Pour une liste complète, il faut consulter *The National Faculty Directory*, qui établit la liste, par ordre alphabétique, de plus de 660 000 professeurs dans plus de 3 200 universités et collèges des États-Unis et quelque 120 institutions canadiennes. Cette publication ne propose cependant pas de profils. L'information présentée est établie à partir des listes de cours, des catalogues de collèges et des questionnaires adressés aux experts répertoriés. On limite visiblement l'inclusion dans le répertoire à ceux qui enseignent.

Depuis 1988, un nouvel ouvrage est venu compléter ce répertoire: *The Faculty Directory of Higher Education*. C'est un ouvrage en plusieurs volumes qui dénombre 623 000 universitaires dans plus de 3 100 universités et collèges américains et 220 canadiens.

Une autre façon de rejoindre les experts est d'utiliser le *Current Contents Index*. Chaque semaine, le *Current Contents* indexe les périodiques spécialisés en sciences, en sciences sociales et en arts et lettres, à partir de leurs tables des matières. Plus de 4 000 périodiques et un certain nombre de livres sont ainsi traités dans les sept éditions du *Current Contents*. Pour rejoindre les auteurs mentionnés, il suffit de consulter *The Current Contents Address Directory*. Une liste alphabétique d'auteurs, une liste par organisations et un index géographique des établissements facilitent le repérage.

Pour le reste du monde, *World of Learning* donne, pour chaque pays, les sociétés savantes, les bibliothèques, les musées, les universités et les centres de recherche. Dans la plupart des cas, les facultés et les responsables sont indiqués. Le répertoire comprend une section internationale sur des organisations mondiales comme l'Unesco. Par ailleurs, The U.S. National Academy of Sciences publie *Scientific and Technical Societies of the United States and Canada*. En France, *Index Generalis* répertorie l'information sur les universités, les archives, les bibliothèques, les instituts scientifiques, les musées, les observatoires, etc.

On peut consulter également *Lesko's New Tech Sourcebook*, qui publie une liste d'experts dans les domaines de la technologie de pointe, et *Dial an Expert*, qui répertorie les adresses et les numéros de téléphone de spécialistes dans les secteurs liés à la consommation.

Sociétés savantes

☛ Scholarly Societies Project – University of Waterloo
http://www.lib.uwaterloo.ca/society/overview.html

On trouve sur ce site une liste de 1108 sociétés savantes avec leur site Internet, une classification par sujets de ces sociétés (par exemple, on trouve 45 sociétés dans la catégorie Library and Information Sciences) et une liste des conférences. De plus, on trouve une liste des bulletins de quelque 150 sociétés savantes comme: Research Libraries Group, Royal Institute of Navigation, Union Radio-scientifique internationale, Jean Piaget Society, etc.

☛ World Directory of Think Tanks 1996 +
http://www.nira.go.jp/ice/tt-info/nwdtt96/

Classé par pays, ce répertoire renferme des liens permettant de recueillir des informations et d'entrer en rapport avec d'autres sites (*homepages*) conçus par plus de 250 organisations d'élaboration de politiques à travers le monde. Il s'agit d'un outil de recherche d'une valeur inestimable.

☛ The Directory of Scholarly and Professional E-Conference
http://www.n2h2.com/KOVACS/

The Association of Research Libraries est responsable de ce site qui évalue les listes de discussion en fonction des intérêts des chercheurs et des professionnels.

☛ Phonebook Gateway - Server Lookup
www.uiuc.edu/cgi-bin/ph/lookup?Query=

On trouvera, ici, une impressionnante liste permettant d'avoir accès à des bottins universitaires en ligne. Y figurent les coordonnées du personnel enseignant de 300 institutions d'enseignement dans le monde dont la majeure partie des universités nord-américaines

Beaucoup d'experts se déplacent constamment d'un pays à l'autre pour participer à des conférences, donner des séminaires, etc. Il se peut donc qu'au cours d'une année le spécialiste que vous avez besoin de consulter passe par Montréal ou Québec.

LES CONGRÈS ET LES SESSIONS DE FORMATION

Chaque année, des centaines de congrès se tiennent dans certaines villes de la province. Les participants viennent de partout dans le monde. Ces congrès sont souvent la seule occasion de rencontrer (à peu de frais) des experts venus de tous les coins de la planète.

Ainsi, le 69e congrès annuel de l'Institut agricole du Canada a regroupé, à l'Université McGill, les membres d'une dizaine de sociétés savantes, dont la Canadian Pest Management Society, la Société canadienne des sciences horticoles, la Canadian Phytopathological Society, etc. Le thème de ce congrès

COMMENT CHERCHER

TRUCS

■ Les périodiques spécialisés annoncent généralement les activités et les événements à venir dans leurs secteurs.

■ On peut obtenir la liste des congrès à venir en s'adressant à :

L'Office des congrès et du tourisme du Grand Montréal, 1010, rue Sainte-Catherine Ouest, bureau 410, Montréal (Québec) H3B 1G2. Téléphone : (514) 871-1129, ou à :

L'Office du tourisme et des congrès de la Communauté urbaine de Québec, 60, rue d'Auteuil, Québec (Québec) G1R 4C4. Téléphone : (418) 692-2503.

était : « Le commerce et le développement international », d'où des conférences intéressantes comme « Nouvelles tendances du commerce agricole mondial », « L'agronome et le système professionnel québécois », et des conférences plus spécialisées comme « L'influence du niveau d'éclairement énergétique sur la croissance », « Le développement et la floraison du géranium ». Les invités venaient de partout : Ontario, Québec, Californie, États-Unis, Pays-Bas, Brésil, etc.

En plus des présentations techniques par des experts, des exposants présentent souvent le dernier cri d'un secteur. Les congrès sont de bonnes sources d'information sur les sujets qui évoluent rapidement, les technologies en informatique, par exemple.

Si un congrès vous intéresse, demandez le programme préliminaire. Il décrit les séminaires ou les conférences qui auront lieu avec le nom des participants. On y indique généralement la personne-ressource à contacter, laquelle, à son tour, peut vous obtenir un rendez-vous avec l'un des congressistes. Ainsi, dans le cas du congrès de l'Institut agricole, une brochure d'une centaine de pages détaillait chaque conférence, avec une liste de sociétés scientifiques, leurs responsables et leurs coordonnées.

Seminars Directory (Gale) est un guide annuel d'environ 10 000 séminaires, ateliers de travail et sessions de formation qui se tiennent aux États-Unis ou au Canada. Chaque notice indique le titre du séminaire, les coordonnées pour rejoindre les organisateurs, la description des sujets, la durée, le coût, etc.

Directory of Conventions répertorie 18 000 congrès se déroulant aux États-Unis avec les adresses des responsables. Il comprend les congrès commerciaux et professionnels, les expositions, etc., un index par lieux géographiques, puis par dates et par catégories de conventions.

L'*Association Meeting Directory*, publié annuellement, fournit de l'information sur les réunions d'associations et les congrès. Il s'adresse aux compagnies spécialisées dans l'organisation de congrès et répertorie les rencontres de 6 000 associations. On y trouve les dates des congrès (jusqu'à cinq ans à l'avance), les personnes à contacter, le lieu, le nombre de personnes attendues, etc.

Si vous ne pouvez assister à un congrès, tout n'est pas perdu. L'*Index to Social Sciences and Humanities Proceedings* (1979-   ) dépouille les travaux des colloques, conférences, symposiums, congrès en sciences sociales et humaines : sociologie, psychologie, histoire, science politique, économique, éducation, droit. Cet outil indispensable répertorie les communications présentées lors des colloques d'un grand nombre de pays. Ces textes peuvent se retrouver dans des livres, des rapports, des éditions préliminaires ou des articles de périodiques. Vous pouvez obtenir les programmes des congrès antérieurs. Quelquefois, vous pouvez aussi vous procurer les enregistrements des conférences. De plus, cette publication trimestrielle comprend plusieurs index.

Son frère jumeau est l'*Index to Scientific and Technical Proceedings* (1978-   ).

Une autre bonne source est le *Bibliographic Guide to Conference Publications* (1974-   ), de G.K. Hall. Pour les années qui précèdent 1974, on doit consulter le *Directory of Published Proceedings* (1965-   ) et *Proceedings in Print* (1964-   ).

LES AMBASSADES ET LES CONSULATS

Les ambassades, qui représentent leur gouvernement dans un pays donné, sont toujours situées dans une capitale, donc à Ottawa en ce qui nous concerne.

Elles donnent volontiers des renseignements sur leur système politique, leur économie et sur toute autre information concernant leur pays : arts, éducation, industrie, tourisme, etc.

Les consulats, dont la vocation est surtout commerciale, peuvent être établis dans n'importe quelle ville d'importance. Certains sont de véritables petites ambassades, offrant documentation et livres de référence; d'autres n'ont qu'un consul, souvent honoraire. Mais tous sont en contact avec leur pays et savent sinon trouver une information, du moins à qui poser la question.

À Montréal, on compte 54 consulats officiels auxquels s'ajoutent quelques consulats non reconnus comme celui de l'OLP, etc. À Québec, on en retrouve sept : Danemark, États-Unis, France, Norvège, Pays-Bas, Suisse et Italie.

Ces représentants des pays étrangers sont généralement ouverts aux demandes d'information, de préférence par écrit. Il suffit de s'adresser à leur service de relations publiques. Il faut être patient : la réponse peut tarder à venir, surtout si le personnel doit consulter son pays pour vous satisfaire.

Les services offerts varient selon le pays. Souvent, il existe une liste de films ou de documents vidéo. Il est également possible que l'ambassade vous inscrive sur la liste d'envoi du bulletin ou de la revue qu'elle publie pour les étrangers. Par exemple, l'ambassade de la République fédérale allemande peut vous inscrire sur la liste d'envoi de *Scala*, une excellente et agréable revue présentant des reportages variés sur l'Allemagne avec un clin d'œil économique sur l'exportation. La Suède, la France, le Danemark disposent de catalogues de films et de vidéocassettes sur leur pays, qu'elles acceptent de prêter à certaines conditions. Les responsables commerciaux du consulat ou de l'ambassade peuvent aussi fournir la liste et les adresses des grossistes et des manufacturiers de leur pays.

Les consulats peuvent vous diriger vers des centres de recherche locaux de leur pays ou des personnes-ressources. Par exemple, le consulat allemand vous fera connaître le Cercle Goethe, le consulat russe vous mettra en contact avec le Cercle Pouchkine. On fournit également volontiers de la documentation touristique ainsi que les coordonnées des bureaux de tourisme locaux.

À l'inverse, les Canadiens travaillant dans d'autres pays peuvent également vous fournir de l'information que vous ne pouvez trouver ailleurs. Le ministère des Affaires étrangères et Commerce international du Canada publient *Représentants du Canada à l'étranger*, qui dresse la liste complète des ambassades, hauts-commissariats, consulats, bureaux et agents du Canada à l'étranger. Cette publication entièrement révisée comprend les noms, les adresses, les numéros de téléphone et les numéros de télécopieur des représentants diplomatiques du Canada à l'étranger. On y trouve une liste des villes où le Canada est représenté, une liste des représentants du Canada à l'étranger classés par pays, une liste des représentants auprès d'organisations internationales, y compris le Conseil de l'Atlantique Nord et les Nations Unies. Le même ministère publie également *Représentations diplomatiques consulaires et autres au Canada*, un outil de référence inestimable pour toute personne voulant faire affaire avec des ambassades ou des représentants étrangers vivant au Canada. Ce guide pratique contient des renseignements sur l'ordre de préséance, le corps diplomatique et les autres délégués, les fêtes nationales, les congés fériés, les fonctionnaires consulaires et autres représentants ainsi que l'Organisation de l'aviation civile internationale.

Pour sa part, le ministère des Relations internationales du Québec publie *Représentations de gouvernements étrangers et organisations internationales*, la liste des missions diplomatiques, postes consulaires et bureaux de gouvernements étrangers établis au Québec ou y exerçant leurs fonctions. L'ouvrage contient aussi une liste des délégations de l'Organisation de l'aviation civile internationale, des membres du Conseil des ministres, des représentations du Québec à l'extérieur, etc. Le Ministère publie aussi le *Répertoire des intervenants internationaux du Québec*, une liste de 535 organismes publics et privés dont la principale place d'affaires est située au Québec et qui travaillent régulièrement avec un partenaire provenant d'un pays autre que le Canada. Pour chaque organisme, une fiche descriptive renseigne sur l'adresse, les numéros de téléphone, de télex, de télécopieur, la langue utilisée, les objectifs, les services et produits offerts à l'étranger, les projets réalisés sur le plan international, la participation à des associations internationales, les publications, etc.

☛ Embassies to Canada
http://info.sources.com/embassy/embstoca.htm

Ce site présente la liste de toutes les ambassades et hauts-commissariats ayant pignon sur rue au Canada. On y trouve leurs responsables des relations avec les médias et leurs numéros de télécommunications (téléphone, courrier électronique, télécopieur, etc.). Lorsqu'un pays répertorié n'a pas de représentation officielle au Canada, on nous indique comment entrer en rapport avec la délégation de ce pays aux Nations Unies ou aux États-Unis. Il suffit de cliquer sur le nom d'un pays pour avoir accès aux détails relatifs à sa représentation au Canada.

LES FONDATIONS

On peut trouver des experts parmi les auteurs subventionnés par différentes fondations à but non lucratif. Le *Canadian Directory to Foundations* liste 611 fondations décernant 11 000 bourses.

Le *Foundation Directory* est un guide qui aide à trouver la bonne fondation où demander une bourse. Cet ouvrage fait partie des nombreux guides publiés par le Foundation Center qui fournit de l'information sur 24 000 fondations actives. Le Centre publie une variété de répertoires utiles dont *The International Foundation Directory*, guide des activités et des administrations de fondations à but non lucratif dans 45 pays et dont les activités concernent la science, la médecine, la conservation, l'éducation, l'aide sociale, etc.

The Foundation Grants Index, compilé par le Foundation Center, John Clinton Editor, New York (1987), présente les fondations, ainsi que les travaux subventionnés. Il comprend une liste de sujets, un index géographique, etc., et donne la liste des récipiendaires de 40 000 bourses décernées par 450 fondations.

> Sternberg, Hilary. «Internet Resources for Grants and Foundations» College & Research Libraries News 58(5) (May 1997): 314-317
> http://www.ala.org/acrl/resmay97.html

Cet article donne une liste des principaux sites dans Internet pour trouver de l'information sur les fondations, les bourses et autres sources de financement. On trouve dans la liste des références aux organismes, aux répertoires, etc.

☛ The Foundation Center
http://fdncenter.org/
Donne la liste impressionnante des fondations qui ont un site internet.

☛ GuideStar – The Donor's Guide To The Charitable Universe
http://www.guidestar.org/

Pour ceux qui ont des sous à donner, mais ne savent pas à qui les remettre, Guide Star propose une banque de données contenant des informations sur plus de 620 000 œuvres charitables et organismes sans buts lucratifs. La page d'accueil offre des informations récentes sur l'univers de la philanthropie. L'outil de recherche permet de chercher par mot-clé, domaine, état, code postal ou tout autre critère.

LES FONCTIONNAIRES

Les différents niveaux de gouvernement possèdent des trésors d'information, souvent méconnus, perdus dans les méandres d'une direction obscure ou d'une division ignorée.

Il est de première importance de savoir exactement ce que l'on veut. Vous gagnerez du temps si vous consultez les bureaux du gouvernement dans votre région ou si vous appelez les bureaux de votre député. Tous ont à portée de la main la dernière édition des bottins téléphoniques des gouvernements provincial et fédéral, et ils vous feront épargner ainsi de nombreux appels interurbains.

La réponse à une question ne se trouve pas toujours à la bibliothèque. En fait, quel que soit le niveau de spécialisation de votre recherche, il y a presque toujours un fonctionnaire qui peut vous donner l'information au téléphone. Cependant, trouver le bon fonctionnaire peut facilement devenir un calvaire. Pour éviter les chemins de croix, il faut consulter le *Répertoire téléphonique du gouvernement du Québec*, qui contient les numéros de téléphone des membres de l'Assemblée nationale, ceux des ministères et des organismes gouvernementaux ainsi que la liste alphabétique des employés du gouvernement du Québec avec leur numéro de téléphone, et le *Répertoire administratif du Québec*, publié par le ministère des Communications depuis 1973. Il contient une brève description de tous les organismes gouvernementaux du Québec (législatif, exécutif, judiciaire et administration publique), ainsi qu'un index des mots-clés.

Lorsqu'un fonctionnaire invoque la confidentialité pour ne pas fournir un renseignement, il faut vous assurer qu'il peut agir ainsi en vous référant à la *Loi d'accès à l'information*. Le journaliste Réal Barnabé a publié *L'Accès à l'information*, un guide pratique d'une centaine de pages à l'intention des journalistes et autres utilisateurs.

De son côté, le ministère des Communications du Québec a fait paraître, en 1984, le *Guide administratif abrégé* concernant la consultation des documents des organismes publics et la protection des renseignements personnels. Pour sa part, la Commission d'accès à l'information produit chaque année le *Répertoire des responsables de l'accès aux documents des organismes publics et de la protection des renseignements personnels*. Diffusée dans toutes les régions du Québec, cette publication indique, pour chaque organisme public, le nom, le titre, l'adresse et le numéro de téléphone de la personne responsable de l'accès aux documents et de la protection des renseignements personnels. La maison d'édition Québec dans le monde ((418) 659-5540) publie *Les Pouvoirs Publics au Québec* qui répertorie environ 950 organismes gouvernementaux québécois et canadiens (ministères, commissions, conseils, agences, etc.)

Info Source: Source de renseignements fédéraux 1996-1997

Chercher de l'information dans le dédale bureaucratique d'Ottawa peut se révéler frustrant. Quel ministère possède l'information dont j'ai besoin? Quelle section? Que faire pour joindre cette organisation? *Info Source* est le guide idéal pour vous y retrouver. Clair, précis, cohérent, ce manuel décrit la structure et les fonds de renseignements du gouvernement fédéral pour vous aider à mettre le doigt sur ce que vous cherchez. Il précise aussi les renseignements que vous avez le droit d'obtenir en vertu de la *Loi sur l'accès à l'information* et ceux qui sont protégés par la *Loi sur la protection des renseignements personnels. Info Source* remplace le *Registre d'accès* et le *Répertoire des renseignements personnels.* Publication annuelle mise à jour au moyen de bulletins semestriels.

Ottawa-Hull est un outil indispensable pour qui veut communiquer avec le personnel des bureaux fédéraux de la région de la capitale nationale. Les éditions antérieures portaient le titre Annuaire téléphonique de la région de la capitale nationale.

LES SERVICES DE REVUE DE PRESSE ET DE RECHERCHE

Commander une revue de presse

Il est difficile de parcourir toutes les publications dans un domaine. Si c'est nécessaire, on peut recourir aux services de revue de presse. Quelques compagnies privées comme Verbatim et Caisse-Chartier fournissent une collection de coupures de presse de journaux, de quotidiens ou d'hebdos. Elles peuvent aussi enregistrer des émissions de radio ou de télévision, en faire le résumé ou en fournir la transcription mot à mot. Cependant, il faut s'attendre à débourser entre 300 $ et 1500 $ par mois, pour se prévaloir de ces services.

Commander une recherche

Vous n'avez peut-être pas le temps d'effectuer votre recherche vous-même ? Alors il vaut peut-être la peine de payer quelqu'un pour la faire à votre place. Pour les entreprises et les gouvernements, il s'agit là d'une pratique courante ; pour certains auteurs aussi, notamment l'écrivain Alex Haley, qui a engagé un recherchiste pour écrire *Racines*.

Que peut faire un recherchiste indépendant pour vous ? Il peut effectuer toute la recherche bibliographique essentielle à votre sujet d'étude, dénicher des articles spécialisés sur un sujet précis, visiter des bureaux gouvernementaux ou des bibliothèques pour photocopier des documents qu'il est interdit d'emprunter. Le recherchiste a souvent établi des contacts et des relations qui lui ouvrent des portes qui vous resteraient farouchement fermées.

Le rôle du recherchiste peut aller plus loin, soit collaborer à la rédaction d'un document ou d'une brochure ou encore écrire des discours.

Literary Market Place donne une liste de compagnies qui font de la recherche, sous la vedette-matière «Research and Information Services», mais on y trouve aussi une liste de personnes qui font de la recherche sous la vedette-matière «Freelance Editorial Work» ou «Consulting and Editorial Services».

La Corporation des bibliothécaires professionnels du Québec publie un répertoire des bibliothécaires-conseils du Québec. On y fournit le nom, l'adresse, les services offerts, les champs de spécialisation, l'expérience, etc. Pour l'obtenir, adressez-vous à la Corporation des bibliothécaires professionnels du Québec, 307, rue Sainte-Catherine Ouest, bureau 320, Montréal (Québec) H2X 2A3. Téléphone: (514) 845-3327. Site Web: www.cbpq.qc.ca. Adresse électronique: info@cbpq.qc.ca

Il existe un répertoire de bibliothécaires et d'autres spécialistes de la recherche publié par la Canadian Library Association: *Directory of Canadian Library and Information Science Consultants*. On peut demander aux écoles de bibliothéconomie et des sciences de l'information ou aux départements des techniques de la documentation s'ils connaissent quelqu'un qui peut réaliser un contrat de recherche.

☞ Association des bibliothécaires français
http://www.abf.asso.fr/html/pub_fra.htm#per_annu

7, rue des Lions-Saint-Paul
75004 PARIS
Téléphone: (33) 1 48 87 97 87 — Télécopie: (33) 1 48 87 97 13
Adresse électronique: abf@abf.fr

Sur demande, et dans de courts délais, la firme Services documentaires multimédia, nouveau nom de la Centrale des bibliothèques, peut produire des listes bibliographiques sur mesure, selon des critères variés de sélection (date ou lieu de publication, niveau d'âge, support, etc.), dont l'ampleur, l'organisation et le contenu sont adaptés aux besoins. Leur collection intitulée Diffusion sélecte de l'information comprend de nombreux titres en langue française sur une multitude de thèmes actuels et d'intérêt général: *La Chine, Les enfants surdoués, La peinture québécoise, Albert Einstein, Le chômage, Les OVNI et extraterrestres, La contraception et la régulation des naissances, L'obésité*, etc.

LES ENTREVUES AVEC LES EXPERTS

Vous voulez interviewer un expert? C'est certainement possible, si vous mettez toutes les chances de votre côté. Rappelez-vous qu'un expert, quel que soit son domaine, est une personne occupée. Ne lui faites pas perdre son temps.

On n'appelle pas un spécialiste pour lui demander des renseignements qu'on peut trouver facilement dans un ouvrage de référence ou dans un centre documentaire près de chez soi. Lisez sur le sujet de façon à en savoir le maximum avant de rencontrer l'expert. Faites vos devoirs. Ne contactez pas immédiatement LA sommité dans le domaine qui vous intéresse. Commencez par quelqu'un de moins spécialisé et habitué à vulgariser, un journaliste ou un professeur par exemple.

Avant de décrocher le téléphone, il faut définir pourquoi vous avez besoin d'une entrevue. Si vous ne le faites pas avant de commencer, vous allez vous retrouver avec une conversation, pas une entrevue. Avant même de

Les experts

TRUCS

■ Si l'on vous accorde une entrevue, soyez ponctuel. Écoutez les réponses et soyez sûr de les comprendre. Limitez vos commentaires à un strict minimum. Terminez l'entrevue de façon amicale. Remerciez l'expert et faites-lui le résumé de l'entrevue.

■ Posez les questions: Est-ce qu'il y a une question importante que j'aurais omis de vous poser? À qui d'autre devrais-je parler? Ce sont souvent les questions les plus utiles d'une entrevue. Demandez s'il a de la documentation écrite. Laissez votre numéro de téléphone, ce qui va lui faciliter la tâche s'il veut compléter l'information ou s'il a oublié de mentionner des points pertinents. Promettez de lui envoyer un exemplaire de ce que vous aurez fait ou de l'informer sur l'état de votre recherche.

■ On peut aussi faire paraître une annonce dans un journal ou une revue pour obtenir plus d'information sur un sujet. Il faut savoir où passer son annonce: de préférence, dans des magazines spécialisés. Plus c'est facile d'entrer en contact avec vous, plus vous aurez de réponses. Toutes sortes de réponses. Si vous donnez votre numéro de téléphone et acceptez les frais d'interurbain, vous faciliterez la tâche aux personnes sérieuses.

---

réfléchir aux questions que l'on va poser à la personne à interviewer, il est nécessaire d'avoir soi-même répondu aux questions suivantes: Qui est la personne que l'on va interroger? Que sait-on d'elle? Pourquoi va-t-on l'interroger? Que veut-on recueillir comme information? Comment va-t-on s'y prendre pour conserver les informations qu'elle nous fournira (prise de notes ou magnétophone[2])?

On peut solliciter une entrevue par téléphone ou par écrit, mais il faut être précis. Dites ce que vous savez déjà, où en est l'état de votre recherche, pourquoi vous avez besoin d'information et de son aide.

Sachez comment demander de l'information. Si vous écrivez à une association, envoyez votre lettre au sommet de la hiérarchie. Elle sera ensuite acheminée vers le bas et recevra ainsi plus d'attention. C'est toujours une bonne idée d'inclure une enveloppe préadressée et timbrée. *Encyclopedia of Associations*, par exemple, le demande. La chose est plus compliquée lorsqu'il faut contacter des associations américaines.

Donnez le choix au spécialiste consulté de répondre par lettre, par courrier électronique ou par téléphone. Il n'a peut-être pas le goût d'écrire une dizaine de pages sur les 8 000 Irlandais enterrés à la Grosse-Île, l'avenir de la souffleuse à neige ou le réchauffement du climat, mais — surtout s'il n'a pas besoin de chercher votre numéro de téléphone — il vous donnera facilement un coup de fil. Il est préférable également de faire savoir à la personne à interviewer que vous avez une échéance à respecter.

Lorsque vous rencontrez votre expert, rappelez-vous que le but de votre rencontre est plus important pour vous que pour lui. Décidez ce que vous allez dire en commençant. Présentez-vous. Expliquez ce que vous faites. Décrivez votre travail, la date où vous devez le remettre. Dites comment l'information sera utilisée: pour un travail scolaire, un article, etc. Demandez si c'est le bon moment pour lui parler. Le premier appel peut ne servir qu'à fixer un autre rendez-vous plus approprié. Si l'expert vous dit non à cette étape, il ne reviendra pas sur sa décision.

Interviewer quelqu'un est un art qui s'apprend. Il n'y a pas de règles rigides et fixes. Votre personnalité et vos habiletés combinées vont vous conduire à une bonne entrevue. La seule façon de devenir un bon intervieweur est la pratique.

---

2. Jacques Larue-Langlois, journaliste d'expérience et professeur, dans son *Manuel de journalisme radio-télé* (Montréal, A. Saint-Martin, 1989), consacre un chapitre à l'entrevue.
À consulter, le livre de Pierre Sormany, journaliste chevronné, *Le métier de journaliste*, Boréal, 2000, 494 pages.

LES LISTES DE DISTRIBUTION
(*MAILING LISTS* OU *LISTS-SERVS*)

Le courrier électronique permet de s'abonner à des listes de distribution portant sur une foule de sujets. Essentiellement ce sont des messages qui aboutissent dans votre boîte de courrier.

Vous êtes intéressés par la nourriture végétarienne, la philosophie grecque, les musées techniques ou le clown Patof? Alors vous entrez en contact avec un groupe qui partage les mêmes goûts et vous vous abonnez (gratuitement) à son bulletin.

Ensuite, régulièrement, vous recevez tous les messages de ces groupes directement dans votre boîte aux lettres électronique. Vous êtes donc certain de ne rien manquer du sujet qui vous intéresse. Mais attention : certaines listes distribuent des dizaines de messages chaque jour, ce qui risque d'encombrer royalement votre boîte aux lettres. La plupart des listes de distribution ont ce qu'on appelle un modérateur, un «censeur». Ce «surveillant» rejette les messages grossiers, inutiles, etc. Très souvent, les archives de ces discussions sont entièrement conservées et on peut lire tout ce qui a été écrit sur un sujet particulier.

Rappelons un grand principe en recherche : ce que quelqu'un a écrit, un autre l'a recensé. Il y a des personnes qui produisent des listes de distribution ; il y en a d'autres qui les ont répertoriés et qui en ont fait un catalogue. Le plus gros catalogue répertorie quelque 90 000 listes de distribution et s'appelle Liszt : http://www.liszt.com

6   LES AFFAIRES

Des études montrent amplement que la plupart des petites entreprises échouent dès la première année. La principale raison de cet échec réside dans la mauvaise gestion, ce qui revient à dire le manque d'information. Dans une société où l'information règne, personne ne peut se payer ce luxe. C'est particulièrement vrai pour les gens d'affaires. Ils doivent connaître les changements démographiques de tel ou tel groupe d'âge, des statistiques sur le nombre d'adolescents qui achètent des livres, les experts dans l'élevage du poulet, le coût des taxes de telle ou telle municipalité, le nombre de podologues, les dates des congrès et leurs participants, etc. L'information leur permet d'affronter la concurrence et de réussir; elle fait souvent la différence entre la réussite et l'échec.

Où trouver les derniers chiffres sur les importations d'automobiles ? une liste des dépôts de déchets toxiques ? Quel sera le marché de la vidéo ou d'Internet dans cinq ans ? Qui est Conrad Black ? Que fait Unibroue ?

Les bibliothèques et les centres de documentation sont particulièrement utiles pour trouver de l'information financière. Des bibliothèques publiques, notamment celle de la ville de Québec (Gabrielle-Roy) et celle de Montréal, ont une section pour les gens d'affaires. Certaines sont pour les profanes, d'autres, comme celle de l'École des hautes études commerciales (HEC) et du Centre de recherche industrielle du Québec (CRIQ), sont surtout destinées aux experts. Comme pour tous les autres domaines, on trouve des encyclopédies et des dictionnaires, des bibliographies et des index, des répertoires d'adresses et des magazines spécialisés. Presque chaque secteur des affaires a son propre manuel ou périodique qui conduit à des sources d'information encore plus détaillées.

LES OUTILS DE RÉFÉRENCE

Les dictionnaires terminologiques

Le *McGraw-Hill Dictionary of Modern Economics* et le *Munn's Encyclopedia of Business and Finance* donnent aux chercheurs des définitions concises des termes d'affaires. On peut trouver des explications plus spécifiques dans des dictionnaires spécialisés comme le *Handbook of Modern Accounting*, le *Dictionary of Advertising Terms*, le *Dictionary of Insurance*, le *Handbook of Marketing Research*, et le *Arnold Encyclopedia of Real Estate*, etc.

Pour des informations de base

Pour le Canada, signalons le livre de Barbara Brown, *Économie et commerce au Canada: sources d'information* (1984) et le *Canadian Business Handbook* de Newman & Newman. La Commission des valeurs mobilières publie chaque semaine un bulletin sur ses principales activités. Le ministère de l'Industrie, du Commerce et de la Technologie possède des dossiers sur plusieurs secteurs économiques. La Bourse de Montréal, les bureaux de comptables, les revues spécialisées, les chambres de commerce, et l'Institut national de recherche scientifique (INRS) sont d'autres sources d'information importantes.

Si vous avez besoin d'un guide bibliographique détaillé sur une question, il en existe plusieurs. Le plus complet est *Business Information Sources* (1993), de Lorna Daniells, organisé en 20 chapitres sur de grands sujets financiers. Par exemple, au chapitre 6 « Industry Statistics », l'auteur donne des sources détaillées pour chaque industrie. C'est la bible du personnel de référence pour le secteur des affaires. Il y a des notes descriptives pour chaque élément de même qu'une évaluation comparative de sources concurrentes. *How to Use the Business Library with Sources of Information* fournit moins de listes exhaustives, mais donne des notes détaillées, des sources et des conseils sur la façon d'utiliser une bibliothèque spécialisée sur les affaires.

Handbook of Business Information de Diane Strauss s'adresse surtout aux libraires, aux étudiants et aux chercheurs. Ce manuel est divisé en deux parties. La première couvre huit catégories principales de sources de référence de base, gouvernementales, etc. La deuxième partie couvre neuf secteurs dont le crédit, la banque, l'immobilier, les actions, etc. On y trouve « Free Vertical Files Materials for Business Collections » et « Ten Key Monthly Federal Periodicals and the Statistics They Contain », complété par un index élaboré.

International Business & Trade Directories édité par Richard Gottlieb recense quelque 5 000 répertoires du monde entier. Les notices sont classées par ordre alphabétique à l'intérieur de plus de 70 groupes industriels (Industry Groups) tels que agriculture, plastiques, qui sont subdivisés en dix régions géographiques (Afrique, Europe de l'Est) puis par pays. Les notices donnent le titre, le nom et l'adresse de l'éditeur, les numéros de téléphone et de télécopie et une brève description du répertoire. Ce livre de référence complète le Business Information Sources de Daniells en mettant l'accent sur les sources non américaines mais sans en avoir la profondeur.

The Directory of Directories, présenté à la page 75, est une source importante qui couvre tous les secteurs du domaine des affaires. Une liste d'organisations et d'experts variés, y compris les affaires, est publiée dans deux sources présentées au chapitre 5 à la page 113-114 : *Répertoire des associations canadiennes* et *Encyclopedia of Associations*. Pour repérer des centres de recherche peu connus ou difficiles à retracer, on consulte le *International Research Centers Directory* (voir chapitre 2, p. 53). Le *National Directory of Addresses and Telephone Numbers* publie les numéros de téléphone difficiles à trouver tandis que *Electronic Yellow Pages* fournit de l'information sur les services d'affaires des compagnies. Pour avoir des renseignements sur des livres, on consulte *Business Books in Print* (Bowker).

Pour une localisation particulièrement rapide des principaux services financiers imprimés ou sur banque de données, on consulte le *Directory of Business and Financial Services* qui donne des renseignements brefs, de même que l'adresse et le prix de chaque service.

L'*Encyclopedia of Business Information Sources* (Gale) est présentée par sujets spécifiques : copropriétés, taxes de succession, télémarketing, etc., avec des sources pour chaque sujet. Il fournit une liste de sujets intéressants pour les gestionnaires avec une liste de livres de référence, de périodiques, d'organisations, de répertoires, de bibliographies, de bases de données et d'autres sources d'information. Il existe aussi un répertoire, *The International Directory of Business Information Sources & Services*, et un guide international *Where To Find Business Information* (Brownstone & Carruth), dédiés à ceux et celles qui cherchent des réponses à des questions commerciales.

Internet

☛ École des hautes études commerciales
http://www.hec.ca/

Grâce à ce site des HEC, le visiteur peut accéder à Hector, le catalogue de la plus grande bibliothèque d'affaires au Canada.

☛ Strategis
http://strategis.ic.gc.ca/

Disponible en français, Strategis est un site créé par Industrie-Canada afin de fournir des sources d'information aux gens d'affaires du Canada. On y trouve une base de données sur 30 000 compagnies canadiennes et 200 000 produits et services, de l'information d'affaires sur chaque secteur, une liste des services aux entreprises et un guide sur les lois et réglementations du monde des affaires. L'International Business Information Network vous renseigne sur les occasions d'affaires à l'étranger tandis que le Trade Data Online fournit des données sur le commerce aux États-Unis et au Canada. Une collection de recherches publiées par Industrie-Canada et des indicateurs économiques mensuels viennent compléter les ressources disponibles sur ce site. Bref, un répertoire complet des entreprises canadiennes (produits, marchés, ventes, coordonnées) des données commerciales (import/export) et des analyses de secteurs industriels.

Sur le site de la revue *Les Affaires* : http://lesaffaires.com/, on peut consulter 15 000 fiches d'entreprises et une liste impressionnante d'associations.

☞ NYNEX Business Yellow Pages
http://www1.bigyellow.com/

Ce site internet permet de localiser rapidement 16 millions de commerces aux États-Unis.

☞ Nijenrode Business Resources
http://www.nijenrode.nl/nbr/index.html

L'Université Nijenrode aux Pays-Bas possède un site très complet sur le plan des publications générales et des ressources spécialisées par champ professionnel. On peut interroger le catalogue de sa bibliothèque et obtenir ainsi de l'information sur 2 000 compagnies internationales.

☞ Companies Online – Dun & Bradstreet and Lycos
http://www.companiesonline.com/

Cette banque de données de Dun and Bradstreet contient de l'information sur 60 000 compagnies américaines qui ont un site Internet.

☞ Hoover's online. The Business Network
http://www.hoovers.com/

Conçu par les professionnels des affaires pour les professionnels des affaires. On leur promet une information précise, juste et complète sur les compagnies privées, comprenant des analyses financières, sectorielles et industrielles. Une présentation limpide et efficace.

☞ Thomas Register Online
http://www14.thomasregister.com/index.cgi?balancing

Vous permet de faire une recherche parmi 155 000 compagnies, 124 000 produits ou par lieu géographique. On peut aussi visionner 3 100 catalogues de fournisseurs.

☞ AT&T Business Network
http://www.bnet.att.com

Une bonne source d'informations financières.

☞ @brint.com
http://www.brint.com/interest.html

Le portail des affaires électroniques, du commerce électronique et des nouvelles technologies des affaires regroupe les indispensables sous des menus tels : gestion Web, commerce électronique, sécurité Internet et vie privée, marketing Web, gestion et stockage de données, etc. La section « nouvelles technologies des affaires » propose ses incontournables classés dans les catégories journaux et magazines, actualités, carrière et profession, propriété intellectuelle, formation et bien d'autres.

☛ COMFIND
http://www.comfind.com

Ce site permet de vérifier si une compagnie est dans Internet. On peut chercher par nom de compagnie ou par lieu géographique.

Signalons également :

☛ Business Seek
http://www.businesseek.com/

Business Seek est un outil de recherche qui vous permet de trouver 40 000 compagnies dans le monde entier. On peut chercher une compagnie par nom, pays, activité, etc. Chaque notice donne le site, le courrier électronique, le numéro de téléphone et de télécopieur, les activités et une description de ses services.

☛ Companies Online
http://www.companiesonline.com

Ce site permet de retracer une compagnie par nom, location, secteur d'activité.

FIndex: *The Directory of Market Research Reports, Studies and Surveys* (Find/SVP) est un guide sur les recherches commerciales ou de marché qui ont été publiées et qui sont vendues commercialement. Les domaines couverts sont la chimie, la nourriture, les plastiques, le transport, les médias, la finance, etc.

Le *Directory of Survey Organizations* donne la liste de centaines d'organisations qui fournissent des services de recherche aux ministères fédéraux. Il est particulièrement utile pour faire une étude de marché.

LES INDEX DES PÉRIODIQUES ET DES JOURNAUX D'AFFAIRES

Le *Ulrich's International Periodicals Directory* (chapitre 4, p. 111) recense des milliers de périodiques par sujets, dont ceux qui concernent les affaires. *L'Index des affaires* (d'Inform II-Microfor) a été fusionné en 1993 à l'*Index de l'Actualité*. En version électronique, on pourra consulter le CD-ROM *Actualité Affaires* pour la recherche dans les sections économiques de 4 grands quotidiens du Québec et dans 6 hebdos et publications mensuelles dans le domaine du commerce et des affaires.

Le *Canadian Business Index* (Toronto, Micromedia) fait suite au *Canadian Business Periodicals Index* (CBI). C'est un mensuel avec refontes annuelles qui dépouille les 200 principales publications financières du Canada. Il y a un index par sujets, par compagnies et par personnes. CBI est aussi offert sur banque de données. Le CBI est maintenant intégré au CD-ROM *Canadian Business and Current Affairs* qui dépouille les principaux journaux et revues canadiennes dans le domaine des affaires.

COMMENT CHERCHER

Du côté américain, il y a un vaste choix. Le *Funk & Scott Index* (Predicasts) est le principal guide pour les articles publiés sur les industries et les entreprises. Il indexe les articles publiés dans des périodiques d'affaires, comme *Barron's*, et des publications industrielles plus spécialisées, comme *Iron Age*, etc., qui peuvent influencer le monde des affaires. Pour trouver une industrie en particulier, on se sert du code SIC (*Standard Industrial Classification*, méthode adoptée pour catégoriser les différents types d'industries par des numéros de référence assignés) donné au début du livre. On vérifie ensuite la section appropriée pour trouver les citations d'articles sur un sujet donné à l'intérieur de cette industrie. L'index permet également de chercher le nom d'une compagnie et de trouver les articles écrits à son sujet, avec un bref résumé. C'est un hebdo avec un compagnon mensuel, le *Funk & Scott Index International*.

Le *Business Periodicals Index* (Wilson) est un index cumulatif de 300 périodiques financiers tels le *Journal of Consumer Affairs*, *Human Resource Management*, etc. Les subdivisions comprennent la comptabilité, les annonces et les relations publiques, les banques, l'assurance, la technologie des ordinateurs et leurs applications, les relations industrielles, les pâtes et papiers, etc. Ce mensuel est le plus détaillé des index. Il inclut des articles sur tous les domaines généraux des finances. Le *Business Publications Index and Abstracts* (Gale) non seulement indexe tous les mois chaque article de 500 périodiques d'affaires, mais en fait le résumé, ce qui donne 36 000 notices par année. Il y a un classement par sujets et par auteurs. Il existe également en ligne et sur CD-ROM.

Quelques quotidiens spécialisés dans le domaine des affaires possèdent aussi des index comme le *Wall Street Journal Index*. Ce dernier est mensuel et il inclut également les articles du journal *Barron's*. L'index se présente par sujets et par compagnies. C'est une excellente source, que ce soit pour chercher de l'information sur une compagnie, une industrie ou un domaine financier. Les articles du *Wall Street* ne sont pas trop techniques, tout en étant des articles de fond et n'ayant pas peur de soulever des questions. Chaque entrée s'accompagne d'un résumé de l'article.

Il existe beaucoup d'index financiers plus spécialisés. Ainsi, *Management Literature in Brief* dépouille les articles des plus importantes revues de management : *HBR*, *Management Review*, *Sloan Management Review*, etc. Les résumés sont rédigés par des étudiants diplômés. Le personnel de référence peut vous indiquer quels sont les index très spécialisés, ceux auxquels ils sont abonnés et, à défaut, quel centre de documentation les possède.

☞ Hoover's Online Library
http://www.hoovers.com/hoov/about/aboutonlib.html

Ce site vous permet de chercher parmi des centaines de périodiques financiers, mais il y a des frais pour lire le texte intégral.

☛ Les Affaires
http://www.lesaffaires.com/

Le site n'est pas une version électronique du journal imprimé, mais plutôt un support promotionnel et un complément. Entrepreneurs et investisseurs y trouveront notamment des fiches techniques des 500 plus grandes entreprises québécoises, de l'information sur le journal et ses prochains dossiers spéciaux. La section Analyse fournit des textes d'informations stratégiques sur une trentaine de secteurs économiques, dont l'agroalimentaire, les hautes technologies, et l'électronique, la publicité, les communications et les médias.

☛ Business Week Online
http://www.businessweek.com/

Ce site contient tous les articles de la revue et un choix des articles publiés depuis 1995.

☛ Canadian Business Reporter
http://pages.infinit.net/andymon/Business

Un portail qui regroupe les principaux médias de l'information financière, économique et boursière au Canada et dans le monde. Le portail met aussi à votre disposition des outils de planification financière et des moteurs de recherche de compagnies. Pratique !

☛ Economist (journal électronique)
http://www.economist.com/

Une sélection des articles de l'hebdomadaire.

☛ Fortune
http://pathfinder.com/fortune

Tous les textes du numéro courant, les archives depuis septembre 1995, les compilations annuelles (Fortune 500, Global 500) et des dossiers. Recherche par mot-clé dans Fortune et d'autres publications de Time-Warner dont Time et Money.

☛ FinWeb
http://www.finweb.com/

Ce répertoire américain recense les journaux électroniques des domaines économiques et financiers, les études en cours et les banques de données spécialisées.

LES BANQUES DE DONNÉES SPÉCIALISÉES

Les changements rapides dans ce domaine nécessitent l'utilisation des banques de données si l'on veut être à jour. Les principaux serveurs sont DIALOG, BRS, INC, CompuServ, Dow Jones News/Retrieval, Data Resources,

Information Bank, etc. Tous ces vendeurs offrent d'excellentes bases de données commerciales interrogeables en ligne. Quelques-uns offrent des CD-ROM. On trouve de bonnes descriptions des banques de données, des services, des prix, etc., dans des guides bibliographiques récents comme le *Data Base Directory* ou le *Directory of Online Data Bases*. Le *Data Base Directory* indique et décrit des bases de données que le public peut utiliser.

LES RÉPERTOIRES D'ENTREPRISES ET DE LEURS DIRIGEANTS

Économies et affaires au Québec (Éditions Québec dans le monde (418) 659-5540) répertorie 1600 organismes touchant tous les secteurs de l'activité économique (industrie, commerce, finance, etc.)

Profils d'entreprises québécoises (Éditions biographiques canadiennes-françaises) se divise en deux parties. La première comprend des articles descriptifs sur des entreprises (historique, type d'activité, liste des cadres, marchés, etc.). La deuxième partie consiste en un profil des 500 entreprises les plus importantes au Québec tel qu'il est établi par le journal *Les Affaires*.

Le *Guide Québec inc.* publie annuellement un profil des 500 plus grandes entreprises publiques et privées et sociétés d'État au Québec. Rédigé selon la logique des 5 W (qui, quand, quoi, comment, combien), on y retrouve facilement et rapidement les informations essentielles. Écrit en collaboration avec la Bourse de Montréal, on y trouvera également une liste des titres inscrits à la Bourse et le marché des actions.

Le nouveau *Guide ZipCom des entreprises du Québec* contient quelque 250 000 inscriptions. Recherchable par produit ou par activité économique.

Les chefs de file des grandes entreprises au Québec (Wilson et Lafleur) fait le profil de quelque 300 hommes d'affaires québécois. On trouve un index par noms des personnes et un autre par compagnies.

The Blue Book of Canadian Business, publié à Toronto chaque année par le Canadian Newspaper Services International, contient 134 profils en profondeur des principales compagnies et de l'information brève sur 2 400 autres, de même que des biographies de leurs administrateurs. La qualité des profils d'entreprises y est insurpassée. On donne l'historique de la compagnie, on présente ses activités, sa philosophie de gestion et sa responsabilité sociale. Il y a un «Profile index» et un «Executive Biography Index».

Canadian Key Business Directory, publié chaque année par Dun & Bradstreet, présente le profil de 20 000 principales compagnies canadiennes. Il fournit les statistiques, le nombre d'employés et le nom d'un administrateur. Les compagnies sont également recensées par lieux géographiques et par produits.

Le *Survey of Predecessor and Defunct Companies* paraît depuis 1983 pour l'ensemble du Canada. Si on le compare aux autres répertoires, il a l'avantage de tracer un portrait évolutif de chaque entreprise. On y trouve des renseignements sur les fusions, les changements de noms et de directions ainsi que sur les fermetures d'entreprises.

Depuis 1986, le *Guide to the Canadian Financial Services Industry* fournit 800 profils de sociétés de fiducie, de banques, de compagnies d'assurances, de fonds mutuels, d'agences de crédit et de conglomérats financiers, de même que le profil des principaux cadres supérieurs de ces compagnies.

Debrett's Illustrated Guide to Who's Who in Canadian Establishment fournit des informations biographiques variant de quelques lignes sur la formation et l'expérience d'un homme d'affaires local jusqu'au portrait exhaustif d'une figure nationale, en passant par tous les intermédiaires. Il existe également d'autres sources biographiques pour combler ces types de besoins. Depuis les années 1970, le *Blue Book*, le *Who's Who in Canadian Finance*, le *Who's Who in Canadian Business* et le *Directory of Directors* (*Financial Post*) comblent ce vide. Ce dernier répertorie quelque 16 000 directeurs et cadres et plus de 1 800 compagnies.

Pour avoir des informations de base telles que l'adresse d'une compagnie américaine, ses ventes, le nombre de ses employés et le nom de ses administrateurs, on consulte d'abord *Dun & Bradstreet Million Dollar Directory* (D&B), qui couvre plus de 160 000 compagnies valant plus de 500 000 $US. Ce répertoire donne une liste des compagnies, des relations avec les succursales, leur adresse, leur numéro de téléphone, leurs administrateurs, le nombre d'employés, ses ventes annuelles. Il est utile pour obtenir de l'information sur les petites compagnies. Des index par lieux géographiques et par industries font de ce répertoire un outil particulièrement efficace pour couvrir un État ou une région moins étendue.

Le *Standard and Poor's Register*, en trois volumes, complète l'information non recensée dans *D&B*. Le volume 1, «Corporations», est une liste alphabétique d'environ 45 000 entreprises, avec adresse, numéro de téléphone, succursales, nombre d'employés, administrateurs et quelques données financières. Il fournit de l'information additionnelle sur les produits et les services offerts par les compagnies américaines et canadiennes alors que le volume 2, «Directors and Executives», est un bref répertoire biographique de leurs 72 000 directeurs, administrateurs et partenaires, en donnant date et lieu de naissance, études, associations professionnelles et adresse de résidence. Le volume 3 est un index.

Il ne faut pas oublier les rapports annuels publiés par les entreprises ou les institutions. Pour obtenir ces rapports annuels, il faut s'adresser à l'entreprise concernée. Les rapports annuels d'un certain nombre d'entreprises montréalaises sont aussi conservés à la bibliothèque de l'École des hautes études commerciales (HEC). La Bibliothèque Centrale de la Ville de Montréal conserve le dernier rapport annuel d'environ 500 grandes entreprises majoritairement canadiennes. Les centres de documentation du ministère de l'Industrie, du Commerce et de la Technologie, du CRIQ, de la Bibliothèque

Gabrielle-Roy (Québec), etc., sont aussi des sources importantes dans ce domaine.

Pour de l'information brève sur les directeurs de compagnies, il faut consulter les répertoires décrits antérieurement. Marquis publie aussi *Who's Who in Finance and Industry* de même que *Who's Who in Advertising*, *International Businessman's Who's Who* et *International Who's Who*, qui fournit une bonne couverture internationale.

LES MANUFACTURIERS : QUI FABRIQUE QUOI ?

Le *Canadian Trade Index*, publié chaque année par l'Association des manufacturiers canadiens, se veut une liste complète de plus de 15 000 manufacturiers canadiens qui font plus qu'une distribution locale de leurs produits. On donne le nom du produit, sa marque commerciale, les usines, le siège social, les succursales, le nom des administrateurs, le nombre d'employés, etc.

Les répertoires *Scott's* sont des catalogues industriels et manufacturiers, une sorte de version industrielle des pages jaunes. Ils sont publiés pour des provinces entières ou des villes. On y trouve une liste complète de toutes les compagnies et les industries d'une région ou d'une province. Les compagnies sont inventoriées par rues et par régions, avec un sommaire de leur structure. Où est le siège social ? Qui sont les principaux administrateurs ? Quel est le nombre d'employés ? Le *Scott's Répertoire des fabricants du Québec*, dans la section 1, présente les entreprises québécoises par ordre alphabétique de leurs raisons sociales. La section 2 – Profil des entreprises – fournit des renseignements détaillés sur les entreprises manufacturières : adresse, numéro de téléphone, nom des directeurs, nom du produit, nombre d'employés, date de fondation. La section 3 – Inscription par classification des produits avec leurs fabricants – développe un inventaire par sujets : salaisons, vêtements pour hommes, fonderies de cuivre, etc. La section 4 – Liste des commissariats industriels, cartes des régions du Québec – complète le répertoire. Toutefois, il n'inclut pas les entreprises du secteur tertiaire. Il n'est donc pas complet, d'autant plus qu'il est fait à partir de questionnaires envoyés aux compagnies, qui n'y répondent pas toujours.

Le *Répertoire des produits disponibles au Québec*, publié par le Centre de recherche industrielle du Québec, recense les industries du secteur manufacturier, ce qui exclut les entreprises de services et celles du secteur primaire. Il reflète l'ensemble de la production manufacturière du Québec. La dernière édition regroupe environ 11 000 manufacturiers et plus de 6 500 produits. Le volume 1 est une nomenclature des produits regroupés selon leur matière première, leur utilisation ou le domaine d'activité auquel ils sont rattachés. Le volume 2 est une liste alphabétique des produits, accompagnée du nom des manufacturiers qui les fabriquent. Les volumes 3 et 4 donnent une liste alphabétique des manufacturiers, où nous avons pour chacun : adresse, numéro de téléphone, nom du directeur, nombre d'employés, marque de commerce et distributeur.

Les affaires

TRUC

■ Tous les centres de documentation spécialisés dans le secteur des affaires possèdent une collection impressionnante d'annuaires téléphoniques, particulièrement les pages jaunes. Ces répertoires d'adresses sont fort pratiques lorsqu'il faut localiser des entreprises et des organismes de ce secteur.

Vous cherchez qui fabrique des instruments chirurgicaux dans la région de Los Angeles? Pour ce genre de renseignements, et pour une liste des marques de commerce, des manufacturiers, des produits et des catalogues, rien ne se compare au *Thomas Register of American manufacturers*. Pour plusieurs acheteurs, si vous n'êtes pas dans le *Thomas*, vous n'existez pas. Avec les 35 volumes du *Thomas*, on peut trouver une compagnie par produits (instruments chirurgicaux), par marques de commerce (Lucky Strike), par villes ou par États. Sa classification par États et par villes en fait un outil précieux pour couvrir un territoire particulier. Il indique qui fabrique tel produit et à quel endroit. Le *Thomas* donne en plus les noms, adresses, numéros de téléphone de plus de 145 000 compagnies américaines.

☛ Alliance des Manufacturiers et Exportateurs du Canada
http://www.palantir.ca/the-alliance/

Sur ce site on peut chercher dans le «Canadian Trade Index» pour connaître l'identité des manufacturiers (25 000), des produits (50 000) ainsi que les critères géographiques ou les marques de commerce.

☛ Hoover's Online
http://www.hoovers.com/

Ce site fait un bref historique des principales compagnies américaines et fournit de l'information sur leur situation actuelle. Un site très bien organisé et débordant d'information sur les corporations. Hoover's offre une description, brève, de 10 000 compagnies. On peut interroger le site de différentes façons.

☛ Strategis
http://strategis.ic.gc.ca/

Disponible en français, Strategis est un site créé par Industrie-Canada afin de fournir des sources d'information aux gens d'affaires du Canada. On y trouve une base de données sur 30 000 compagnies canadiennes et 200 000 produits et services, de l'information d'affaires sur chaque secteur, une liste des services aux entreprises et un guide sur les lois et réglementations du monde des affaires. L'International Business Information Network vous renseigne sur les occasions d'affaires à l'étranger tandis que le Trade Data Online fournit des données sur le commerce aux États-Unis et au Canada. Une collection de recherches publiées par Industrie-Canada et des indicateurs économiques mensuels viennent compléter les ressources disponibles sur ce site.

Les répertoires américains «Brands and their Companies» et «Companies and their Brands» sont publiés annuellement par Gale Research. Ils nous permettent de connaître tous les produits manufacturés sous la bannière d'une compagnie donnée. On trouvera par exemple, en cherchant sous Nabisco Foods Group, la liste de ses quelque 300 produits alimentaires disponibles sur le marché. Un équivalent international couvrant 28 000 compagnies dans 125 pays (sauf les États-Unis) existe. C'est le «International Brands and their Companies».

Le *Trade Names Directory* sert à identifier un manufacturier. On peut ensuite vérifier cette adresse dans un annuaire téléphonique récent de la ville où il est situé, puisqu'il n'est pas imprimé chaque année et que des adresses ne sont plus nécessairement à jour.

Pour des services plutôt que des produits, d'autres répertoires sont préférables, tels *Consultants and Consulting Organizations Directory* (Gale Research) ou le *D-U-N-S- Accounting Service,* le plus grand répertoire d'adresses de compagnies (publiques et privées) aux États-Unis.

Si vous avez besoin de connaître le nom des propriétaires ou les structures administratives des organisations, consultez le *Directory of Corporate Affiliations.*

LES CHAMBRES DE COMMERCE

Il y a quelque 225 chambres de commerce au Québec et près de 900 au Canada. De plus, des dizaines de chambres de commerce étrangères sont installées ici: la Chambre de commerce française au Canada, la Chambre de commerce canado-suisse, la Chambre de commerce Canada-Maroc, etc. Elles sont là pour promouvoir le commerce entre notre pays et le leur. Elles peuvent fournir des statistiques, des rapports économiques, des résultats de sondages, des données fiscales, des tarifs d'hôtels, etc.

Les bibliothèques locales ont souvent des exemplaires des répertoires et des publications de leur chambre de commerce locale.

On peut se procurer la liste des chambres de commerce à travers le monde en consultant le World Wide Chamber of Commerce Directory, Loveland, Colorado: Johnson Publishing (1965-   ), un répertoire annuel.

On trouve une liste de chambres de commerce à travers le monde sur le site de Cybernet: http://www.ccc.net/

☛ Chambre de commerce du Québec
http://www.ccq.ca/

LES OUVRAGES DE RÉFÉRENCE DE PORTÉE INTERNATIONALE

Le *U.N. Statistical Yearbook and Demographic Yearbook* est un annuaire qui contient des résumés de données mondiales, par pays, sur la population, l'économie, et plusieurs informations financières. La plupart de ces données se trouvent dans une version de poche intitulée *World Statistics in Brief. The Unesco Statistical Yearbook* couvre aussi le monde, mais se spécialise dans les données sur l'éducation, la culture, les communications de masse, etc. Les Nations Unies publient également une variété d'ouvrages statistiques sur des industries spécifiques et sur les principaux projets impliquant plusieurs nations. Plusieurs publications commerciales qui couvrent les statistiques financières internationales sont aussi très utiles. Euromonitor Publications publie deux annuaires spécialisés: *European Marketing Data and Statistics* et *International Marketing Data and Statistics,* qui fournissent les données financières de base (emploi, population, ressources naturelles, prix, commerce) pour la plupart des pays du monde. *Worldcasts* (Predicasts), publié tous les trois mois, inclut des sections particulièrement valables de prévisions industrielles, et par produits au niveau mondial. *Business International Corp. (BI/DATA)* ressemble à *Worldcasts*, mais inclut des données de 1960 à aujourd'hui.

Il existe quelques ouvrages de référence pour le commerce international. Le *Europa Yearbook*, présenté au chapitre 3, à la page 71, est une source majeure pour toutes les régions du monde avec un vaste choix de renseignements utiles pour comprendre le climat des affaires dans des régions et des pays particuliers. Deux publications avec le même titre cataloguent l'information générale: *International Relations Dictionary* (ABC Clio Press) et *International Relations Dictionary* (USGPO).

Dans *Schultz's Financial Tactics and Terms for the Sophisticated International Investor*, on trouve les définitions de termes spécifiques et généraux dans le domaine de l'investissement international. Price Waterhouse publie plusieurs brochures sous le titre général de *Information Guide for Doing Business in* (nom du pays). Il décrit ainsi 60 pays, les organisations commerciales, les pratiques comptables, la fiscalité et d'autres principes fondamentaux dans le monde des affaires.

Export Canada Canex Enterprises est une liste complète des exportateurs canadiens et de leurs produits, avec un index des produits, des marques commerciales, des représentants étrangers, des compagnies.

Exporter's Encyclopaedia contient toute l'information utile relativement aux exportations dans tous les pays du monde (profil du pays, données sur le transport, échange monétaire, etc.).

Pour connaître qui fabrique quoi en dehors de l'Amérique, *Kelly's Manufacturers, Merchants Director* et *Bottin International: International Business Register* ont une liste analogue, mais pas aussi complète que celle de *Thomas* (voir chapitre 6, page 136) des manufacturiers internationaux et de leurs produits.

☛ Business Information and the Internet
http://www.business.dis.strath.ac.uk/

Très centré sur les îles britanniques, ce site d'information sur les affaires n'en demeure pas moins ouvert aux questions européennes et internationales. Il peut receler des suggestions intéressantes même pour un Nord-Américain. Les liens qu'il propose n'ont toutefois pas été vérifiés depuis 1998, année de sa mise en ligne grâce au travail des étudiants de l'Université de Strathclyde.

☞ International Business ressources on the Web
http://www.idbsu.edu/carol/busintl.htm

Sur ce site crée par une bibliothécaire de référence, on trouve une foule de liens vers des ressources sur le commerce international.

☞ Strategis : Personnes-ressources
http://strategis.ic.gc.ca/SSGF/bi18088f.html

Pour identifier les personnes-ressources et leurs organisations en matière de commerce international. Recherchables par mots-clés ou par menus déroulants (secteur, province de résidence, lieu géographique de compétence).

☞ Strategis : Statistiques sur mesure en commerce international
http://strategis.ic.gc.ca/sc_mrkti/tdst/frndoc/tr_homep.html

Statistiques sur mesure sur les exportations et les importations du Québec, du Canada et de ses provinces ou des États-Unis pour plus de 200 pays, 5000 produits et 500 industries.

☞ Système fédéral d'information aux entreprises
http://www.rcsec.org/.fedbis/bis/exportat.html

Hyperliens vers des programmes et des services du gouvernement fédéral concernant l'exportation.

☞ Using the Internet for Business Information
http://www.tka.co.uk/search/

Mis en place par les consultants britanniques Traynor Kitching & Associates, ce site offre de très bonnes suggestions utilisables d'un côté comme de l'autre de l'Atlantique ainsi que des liens intéressants pour les petites entreprises.

☞ Virtual International Business and Economic Sources : VIBES
http://www.uncc.edu/lis/library/reference/intbus/vibehome.htm

Ce site fournit des liens pour trouver de l'information sur le commerce international : documents, statistiques. Il y a une division par secteur d'activité et une division géographique.

7 LES DOCUMENTS MULTIMÉDIAS

Les documents multimédias, support documentaire important, sont souvent négligés par les usagers. De plus en plus, pour pallier ce problème et pour faciliter leur consultation, les bibliothèques intègrent ces documents avec la collection des livres, sauf les bibliothèques universitaires et certains gros centres qui préfèrent les conserver en collection séparée.

LES FILMS ET LES VIDÉOS

Le *Dictionnaire du cinéma québécois* (Fides) est un ouvrage de référence contenant les biographies de cinéastes et de comédiens, des filmographies, des articles-sondages, une chronologie des longs métrages et une bibliographie commentée. *The Film Companion*, de Peter Morris (Irwin Publications), le complète, car en plus de décrire le cinéma de langue française, il présente également le cinéma canadien de langue anglaise.

Le *Dictionnaire du cinéma*, sous la direction de Jean-Loup Passek (Larousse), est un dictionnaire encyclopédique rassemblant plus de 4 700 articles, lesquels étudient les aspects artistiques, historiques, techniques et économiques du cinéma, de ses origines à nos jours. On y trouve également des biographies et des filmographies détaillées des personnages reliés au monde du cinéma international.

Les répertoires du cinéma canadien

Film Canadiana est une source précieuse de documentation sur le cinéma canadien de 1969 à 1980. L'Office national du film (ONF) a pris en charge l'édition de ce répertoire à partir de 1980. Depuis 1985, il a pris le titre de

Film-Vidéo Canadiana. La plus récente édition a été publiée par l'ONF en collaboration avec la Bibliothèque nationale du Canada, les Archives nationales du Canada et la Cinémathèque québécoise. Ce catalogue contient des renseignements sur près de 3 000 films et vidéos canadiens et 3 500 maisons de production et de distribution canadiennes.

Pour ses propres productions, l'ONF publie depuis 1984 son *Catalogue de films et vidéos*. La base de données *Format* contient des renseignements sur environ 25 000 films, vidéos et productions multimédias canadiens. *Format* offre des catalogues imprimés en français et en anglais, des renseignements sur les réalisateurs, les producteurs, les titres, les sujets, la durée, etc. Le catalogue peut être consulté en accès direct. Pour plus de renseignements, composez le (514) 873-9427.

Créé en 1939, l'Office national du film du Canada (ONF) est un organisme public qui produit et distribue des films et autres œuvres multimédias destinés à faire connaître et comprendre le Canada. En 1991, l'ONF a publié *Le répertoire des films de l'ONF*. On y trouve plus de 7 800 films produits en français et en anglais par l'Office national du film du Canada durant ses 50 premières années (1939-1989). Ce répertoire comprend le générique et un résumé de chacun des films, plus de 500 photographies dont un grand nombre sont inédites, sur les films et les tournages et des index totalisant plus de 40 000 entrées (cinéastes, producteurs et productrices, sujets, séries et années de production). Il présente une Chronologie de l'Office national du film du Canada et de l'industrie cinématographique canadienne ainsi qu'une bibliographie thématique utile pour l'étude du cinéma canadien et québécois et particulièrement le cinéma de l'ONF. La marche à suivre pour commander des films, des vidéos, du métrage d'archives ou des extraits de films est indiquée.

L'Office national du film possède un centre de visionnement public. Téléphone : (514) 283-4823. Une salle est mise à la disposition du public pour le visionnement des films et des vidéos produits par l'ONF, à l'exclusion des films d'archives (produits avant 1970). Pour ces derniers, il faut prendre rendez-vous, à la Cinémathèque, 3155, chemin de la Côte-de-Liesse, Montréal (Québec); (514) 283-9437. Coût : 50 $ pour un visionnement ou un prêt, dans certains cas. À la Photothèque : (514) 283-9416, il est possible, sur rendez-vous, de consulter des photographies de tournage de films.

☛ L'Office national du film
http://www.onf.ca/

Pour trouver de l'information générale sur l'ONF, telle que des données sur l'organisme, les communiqués de presse, les programmes d'aide, etc., ou pour trouver un film dans sa base de données destiné à faire connaître et comprendre le Canada. Une section de la base de données regroupe les productions originales réalisées en langue française et les versions françaises de productions réalisées en anglais, ainsi que les documents multimédias produits, coproduits ou distribués par l'ONF depuis sa création en 1939. La collection complète de l'ONF compte plus de

10 000 films et vidéos. Vous trouverez ici les renseignements sur plus de 4 500 titres français et quelque 6 200 titres anglais. Scénario, acteurs, directeurs, metteur en scène, année, durée du film, etc. : rien n'a été oublié pour vous simplifier la vie. Vous pouvez rechercher un titre, un producteur ou n'importe quelle autre donnée contenue dans ces pages et ainsi accéder très rapidement aux fichiers traitant des films en question. On peut chercher par titre, Sujets et Genres de productions, Réalisateurs, Producteurs, Interprètes, Artisans de la cinématographie, Maisons de coproduction, Année de production.

Film/Vidéo Canadiana sur DOC

Depuis 1980, l'Office national du film du Canada en collaboration avec la Bibliothèque nationale du Canada, les Archives nationales du Canada et la Cinémathèque québécoise ont cueilli de l'information concernant les documents multimédias canadiens non-ONF en français et en anglais. La base de données contient environ 21 000 enregistrements non-ONF ainsi que la collection complète de l'ONF jusqu'en 1994 inclusivement, soit environ 9 000 enregistrements. Ce total de 30 000 enregistrements se retrouve sur le disque optique compact Film/Vidéo Canadiana. La dernière et ultime édition a paru en octobre 1995. Ce DOC comprend également un répertoire d'environ 5 000 maisons de production et de distribution et leurs coordonnées.

> Film/Vidéo Canadiana sur DOC est distribué par :
> Dataware Technologies Inc. 1, Antares Drive, bureau 200
> Nepean, Ontario K2E 8C4
> Numéro sans frais : 1 800 267-3470
> Téléphone : (613) 225-2300, poste 259
> Télécopieur : (613) 225-2304

Contactez votre bibliothèque publique ou universitaire, elle possède peut-être une copie de Film/Vidéo Canadiana sur DOC.

L'*Index des films canadiens de longs métrages*, de John D. Turner, publié par les Archives nationales du film, de la télévision et de l'enregistrement sonore des Archives publiques du Canada, est un répertoire bibliographique de tous les films canadiens de long métrage de langues française et anglaise produits entre 1913 et 1985. Il comprend aussi les noms des techniciens et des interprètes ainsi que les renseignements concernant la production et l'exportation de tous les longs métrages canadiens. On y trouve un index des titres et des noms apparaissant aux génériques, mais pas de résumés de film ni d'index-sujet.

La cinémathèque de l'Institut canadien du film a publié un guide de sa collection. Il répertorie les titres de plus de 6 000 films de 16 mm et vidéocassettes. Sa collection est particulièrement riche dans les domaines des sciences, des beaux-arts, des arts du spectacle et des études cinématographiques. Son rôle est de compléter le travail des distributeurs canadiens privés de films et de vidéocassettes. Il fournit aux intéressés une source sur les films et les bandes vidéo qu'on ne pourrait se procurer autrement au Canada.

Ces films proviennent, par exemple, des ambassades de France, de Suède ou de Norvège, des Boy Scouts of Canada, du Royal Architectural Institute of Canada, de l'Animal Defense League of Canada, de Caltec Petroleum, etc.

Institut canadien du film, 2, avenue Daly, Ottawa (Ontario) K1N 6E2. Téléphone : (613) 232-6727.

Cinémathèque, 211, Watline Avenue, bureau 204, Mississauga (Ontario) L4Z 1P3. Téléphone : (416) 272-3840.

Sites Web sur les films et les vidéos canadiens

☛ Canadiana – La page des ressources canadiennes (Patrimoine, culture et divertissement – Cinéma)
http://www.cs.cmu.edu/afs/cs.cmu.edu/user/clamen/misc/Canadiana/LISEZ.html

Donne accès aux sites Web s'intéressant au film et à la vidéo comme Festivals canadiens du cinéma, 100 ans de cinéma au Québec, Films canadiens classés dans la base de données des films d'Internet, Sites Web du cinéma et des médias au Canada.

☛ CultureNet – Film et Video
http://WWW.CultureNet.UCalgary.CA/others/FILM.html

Répertoire bilingue de sites canadiens sur le film et la vidéo.

Les répertoires québécois

DAVID (Documents AudioVisuels Disponibles) est une base de données de 30 000 notices qui répertorie et analyse la documentation multimédia de langue française, principalement de type documentaire : médias, répertoires, films, vidéos, diapositives, films fixes, acétates, cartes, illustrations, documents sonores, ensembles multimédias, jeux didactiques, microreproductions.

DAVID permet de répondre à diverses questions. Quels films ont été réalisés sur tels sujets ? Que distribue telle maison de distribution ? Que produit telle maison de production ? Qui distribue tel film et quelle est son adresse ? Qui loue ou vend ? Quels films sont produits par l'Association pulmonaire du Québec ou Amnistie internationale ? On y retrouve les maisons de distribution canadiennes avec leur adresse, leur numéro de téléphone et les modalités d'acquisition de leurs publications.

Pour des recherches dans la base de données DAVID, vous devez composer le numéro (514) 382-0895 ou par télécopieur (514) 384-9139 ou en affichant votre requête par le biais du site Web à l'adresse suivante : http://www.sdm.qc.ca. Des frais sont associés à la demande de recherche.

Les documents audiovisuels

La base de données DAVID est aussi disponible sur CD-ROM. Vérifiez si votre bibliothèque publique ou universitaire en possède une copie.

Les données de cette base existent également sur support papier, sur microfiches sous le titre *Choix: documentation audiovisuelle*. Les Services documentaires multimédias, qui produisent cette base, publient également une refonte imprimée cumulative, intitulée *Le Tessier*, dont la dernière édition date de 1991. On peut rejoindre les Services documentaires multimédias au (514) 382-0895.

Un service du ministère des Communications du Québec fournit l'information gouvernementale par la diffusion des documents multimédias gouvernementaux. Les organismes à but non lucratif actifs au Québec peuvent emprunter (gratuitement) ces documents par l'entremise de la vidéothèque. Ce service publie chaque année un répertoire, *L'information dynamique des documents audiovisuels gouvernementaux*, anciennement *Les films et les vidéos du gouvernement du Québec*.

Ce répertoire contient une liste de près de 1000 documents traitant de sujets variés: santé, tourisme, faune, flore, loisirs, écologie, information sociale, etc. On peut s'adresser au Service de la distribution des documents audiovisuels du ministère des Communications au (418) 644-7645.

La Cinémathèque québécoise, située au 335, boul. de Maisonneuve Est, Montréal (Québec) H2X 1K1, téléphone: (514) 842-9763, n'est accessible que sur rendez-vous. On peut y trouver des documents et des accessoires de films de 1896 à aujourd'hui ainsi que près de 100 fonds sur des cinéastes, des livres rares, etc. Il est possible également d'y admirer des costumes, des croquis et des maquettes de décors, des scénarios, des vieilles affiches, etc.

La Cinémathèque québécoise publie un annuaire de la production et des activités cinématographiques québécoises. Dirigé par Pierre Jutras, l'*Annuaire du cinéma québécois (1988-   )* est un relevé précis et exhaustif des longs, courts et moyens métrages québécois. Il comprend également un index des réalisateurs, une liste d'adresses des maisons de production et de distribution, un relevé des prix et des mentions remportés par les films, les personnes et les organismes ainsi qu'une bibliographie de 1046 notices (articles de revues, critiques de films, etc.). Cet annuaire fournit une chronologie des événements de l'année courante, une bibliographie et les adresses des maisons de production et de distribution. Il n'y a pas d'index des sujets de films.

Les répertoires français

☛ Bibliothèque du Film (BIFI)
http://www.bifi.fr/p30.htmBibliothèque du Film (BIFI)
La BIFI met à la disposition d'un large public un ensemble documentaire unique, cohérent, accessible grâce aux technologies les plus avancées. Le fonds documentaire couvre les domaines du cinéma, du multimédia et de

la photographie (histoire, esthétique, économie, techniques, institutions): 50 000 scénarios, 14 000 dessins et maquettes, 800 000 photographies, 700 travaux universitaires, livres, etc.

Un outil de recherche permet une interrogation en ligne par titre de film ou de document, par nom propre (réalisateurs, auteurs, acteurs, créateurs...) ou par thème, à partir d'une liste de mots-clés. 35 000 sujets sont actuellement disponibles. 100, rue du Faubourg, Saint-Antoine 75012 Paris. Tél.: + 33 1 53 02 22 30; télécopie: + 33 1 53 02 22 39.

Centre national de la cinématographie

On peut trouver au Centre plus de 2 000 titres de documents multimédias (essentiellement documentaires et adaptations de spectacles) dans les domaines de l'architecture, des arts appliqués, du cinéma, des sciences humaines et faits de société, du théâtre, etc. Service des actions audiovisuelles 3, rue Boissière 75116 Paris. Tél.: + 33 1 44 34 35 05; télécopie: + 33 1 44 34 35 06.

Les Archives du film du Centre national de la cinématographie

Le fond de films cinématographiques de 1894 à nos jours rassemble 1 000 000 de bobines, 131 000 titres concernant aussi bien les fictions (72 800 titres) que les documentaires (58 200 titres). Les collections Archives du film du CNC comportent 60 000 scénarios, 15 000 affiches, 120 000 photographies, 7 000 ouvrages et périodiques, 2 600 matériels publicitaires et 2 500 appareils cinématographiques. 7, bis, rue Alexandre Turpault, 78390 Bois d'Arcy. Tél.: + 33 1 34 14 80 00; télécopie: + 33 1 34 60 52 25.

Bibliothèque du Centre national de la cinématographie (CNC)

La bibliothèque fait partie du service des études, des statistiques, de l'information et de la documentation du CNC. Une partie de son fonds remonte aux années 1940, mais la bibliothèque s'est structurée et ouverte aux recherches de spécialistes dans les années 1980. Le fonds comprend des ouvrages (6 000), périodiques (400), dossiers de presse sur les films sortis depuis 1946 (25 000), dossiers de presse sur les biographies (env. 8 000). 3, rue Boissière 75016 Paris. Tél.: + 33 1 44 34 37 01; télécopie: + 33 1 44 34 34 55.

☛ Le cinéma français
http://www.cinefil.com/

Trois rubriques dans cette base de données de films: Sorties de la semaine, Films à l'affiche et Recherche d'un film. 25 000 films cités environ. Informations utiles sur les formations, les festivals (avec des liens vers les sites existants), et surtout sous la rubrique «les autres sites sur Internet», des critiques de films en texte intégral. On trouve aussi de l'information sur les Césars 1996, les Oscars 1997, le Festival de Cannes 1997. Un site de référence.

Les répertoires américains

The National Union Catalog. Audiovisual Materials est publié par la Bibliothèque du Congrès depuis 1983. Il répertorie les films documentaires principalement américains et la plupart des catégories de documents multimédias. C'est également un catalogue collectif qui permet de localiser les collections de documents multimédias de plus de 700 centres de documentation des États-Unis et du Canada.

The National Audiovisual Center, qui distribue la production multimédia du gouvernement américain, offre un choix de catalogues et de brochures gratuites qui donnent la liste du matériel qui existe dans des domaines tels que l'abus des drogues, l'environnement, la conservation de l'énergie, l'exploration spatiale, etc.

Ce centre offre également la *Reference List of Audio Visual Materials* qui date de 1978, laquelle contient 6 000 titres, de même que le *Supplément 1980*, avec 900 titres supplémentaires. Les centres de documentation peuvent s'inscrire sur la liste d'envoi du Centre et recevoir régulièrement la liste des titres. Il faut s'adresser à: National Audiovisual Center, National Archives and Records Service, General Services Administration, Information Services, Washington, DC 20409.

L'*American Film Institute Catalog of Feature Films* décrit les longs métrages américains depuis 1893. Ce catalogue couvre pour l'instant trois décennies (1911-1930 et 1960-1970). C'est le seul catalogue à posséder un index par sujets pour des films de fiction.

Film Superlist: Hollywood, CA: 7 Arts Press, 1973. Une liste et un index de plus de 50 000 films de 1894 à 1939. Deux autres volumes, recensent les films sortis entre 1940 et 1949 et entre 1950 et 1959.

Footage '89: North American Film and Video Sources. New York: Prelinger Associates, 1989. Un supplément a été publié en 1991. Ces ouvrages donnent de l'information sur les collections de films et de vidéos.

☞ Internet Movie Database
http://us.imdb.com/

La base de données de cinéma la plus complète dans Internet: On y trouve de l'information sur 87 000 films et les centaines de milliers de personnes qui y ont participé. Pour chaque film, toutes les informations: acteurs, réalisateurs, producteurs, musiques des films, etc., et de courtes bibliographies d'articles. On peut chercher par titre, auteur et différents critères (genre, compagnie de production, année, pays d'origine, etc.). Permet aussi de rechercher tous les Oscars (films, acteurs, etc.) de 1927 à nos jours.

☛ Motion picture: the complete movie magazine
http://www.tvguide.com/movies/database/index.htm

Cette banque de données donne des informations (acteurs, critiques, etc.) sur plus de 30 000 films plus une filmographie et une biographie de milliers d'acteurs, directeurs et autres artisans du cinéma.

☛ Cinemedia Site
http://www.afionline.org/CineMedia/CineMedia.home.html

De l'Association française de Recherche sur l'histoire du cinéma au Centre national de la cinématographie en passant par Imaginet et la Revue canadienne d'études cinématographiques, on trouve pratiquement tout sur ce site qui se veut le plus grand répertoire de films et de médias dans Internet. Un seul coup d'œil suffit pour s'en convaincre. Cette prodigieuse collection de liens mis à jour (plus de 10 000 entrées) et de répertoires est magnifiquement présentée. Elle couvre la télévision, le cinéma, la radio, les nouveaux médias et les magazines. Cette recension va des plus minables réalisateurs de films commerciaux aux cinéastes les plus ésotériques – tous regroupés au sein d'une fabuleuse nouvelle interface. Son atout majeur est une banque de données qui permet d'effectuer des recherches.

☛ Pacific Film Archive
http://www.uampfa.berkeley.edu/pfa/

Que vous vous intéressiez à d'obscurs westerns, à des documentaires-chocs ou à des classiques du cinéma d'art, vous les trouverez tous, intelligemment répertoriés et décrits dans ce site du PFA, centre internationalement reconnu depuis ses débuts en 1971. La collection du Centre comprend plus de 7 000 titres, surtout sur le cinéma soviétique muet, l'animation internationale, le cinéma de l'Europe de l'Est. Le Centre possède la plus grande collection de cinéma japonais hors Japon. Les recensions sont maintenant disponibles en version en ligne. Le tout est agrémenté de quelques films en QuickTime.

☛ Pictures / Players
http://www.tvguide.com/movies/mopic/pictures/

Classés par noms et par titres, on trouve ici la distribution, les équipes de tournage et la recension de plus de 30 000 films. Le site comprend également la filmographie de plus de 500 000 réalisateurs. Ces informations sont tirées du CineBooks Motion Picture Guide.

Les catalogues et les répertoires internationaux

International Film Guide (1989-   ) effectue annuellement un survol du cinéma à travers le monde pendant la dernière année écoulée. On y trouve des renseignements sur les films marquants, les festivals, les prix, les études en cinéma, etc.

International Motion Picture Almanac. New York: Quigley Publishing Co., 1996. Donne de l'information et des statistiques sur l'industrie du film.

Variety International Film Guide. Boston: Focal Press. Est un guide annuel sur les films et l'industrie cinématographique dans une soixantaine de pays. Il fournit aussi la liste des principaux prix, des festivals et des écoles.

World Directory of Moving Image and Sound Archives. Klaue, Wolfgang, ed. Munich: K.G. Saur, 1993.

L'industrie du cinéma canadien et québécois

La revue *Qui fait quoi* publie tous les ans trois répertoires de l'industrie culturelle et des communications: un pour Montréal, un pour Toronto et le dernier pour Québec.

Shuter-Springhurst Publication publie des répertoires de l'industrie du cinéma: pour la région de Montréal, le répertoire *Eastern Canada*; pour Toronto, *Toronto Film Video Guide*; pour l'ouest du Canada, *Directory Assistance West*. Ceux-ci contiennent des répertoires d'adresses ainsi que des renseignements tels les taux horaires des différents spécialistes de l'industrie du cinéma.

Film Canada Yearbook (1990-   ) est un répertoire annuel des maisons de production et de distribution, des syndicats, des associations, des prix et autres intervenants dans l'industrie canadienne du cinéma.

Le *Répertoire de l'industrie canadienne du film, de la télévision et de la vidéo (1990-   )* (bilingue) Montréal: Téléfilm Canada. Publication annuelle. Répertorie les maisons de production et de distribution, les agences et les ministères des gouvernements fédéral et provinciaux associés au film, à la télévision et à la vidéo au Canada.

Le *Répertoire des festivals et des marchés* présente de façon détaillée les festivals et les marchés qui ont lieu à l'échelle internationale et qui sont les plus susceptibles d'intéresser les producteurs canadiens.

Film Canadiana: L'Annuaire du cinéma canadien. Ottawa: Institut canadien du film, 1970-1979. Publication annuelle.

Comprend une bibliographie, une liste des organisations, des festivals et des prix. Un index-sujet bilingue à partir de l'édition de 1974-1975. Devient Film/Vidéo Canadiana en 1985-1986.

L'industrie du cinéma français

Pour la France, certains catalogues sont incontournables, en particulier le *Catalogue de la production cinématographique française*, publié par le Service des archives du film, Centre national de la cinématographie depuis 1975.

L'*Annuaire du cinéma, télévision, vidéo* est un répertoire complet de l'industrie du cinéma français, de la télévision et de la vidéo. La deuxième moitié du livre est un répertoire de photos des artistes français.

Unifrance Film International, fondé en 1949, assure la promotion et favorise la diffusion des films français dans le monde. Publie tous les ans deux répertoires: *Production française* répertorie les films de long métrage et *Les produits courts français* (1 heure ou moins) fait l'inventaire des films de fiction, des films documentaires et d'animation. Base de données sur les distributeurs de salles, TV et vidéo de longs et courts métrages, fichier de films produits et coproduits par la France, ventes et résultats en salle des films français à l'étranger. 4, Villa Bosquet 75007 Paris. Tél.: + 33 1 47 53 95 80; télécopie: + 33 1 47 05 96 55.

Paris: Images en bibliothèques, 135 p.

Répertoire de producteurs, distributeurs et éditeurs de films documentaires auprès desquels les bibliothèques et centres de documentation, entre autres, peuvent acquérir des titres pour leurs vidéothèques permanentes.

Diffusion: Images en bibliothèques, Direction du livre et de la lecture, 27, av. de l'Opéra, 75001 Paris, tél.: + 33 1 40 15 75 78 et en librairies.

La bible du cinéma français sur cédérom — Les noms de 25 000 acteurs, techniciens et sociétés, s'affichent désormais sur les écrans d'ordinateurs avec l'édition en cédérom de la bible de la profession: le «Bellefaye» ou *Annuaire du cinéma, de la télévision et de la vidéo*.

Publié jusqu'à présent uniquement sur papier, ce volumineux annuaire, mine d'informations remise à jour chaque année, s'est adapté à l'air du temps tout en gardant sa version papier rouge et or.

Facile et rapide d'accès, le cédérom se divise en trois grandes rubriques: acteurs (8 500 répertoriés), techniciens (9 000) et sociétés (7 200).

Lorsqu'un directeur de casting cherche un comédien, il a à sa disposition différents critères pour cerner au plus près la perle rare: âge, taille, poids, couleur des yeux, langues parlées, sports, danse ou instruments de musique pratiqués, type physique.

Pour les acteurs qui le souhaitent, une fiche d'information apparaît, parfois avec une photo, ou bien le nom de leur agent. On peut aussi trouver les mêmes acteurs à partir des agents qui les représentent.

Cherche-t-on un premier assistant, un maquilleur-posticheur, un maître d'armes, un dresseur d'ours ou un spécialiste de la torche humaine? À la rubrique «techniciens», il suffit d'écrire *animaux* pour avoir les noms et adresses de «conseillers pour animaux» et un modèle de lettre pour les contacter. Pour tourner dans une vieille demeure, une rubrique «casting, décors naturels» aide à trouver châteaux et armures.

L'industrie du cinéma américain

L'*International Motion Picture Almanac*, publié annuellement par Quigley Pub, depuis 1990, répertorie l'industrie du cinéma américain. Il contient, entre autres, les adresses des producteurs, la liste des acteurs et leur filmographie, et des renseignements sur les films produits durant l'année.

The Hollywood Reporter Blue-Book donne des renseignements précieux sur l'industrie du cinéma à Hollywood. *Education Film and Video Location* (Bowker, 1990) et *Film and Video Finder* (National Information Center Educational Media, 1987) sont deux catalogues qui répertorient des films à caractère éducatif.

Les critiques et les index de films

Depuis 1986, l'Office des communications sociales publie un recueil de films. Chaque volume comporte des renseignements et une analyse critique pour tous les films de long métrage nouveaux de l'année.

Dans *Canadian News Index*, il suffit de consulter les sujets «Reviews – Cinéma» jusqu'en 1982 et «Reviews – Movie» pour les deux années suivantes, et «Movies Reviews» depuis 1985. On trouve aussi des critiques de films dans le *Canadian Periodical Index* sous la vedette «Moving Picture Reviews» et aussi dans *Film Canadiana*. *New York Times Film Reviews* vous indiquera ce que les Américains ont dit des films de Denys Arcand. En ce qui a trait aux index spécialisés, signalons *Art Index* où il suffit de regarder sous la rubrique «Motion Picture Reviews – Single Works».

Depuis 1973, le *Film Literature Index* dépouille 262 périodiques, ce qui donne une portée internationale à ce répertoire. Les articles sur un film en particulier peuvent être repérés sous leur titre. *L'index de la FIAF* (1972-) (Fédération internationale des Archives du film) est le plus important index des périodiques de cinéma et de télévision. Il indexe au-delà de 100 périodiques. Il se présente sur microfiches et comprend trois parties : sujets, films et biographies. Il complète le *Film Literature Index*.

The Film Review Index se veut une rétrospective bibliographique de films qui ont su capter l'intérêt des cinéphiles, des chercheurs et des étudiants. Il contient de précieuses références, certaines n'ayant jamais fait partie d'aucun répertoire. Ce répertoire présente une bibliographie abondante qui permet de compléter une recherche.

Le Canadian Journal of Film Studies/Revue canadienne d'études cinématographiques est indexé par la Fédération internationale des archives du film (FIAF) dans leur publication *The International Index to Film/Television Periodicals*; dans le Film/Literature Index; et dans le *Media Review Digest*. ISSN 0847-5911.

☛ Movie Emporium Web site,
http://www.filmcritic.com/
Conserve les archives d'anciennes critiques.

☛ Movie Review Query Engine
http://www.mrqe.com/lookup?

Voici une banque de données américaine interrogeable sur le cinéma (16 000 films). En plus d'une section cliquable «Liste de titres» (récents, à venir, 10 meilleurs, etc.), elle donne accès à 120 000 articles dont la plupart sont en anglais (mais on en trouve aussi en français, en allemand, en italien et en espagnol). Des critiques, des revues, des recensions, des recommandations, de brèves critiques, des comptes rendus, des rétrospectives, etc. On y trouve aussi des articles sur les trames sonores des films, sur les disques laser et les livres sur le cinéma. Comprend aussi une impressionnante liste des sources auxquelles le site s'approvisionne.

☛ Box Office
www.boxoff.com

Ce site est la version en ligne d'un magazine qui existe depuis 75 ans. On peut fouiller le site à partir de trois index : This just In, mis à jour tous les vendredis, offre des bandes-annonces de films, de même qu'une recension des films sur le marché; The Classic Review Archive comprend des recensions remontant à 1931; le troisième index couvre l'an 1995-1996 seulement, soit quelque 400 critiques. Le site est aussi un guide de l'industrie et une ressource pour les cinéphiles : profils d'acteurs, production, studio et même une liste des distributeurs de maïs éclaté.

Les vidéos

Le guide vidéo répertorie près de 5 000 titres, correspondant à ce qu'on peut trouver à l'heure actuelle dans les clubs vidéo du Québec. On y trouve la classification des films telle qu'elle est établie par la Régie du cinéma. Grâce à un système de renvois, on peut également repérer facilement le titre original de la version française d'un film américain. Pour chaque film, le guide précise le genre, l'année de production, la durée, le réalisateur et les principaux acteurs. Viennent ensuite une brève description du film et un commentaire sur ses caractéristiques intéressantes. On y trouve également un index par genres, par acteurs et par réalisateurs.

Aux États-Unis, les ouvrages de base sont le *Bowkers Complete Film Directory*, en trois volumes, et le *Video Source Book* (Gale). Il s'agit de deux répertoires annuels de films en anglais. Le premier volume de Bowkers répertorie les films de fiction, les deux autres, les films documentaires ou sur des sujets spéciaux. Le classement est par liste alphabétique de titres.

Video Source Book est un guide de quelque 140 000 films disponibles en vidéo (films de fiction, documentaires, guides de voyage, etc.). Les vidéos sont classées par titre, mais il y a aussi un index par sujets.

Les CD-ROM

Services documentaires multimédias (SDM) de Montréal a publié *Les CD-ROM de langue française*, un répertoire québécois des logiciels et des documents électroniques disponibles sur disque compact au Québec, extrait de son répertoire général Logibase. On trouve dans cet outil pratique une description de 425 produits avec des renseignements sur les réalisateurs, l'éditeur, la configuration requise, le diffuseur et, dans beaucoup de cas, les références de quelques articles parus sur le sujet. L'information sur les produits ne donne cependant aucun avis sur leur qualité ou leur intérêt.

La base de données est remise à jour trois fois par année. INFO: (514) 482-0895 ou, par courrier électronique, à sdm@cam.org

Internet

Le site de @MF (www.amfra.com) donne accès à plus de 900 fiches et quelque 200 commentaires critiques sur autant de cédéroms francophones. En pénétrant sur le site, l'utilisateur peut accéder au répertoire complet en effectuant une recherche par thème, par titre, par éditeur ou par mot-clé afin de trouver le cédérom qui l'intéresse.

LES PHOTOGRAPHIES

Au Canada et au Québec

Certaines bibliothèques et centres de documentation, les musées, les sociétés historiques, les archives nationales, les centres d'archives de villes importantes comme Québec et Montréal, les compagnies privées, bref, beaucoup d'organismes et d'institutions possèdent d'importantes collections de photos. Vous cherchez des photos sur l'architecture de Montréal? Le Centre canadien d'architecture à Montréal possède la seule collection qui soit consacrée exclusivement à l'architecture et au domaine bâti. Cette collection comprend des dessins, des livres, des documents d'archives et plus de 25 000 photographies.

La Cinémathèque québécoise conserve une collection de plus de 8 000 films, de quelque 350 appareils et de plus de 100 000 photographies.

La Collection nationale de photographies des Archives nationales du Canada possède dans son inventaire huit millions de photographies documentant à la fois l'histoire du Canada et l'histoire de la photographie au Canada.

Les Archives nationales du Québec possèdent une collection de près de six millions de photographies et d'images fixes, de personnes et d'événements, de paysages urbains et ruraux, d'édifices et de monuments qui remontent jusqu'aux années 1850.

On peut aussi contacter le Musée canadien de la photographie contemporaine. Lorsque vous effectuez une demande de photos, demandez, s'ils n'en ont pas, qu'on vous indique où vous en procurer. Ils ont peut-être les photographies de photographes connus et qui peuvent être reproduites avec la permission de l'organisme.

Stock Workbook. Toronto: Scott & Daughters (1987-   ). Donne une liste des agences de photos aux États-Unis et au Canada.

Aux États-Unis

Quelques manuels donnent tous les trucs pour retrouver des photographies. Parmi ceux-ci:

> Evans, Hilary. *The Art of Picture Research: A Guide to Current Practice, Procedures, Techniques, and Resources.* London: Blueprint, 1992.
>
> Jones, Lois Swan. *Art Information: Research Methods and Resources.* 3rd ed. Dubuque: Kendall/Hunt, 1990.
>
> Schultz, John and Barbara Schultz. *Picture Research: A Practical Guide.* New York: Van Nostrand Reinhold, 1991.
>
> Shaw, Renata V. Picture *Searching: Techniques and Tools.* New York: Special Libraries Association, 1973.

Le *Stock Photo Deskbook* recense plus de 7000 sources de photographies qui peuvent être reproduites dans des livres ou des magazines, moyennant des droits. On inclut les agences, les particuliers et les organisations qui vendent des photos. Chaque notice comprend le nom, le numéro de téléphone et la spécialité des vendeurs.

L'*Index to American Photographic Collections*, compilé par l'International Museum of Photography au George Eastman House, en 1982, inventorie 458 collections privées et publiques de photographies prises par quelque 19000 photographes des XIXe et XXe siècles et qui appartiennent maintenant à des sociétés historiques, à des galeries, à des musées, à des bibliothèques, à des agences gouvernementales ou à des universités à travers les États-Unis.

Literary Marketplace donne une liste de sources pour des photographies sous la vedette-matière «Photo and Picture Sources». On peut aussi consulter le *Directory of Special Libraries and Information Centers*, l'*Encyclopedia of Associations* en cherchant à «Pictures», etc.

> Moss, Martha. *Photography Books Index: A Subject Guide to Photo Anthologies.* Metuchen, N.J.: Scarecrow Press, 1980.
>
> Moss, Martha. *Photography Books Index II: A Subject Guide to Photo Anthologies.* Metuchen, N.J.: Scarecrow Press, 1985.
>
> Parry, Pamela Jeffcott. *Contemporary Art and Artists: An Index to Reproductions.* Westport, Conn.: Greenwood Press.
>
> Parry, Pamela Jeffcott. *Photography Index: A Guide to Reproductions.* Westport, Conn.: Greenwood Press, 1979.
>
> Parry, Pamela Jeffcott. *Print Index: A Guide to Reproductions.* Westport, Conn.: Greenwood Press, 1983.
>
> ASMP [American Society of Magazine Photographers] *Stock Photography Handbook: A Compilation.* 2nd ed. New York: ASMP, 1990.
>
> Burger, Barbara Lewis, comp. *Guide to the Holdings of the Still Picture Branch of the National Archives.* Washington, D.C.: National Archives and Records Administration, 1990.

Evans, Hilary and Mary Evans, comps. *The Picture Researcher's Handbook: An International Guide to Picture Sources and How to Use Them.* 5th ed. London: Blueprint, 1992.

Free Stock *Photography Directory.* Allentown, Pa.: Infosource Business Publications, 1986.

Stock Images Direct from Photographers. New York: Direct Stock, 1992.

Photographer's Market. Cincinnati: Writer's Digest Books. Annual.

Stock Photo Deskbook. 5th ed. New York: Photographic Arts Center, 1995.

☛ The American Museum of Photography
http://www.photographymuseum.com/index.html

Une visite virtuelle sur ce site offre tous les avantages d'un véritable musée: des expositions qu'on peut parcourir, une visite guidée, des ressources éducatives et des moteurs de recherche ainsi qu'une boutique. Les photos exposées sont extraites de la collection William B. Becker. Celle-ci est la plus importante collection portant sur les 75 premières années d'existence de la photographie (1839 à la Première Guerre mondiale) et compte plus de 5000 pièces, des premiers dagueréotypes aux premières photos en couleur.

☛ PhotoLinks
http://www.atchison.net/PhotoLinks/

Une banque de données de ressources Internet sur la photographie. On peut chercher par catégorie, région, etc.

☛ The Stock Photo Deskbook
http://www.stockphotodeskbook.com

The Stock Photo Deskbook, un site de référence complet répertoriant toutes les sources pour trouver quelque deux cents millions de photographies.

En France

Interphotothèque: service iconographique de la Documentation française fournit des adresses utiles pour la photographie.

La Documentation française a également édité le *Répertoire des collections photographiques en France.* Plus de 1060 professionnels, agences, photothèques, possédant chacun au moins 1000 photos, sont recensés.

☛ Maison européenne de la photographie
http://www.mep-fr.org/

Site français consacré à la photographie contemporaine. Il permet de consulter une partie de ses collections, de connaître les expositions et les services de la Maison. Il propose aussi des liens vers d'autres sites consacrés à la photo.

☛ Mission du patrimoine photographique
http://www.culture.fr/culture/dp/mpp.htm

Cette page du serveur du ministère de la Culture consacrée à la Mission du patrimoine photographique expose l'historique de la Mission, ses collections, ses outils de recherche et ses prestations.

☛ Photographie Giraudon
http://www.giraudon-photo.fr/french/centrale.htm

Fondée en 1877, une banque d'images d'art pour professionnels de la presse, de la publicité et de l'édition. Une collection photographique d'art, d'histoire, d'architecture. 35 000 mots-clés définissent la base informatisée de Giraudon.

☛ Photothèques et services photographiques
http://www.culture.fr/culture/sedocum/photo.htm

Ce site donne accès à de l'information et parfois à la documentation de plusieurs organismes comme le Service photographique de la Bibliothèque de France, le Service photographique des archives nationales, la Photothèque du Centre national de recherches archéologiques subaquatiques (CNRAS), l'Agence photographique de la Réunion des musées nationaux, le Service photographique du Département des antiquités orientales du musée du Louvre, la Photothèque et archives du Musée des arts et traditions populaires, les Archives photographiques du Musée national des arts asiatiques Guimet, le Service des Archives photographiques, etc.

LES REPRODUCTIONS DE PEINTURES ET LES ILLUSTRATIONS

Le *Guide Vallée* (2e édition, 1989), publié par Charles-Huot inc., présente des biographies et des cotes de 1006 artistes dont les œuvres se transigent régulièrement sur le marché québécois. Ce répertoire permet à chacun de connaître rapidement les principales étapes de la carrière des artistes qui y sont présentés et les prix à payer pour acquérir leurs œuvres. Il comprend une reproduction par artiste et un index des galeries des artistes.

Plusieurs ouvrages permettent de retracer les œuvres des peintres.

Clapp, Jane. *Art in Life*. 2 vols. Metuchen, N.J.: Scarecrow Press, 1959, 1965.

Clapp, Jane. *Sculpture Index*. 3 vols. Metuchen, N.J.: Scarecrow Press, 1970.

Havlice, Patricia Pate. *Art in Time*. Metuchen, N.J.: Scarecrow Press, 1970.

Havlice, Patricia Pate. *World Painting Index*. 4 vols. Metuchen, N.J.: Scarecrow Press, 1977, 1982.

Hewlett-Woodmere Public Library. *Index to Art Reproductions in Books*. Metuchen, N.J.: Scarecrow Press, 1974.

Korwin, Yala H. *Index to Two-Dimensional Art Works*. 2 vols. Metuchen, N.J.: Scarecrow Press, 1981.

L'*Index to Reproductions of European Paintings*, par Isabel Stevenson Monroe et Kate M. Monro, publié par H.W. Wilson en 1959, fournit la liste de peintures européennes par artistes, sujets et titres. L'index donne aussi le nom du musée qui possède l'original, en plus de 328 livres, qu'on trouve facilement dans les bibliothèques d'art et qui les illustrent. Ces deux auteures ont publié également *Index to Reproductions of American Paintings*: (H.W. Wilson, 1977), un guide pour trouver des toiles américaines paraissant dans plus de 800 livres.

L'Unesco a publié deux répertoires de reproductions intitulés *Catalogue de reproductions en couleur de peintures*, le premier pour les peintures d'avant 1860 et le second pour les années 1860 à 1949.

Depuis 1980, Marsha C. Appel publie chez Scarecrow Press un *Illustration Index*, qui permet de retrouver des illustrations, des photos publiées dans des périodiques particulièrement bien illustrés comme le *National Geographic, Smithsonian, American Heritage* ou *National Wildlife*, etc. La dernière édition qui couvre les années 1987-1991 a paru en 1993.

Par ailleurs, Beth Clewis a publié en 1991 *Index to Illustrations of Animals and Plants*. New York: Neal Schuman, John W. Thompson, *Index to Illustrations of the Natural World: Where to Find Pictures of the Living Things of North America*. Syracuse, N.Y.: Gaylord Professional Publications, 1977 et Lucile Thompson Munz, en collaboration avec Nedra G. Slauson, *Index to Illustrations of Living Things Outside North America: Where to Find Pictures of Flora and Fauna*. Hamden, Conn.: Archon Books, 1981.

☛ Internet: Service Public d'information sur le patrimoine culturel
http://www.culture.fr/culture/spic.html

Ce service permet d'interroger la base de données documentaire JOCONDE, qui décrit plus de 120 000 documents (peintures et sculptures) des musées nationaux français, un véritable trésor.

LES ENREGISTREMENTS SONORES ET LA MUSIQUE

☛ Digitization Activities of the National Library of Canada
http://www.nlc-bnc.ca/digiproj/edigiact.htm

Ce site, offert par la Bibliothèque nationale du Canada, contient un coffre aux trésors virtuel d'éléments du patrimoine canadien (Canadiana). Parmi les clous du site, mentionnons Canada Speaks (données sur les premiers ministres canadiens depuis 1867 et des extraits de leurs discours), Canadian Confederation (renseignements sur les effets combinés de la guerre de Sécession américaine et la confédération canadienne), The Glenn Gould Archive (un vaste site consacré au plus célèbre pianiste de concert de l'histoire canadienne) de même qu'un ouvrage sur le Grand Nord canadien. Mais la partie la plus impressionnante du site est l'index canadien des périodiques musicaux (Canadian Music Periodical Index), une base de données interrogeable contenant plus de 25 000 mentions bibliographiques provenant de 475 sources musicales canadiennes.

Archives américaines

☛ National Archives and Records Administration
http://www.nara.gov

La NARA (National Archives and Records Administration) a rendu accessible, sur le Web, deux importantes sources de recherche. Le NAIL (National Audiovisual Information Locator) est une base de données qu'on peut consulter et qui contient des milliers de descriptions d'articles (photographies, films et matériel des divisions audio et vidéo de NARA). On y trouvera des descriptions de plus de 2 000 séries de photos, plus de 73 000 titres de films et de bandes vidéo et 6 000 enregistrements. On y explique comment commander des copies de ces documents.

☛ The National Archives and Records Administration Audiovisual Information Locator
http://www.nara.gov/nara/nail.html

Sur ce site on trouve une banque de données de la collection du NARA (films, vidéos, archives sonores, etc.).

France

Institut national de l'audiovisuel (INA)

Riche d'un peu plus de 600 000 heures de programmes radio, l'Institut national de l'audiovisuel veille sur la majorité des archives sonores publiques de la France. Les fonds stockés et répertoriés remontent à 1933.

L'INA se divise en deux structures distinctes aux fonctions différentes et clairement définies.

La Phonothèque dispose à ce jour d'au moins 500 000 heures de programmes. Elle demeure un centre d'archives interne, destiné exclusivement aux producteurs, aux réalisateurs et aux journalistes de Radio-France lorsqu'ils ont besoin de «citations» sonores pour leur émissions. La Phonothèque a également pour charge de créer les collections qui seront vendues au grand public. La salle de documentation révèle quelques pépites : une interview de Joséphine Baker en 1933, une «causerie» méconnue d'Antoine Pinay, un long entretient avec un jeune acteur nommé Alain Delon...

L'Inathèque est riche de 100 000 heures de programmes et de 50 000 émissions différentes. Elle est réservée aux chercheurs «au sens large», c'est-à-dire aux universitaires mais aussi aux journalistes ou aux écrivains. Depuis janvier 1994, les ordinateurs ultraperfectionnés du centre enregistrent, 24 heures sur 24, 7 jours sur 7, l'intégralité des quatre chaînes de Radio-France et quelques échantillons des locales... Des centaines d'épisodes du «Jeu des mille francs», des milliers de journaux quotidiens et d'interviews mis bout à bout sur des CD répertoriés au fur et à mesure.

*Département de la phonothèque et de l'audiovisuel
de la Bibliothèque nationale de France*

Le Département de la phonothèque et de l'audiovisuel de la Bibliothèque nationale de France a une origine qui remonte à la création des Archives de la Parole par le linguiste F. Brunot en 1911 à la Sorbonne. Dès 1928, Le Musée de la parole et du geste prend la suite des Archives de la parole en étendant à l'image la notion de patrimoine. En 1938 est créée la Phonothèque nationale, dont la mission essentielle est de conserver l'ensemble des phonogrammes, notamment ceux qui sont déposés au titre du dépôt légal.

C'est en 1977 qu'elle devient un département spécialisé de la Bibliothèque nationale. En 1994, à la suite de la fusion entre la Bibliothèque nationale et l'Établissement public de la Bibliothèque nationale de France, le Département de la phonothèque et de l'audiovisuel est crée au sein de la Bibliothèque nationale de France.

Fonds documentaire

Fonds encyclopédique: phonogrammes édités et inédits de 1889 à nos jours (plus d'un million); vidéogrammes depuis 1975; multimédias depuis 1975. À signaler, des fonds historiques: Les Archives de la parole, les plus anciens documents sonores inédits conservés en France (1912-1914), la collection de jazz de Charles Delaunay (23 000 disques, films, livres, périodiques des débuts du jazz à nos jours), le fonds linguistique Geneviève-Massignon sur l'Acadie (1950-1960), etc. Fonds documentaire imprimé: monographies, périodiques spécialisés français et étrangers, affiches, publicités. 2, rue de Louvois, 75002 Paris. Tél.: + 33 (0)1 47 03 88 20; télécopie: + 33 (0)1 42 96 84 47. Transfert sur le site de Tolbiac en 1997.

☛ BN-OPALINE
http://www.bnf.fr/web-bnf/catalog/opaline.htm
On peut interroger en ligne la base de données BN-OPALINE consacrée à la production phonographique et vidéographique diffusée en France.

Grande-Bretagne

L'Institut britannique des enregistrements sonores (British Library National Sound Archive (NSA), à Londres, possède des millions de disques, 170 000 enregistrements, etc. «Nous avons Gladstone, enregistré par Edison lui-même, et un enregistrement de Tennyson récitant ses propres poèmes», explique Patrick Saul, qui fonda l'Institut en 1947. «Nous avons aussi Lénine et Staline, tous les discours de guerre de Churchill, et ceux de nombreux dictateurs, dont Franco, Mussolini et Hitler.» L'Institut possède, en outre, divers enregistrements de bruits: le claquement sec des balles de mitrailleuses sur les pierres de Notre-Dame, à l'arrivée du général de Gaulle pour le *Te Deum* célébrant la libération de Paris, le grondement formidable de la fusée *Saturne*, porteuse d'*Apollo 11*, lorsqu'elle a décollé vers la Lune. L'un des plus vieux enregistrements date de la fin du XIXe siècle : Brahms y exécute au piano l'une de ses *Danses hongroises*.

The British Library National Sound Archives, 96 Euston Road
London NW1 2DB, Royaume-Uni
Tel. : +44 171 412 7440 ; Fax : +44 171 412 7441
Courrier électronique : nsa@bl.uk
http://www.bl.uk/index/site_index.html#collections

Musique

☛ Music Link Library
http://scribe.iat.unc.edu/campus/music/muslinks.nsf

On y trouve un vaste choix de ressources : liste de compositeurs et de revues musicales, œuvres disponibles dans Internet, sociétés musicales, etc.

☛ Musica
http://musica.u-strasbg.fr/musicafr.htm

Ce site veut rassembler toutes les données sur la musique chorale du monde. La banque de données est multilingue (en français, en allemand, en anglais, en espagnol et en néerlandais) et contient des dizaines de milliers de références.

☛ French Music Database
http://www.sirius.com/~alee/fmusic1.html

Site consacré à la musique d'expression française qui propose des informations et une discographie sur les chanteurs et les groupes. Le « top 50 » en France et au Québec (mise à jour très régulière).

☛ Index de périodiques de musique canadiens
http://www.nlc-bnc.ca/wapp/cmpi/

IPMC est un index de la littérature des périodiques de musique canadiens qui donne des sources bibliographiques de renseignements sur tous les aspects des activités musicales au Canada. La base de données qui est mise à jour tous les mois comprend plus de 25 000 notices indexées de 475 cahiers, bulletins d'information et revues de la fin du XIXe siècle jusqu'à nos jours. Info Guide (http://www.theinfoguide.com/canmusc.htm) offre plusieurs centaines de liens vers des sites musicaux canadiens.

Signalons également :

☛ International Index to Music Periodicals (Chadwyck-Healy)
http://www.chadwyck.com

☛ Library of musical Links
http://www.wco.com/~jrush/music/

☛ The Ultimate Band List
http://american.recordings.com/wwwofmusic/ubl/ubl.shtml
The Ultimate Band List prétend être le plus important site de liens musicaux pour les orchestres. On peut chercher par genre (pop rock, hard rock, jazz, new age, rap, etc.). L'information sur chaque orchestre peut inclure une discographie, paroles et liens Internet.

☛ MusicBase
http://pathfinder.com/musicbase/
Des informations sur plus de 200 000 albums et 16 000 artistes dans plus de 900 sous-catégories.

☛ Music Search
http://musicsearch.com/
Ce site du Spectrus Design offre un recensement de 8 000 sites contenant de l'information sur les artistes, les événements, les formes musicales, les instruments, les revues, les logiciels, les nouvelles, les archives sonores, les stations de radio ainsi que des répertoires commerciaux pour tous les types de musique.

☛ Classical MIDI Archives
http://www.prs.net/midi.html#index
Vous aimez la musique classique? Que vous soyez connaisseur ou simple amateur, Classical MIDI Archives (CMA) vous permet de découvrir plus de 3 000 extraits d'œuvres de compositeurs célèbres tels que Beethoven, Mozart, Bach, Chopin et une foule d'autres. Bien entendu, ces pièces se présentent sous la forme de fichiers MIDI, donc, en ce qui a trait au son, rien de bien épatant. Toutefois, pour la recherche d'une pièce dont vous ne connaissez que le titre ou le nom du compositeur, ou simplement pour explorer un peu le style des différents compositeurs, CMA est l'endroit rêvé. D'ailleurs, le classement est simple: les plus grands compositeurs (en matière de notoriété!) ont leur propre page, et les autres (moins connus, plus contemporains ou nés avant le XVIIe siècle) sont classés par ordre alphabétique. De plus, un moteur de recherche vous permet aussi d'aller droit au but. Enfin, un autre point fort de ce site réside dans le téléchargement des fichiers pour l'écoute: il dure le temps d'une chanson!

☛ Smithsonian Folkways Recordings
http://www.si.edu/folkways/start.htm
Ce site de la Smithsonian Society permet d'effectuer des recherches dans une banque de données comprenant 35 000 enregistrements de chansons sous étiquette Folkways, Cook, Paredon et Smithsonian Folkways. À l'aide de titres de chansons ou d'albums, de noms d'interprètes, on peut écouter des extraits sonores et consulter les couvertures d'albums et les commentaires des éditeurs.

COMMENT CHERCHER

☛ Le jazz au cinéma
gopher://marvel.loc.gov/11/research/reading.rooms/motion.picture/mopic.tv/mpfind/jazzfilm

Ce site est un index permettant d'effectuer des recherches et vous permettra d'avoir accès à une stupéfiante collection de documents relatifs à des films et à des bandes vidéo portant sur le jazz et rassemblés par la Librairie du Congrès de Washington.

☛ Tout sur la musique
http://orathost.cfa.ilstu.edu/~kwfansle/

Les profanes comme les spécialistes sans compter les professeurs de musique seront estomaqués par ce site. Le professeur Ken Fansler a fait un travail de titan en regroupant en un seul endroit les meilleures ressources musicales d'Internet. On y trouve aussi bien une initiation à la musique que la banque de données MERB/CMI (28 000 entrées), qui dépouille une trentaine de revues musicales depuis 1956. Que la recherche porte sur le bluegrass, la musique classique, la théorie musicale, le jazz, les écoles de musique ou le rock and roll, on trouvera toutes les réponses sur ce site.

☛ Doctoral Dissertations in Musicology Online
http://www.music.indiana.edu/ddm/

Ce site, dont le fournisseur est l'École de musique de l'Université d'Indiana, est la version en ligne du vénérable catalogue d'ouvrages de la Société américaine de musicologie. On peut y effectuer des recherches et y naviguer parmi les répertoires d'informations bibliographiques et de travaux en musicologie. On peut consulter les différentes citations en procédant par époques ou par mots-clés. Des ouvrages terminés ou en cours depuis le milieu de l'année 1995 peuvent être consultés. Par mots-clés pour la simple recherche et par époque pour la navigation. Les informations sont regroupées selon les catégories suivantes : général, Antiquité, Moyen Âge et Renaissance. On y trouve également un index complet des auteurs. On peut avoir accès à ces informations à l'aide du code DDM qui accompagne chaque document.

On trouve une liste impressionnante de liens vers des sites musicaux à http://humanities.uchicago.edu/humanities/music/net.resources.html

☛ Alapage
http://www.alapage.tm.fr/

La plus grande librairie virtuelle de France. Des milliers et des milliers de livres d'une simple touche, mais en plus vous pénétrez dans l'univers du CD, au doigt et à la souris. Le service Internet d'Alapage vous offre toute l'information sur la production discographique française disponible.

Les distributeurs de documents multimédias

Les Services documentaires multimédias produisent annuellement un répertoire des distributeurs canadiens.

Audio Video Market Place: a Multimedia Guide, New York, R.R. Bowker (1976-   ) (qui fait suite à *Audiovisual Marketplace: a Multimedia Guide*) fournit la liste des producteurs, des distributeurs de médias, des manufacturiers d'équipement, des services et des organismes, des congrès, des festivals de films, des sources de référence et des revues de médias. En plus des répertoires de compagnies, il y a des répertoires sur les associations liées à cette industrie, une liste de prix et de festivals, un calendrier de rencontres des associations professionnelles pour l'année, une liste de périodiques spécialisés et une bibliographie annotée de livres de référence. Le livre vise ceux qui cherchent de l'information sur les producteurs et les distributeurs de l'équipement, des services de vidéo, des manufacturiers.

Les producteurs

L'annuaire *Audio-Visual Source Directory*, de Motion Picture Enterprises, répertorie les manufacturiers et les vendeurs d'équipement pour la photographie, les films, la télévision, le théâtre, les activités pédagogiques audiovisuelles, les instruments scientifiques et l'équipement de laboratoire. Il donne aussi la liste des associations de l'industrie multimédia. Les notices incluent le nom de la compagnie, son adresse et son numéro de téléphone. Les divisions concernent soit le produit, soit le secteur. Ce répertoire est publié deux fois par année.

Depuis 1981, *Audio-Cassette Directory* répertorie, deux fois par année, 520 producteurs de cassettes religieuses et éducatives, incluant conférences et cours à la maison. Les notices indiquent le nom et l'adresse de la compagnie, son secteur, les titres des séries, la description du contenu, la durée des cassettes, l'auditoire visé.

LA TÉLÉVISION

Depuis 1990, le *Gale Directory of Publications and Broadcast Media* (voir chapitre 4), ce successeur d'AYER, donne de l'information sur les stations de télévision et de radio, de même que sur les compagnies de câblodistribution. On y trouve le nom, l'adresse, la fréquence, les heures de diffusion, le personnel clé et les tarifs.

La publication annuelle *International Television and Video Almanac* (New York Quigley Pub, 1990) est l'équivalent du *International Motion Picture Almanac* pour la télévision et la vidéo.

Les stations de télévision et de radio sont obligées par la loi de conserver une copie de leurs programmes pendant un certain temps. Ils sont classés par dates et quelquefois par sujets. On peut s'adresser aux services de relations publiques pour les obtenir.

Au Service des archives sonores et visuelles de Radio-Canada à Montréal, on peut trouver des bandes sonores et visuelles des émissions de radio et de télévision depuis 1986, des disques sur les premières émissions de Radio-Canada et environ 50 000 photos (de 1922 à aujourd'hui) de comédiens, d'artistes et de personnalités.

À Ottawa, les Archives nationales du film, de la télévision et de l'enregistrement sonore, avec ses 100 000 titres, représentent 10 000 heures d'émissions de télévision et 70 000 heures d'enregistrements sonores.

CBS News Television Broadcasts, Microfilm Corp. of America donne la transcription mot à mot, sur microfiches seulement, des nouvelles de CBS, de *60 minutes*, et d'autres émissions d'affaires publiques réalisées depuis 1963.

Il est possible d'obtenir la transcription de certaines émissions de la télévision américaine, parmi lesquelles *Nova, 20/20, 60 Minutes, Frontline* et une cinquantaine d'autres, grâce à Journal Graphics Inc., 1535, Grant Street, Denver, Colorado 80203; téléphone: (303) 831-9000. Cette compagnie publie depuis quelques années le *Transcript/Video Index*, une liste avec les résumés des principales émissions d'affaires publiques américaines diffusées durant l'année. Le classement est par sujets: «Canada», «Cocaine/crack», «Computers», etc. Les transcriptions ne coûtent que quelques dollars.

TV Guide Indexes, TV Guide 25 Year Index, TV Guide Index 1978-1982. Supplément 1983, *TV Guide Microfilm Library*, Four Radnor Corp. Ctr., Radnor, PA 19088. Ces index sont précis et exhaustifs. Ils donnent une liste complète par sujets et par auteurs de chaque article et recension publiés dans *TV Guide's National Editorial Section* entre avril 1953 et décembre 1982.

Le Museum of Broadcasting de New York possède une collection de 20 000 émissions de radio et de télévision. Le personnel accepte de répondre aux questions posées au téléphone: (212) 752-4690, entre 15 h 30 et 17 h.

Internet

☛ TV Gen – TV Guide Entertainment Network
http://www.tvguide.com/
Ce site exhaustif a tout pour satisfaire les maniaques de la télévision.

☛ Canadiana – La page des ressources canadiennes (Patrimoine, culture et divertissement – Radio et Télévision)
http://www.cs.cmu.edu/afs/cs.cmu.edu/user/clamen/misc/Canadiana/LISEZ.html
Donne accès aux sites Web canadiens sur la radio et la télévision comme SRC, TVOntario, Radio-Québec, etc.

Pour retrouver le texte d'une émission

Vous cherchez une émission? Il faut vous tourner vers Burrelle's Transcripts : http://www.burrelles.inter.net/burrelle.htm

Burrelle's Transcripts vend les transcripts (et parfois les vidéos) des actualités, des émissions d'affaires publiques et des documentaires de CBS (*60 Minutes, 48 Hours, CBS News Specials* comme Malcolm X, etc.) et de NBC de même que certaines émissions de CNBC, C-SPAN, Christian Broadcasting Network, Fox News, Lifetime, MSNBC, MTV, PBS, WNBC-TV et plusieurs autres. Mais il n'y a pas d'index des émissions ni de listes de sujets. Il faut chercher une émission d'abord par diffuseur, ensuite par date.

Burrelles demande environ 7,00$ par transcription; parfois la vidéo est également disponible.

Pour commander une transcription: Burrelle's Transcripts, Department I, P.O. Box 7, Livingston, NJ 07039-0007; 1 800 777-8398 à partir des États-Unis; 1 201 992-7070 ou 1 801- 374-1022 de l'extérieur des États-Unis.

Vanderbilt Television News Archive: Depuis 1968, TV News Archive a répertorié, résumé et indexé les principaux bulletins de nouvelles américains. Cet organisme publie tous les mois *Television News Index and Abstracts*, un guide de sa collection.

8 LES PUBLICATIONS GOUVERNEMENTALES

Cette catégorie de documents est souvent ignorée par les usagers. Les gouvernements sont pourtant des éditeurs qui publient énormément. À lui seul, à titre d'exemple, le gouvernement du Québec publie annuellement autant, sinon plus, que l'ensemble des éditeurs commerciaux.

Les gouvernements publient dans tous les domaines: éducation, garderies, justice, environnement, commerce, etc. Les livres et les périodiques sur des sujets particuliers sont faciles à obtenir, au même titre que la production commerciale courante. Mais les publications gouvernementales proprement dites ne se trouvent pas toujours dans les centres de documentation.

LES PUBLICATIONS DU GOUVERNEMENT DU QUÉBEC

Les ministères et les principaux organismes gouvernementaux sont tous dotés d'une bibliothèque ou d'un centre de documentation qu'ils confient à du personnel qualifié. Ainsi le Conseil du statut de la femme a élaboré un répertoire des groupes de femmes du Québec, et le ministère des Communications un excellent répertoire des recherches faites par ou pour le ministère. On y trouve, par exemple, l'*Historique du journalisme étudiant au Québec*, le *Répertoire des moyens de communication en milieu autochtone*, etc. Le ministère de l'Industrie, du Commerce et de la Technologie offre gratuitement *L'industrie québécoise de l'informatique*, répertoire des fabricants québécois de logiciels, de produits informatiques et bureautiques, etc.

Le gouvernement du Québec a sa propre maison d'édition, Les Publications du Québec, ce qui lui permet de publier beaucoup, sur tous les sujets.

COMMENT CHERCHER

Depuis 1981, la *Liste mensuelle des publications du gouvernement du Québec* répertorie les publications de l'Assemblée nationale et des différents ministères et les adresses où on peut les obtenir. Cette liste contient aussi des renseignements utiles sur les quelque 140 ministères et organismes publics sous autorité québécoise. Par ailleurs, quelques chercheurs ont répertorié toutes les publications officielles du Québec de 1867 à 1968 dans une publication qui a pour titre *Répertoire des publications gouvernementales du Québec de 1867 à 1964*. Un *Supplément* a aussi été publié pour la période 1965-1968. Dans les deux volumes, les publications sont classées par ministères et un index détaillé par sujets et par noms est fourni.

Depuis 1968, la Bibliothèque nationale du Québec tient à jour la liste des publications gouvernementales. Les publications gratuites des ministères n'apparaissent pas sur les listes des Publications du Québec. Mais la plupart des ministères publient une liste de leurs publications. On peut toujours s'adresser à la Direction des communications pour en obtenir une copie. En raison du coût élevé de leur reproduction, certaines publications sont à diffusion restreinte; il peut être difficile de les obtenir, mais on peut toujours les consulter sur place.

Michel Gélinas, bibliothécaire de l'École nationale d'administration publique (ENAP), a préparé un guide bibliographique de l'administration publique.

De plus, l'ENAP a publié, en août 1984, la *Liste cumulative des publications du personnel de l'ENAP*, préparée par Josée Chabot et Michel Gélinas. On y trouve des études telles que l'*Histoire administrative de la police provinciale du Québec, 1870-1945, Le Parti québécois comme organisation: analyse descriptive, Le contrôle de la sécurité dans le transport scolaire*, etc.

Le professeur Bernard Tremblay, de l'Université Laval, a publié *Le citoyen et l'administration, Guide de droit administratif à l'usage du citoyen*, en 1984. Il y explique, en 80 pages, comment rédiger une requête, comment présenter faits et arguments, comment se comporter devant un tribunal administratif provincial ou fédéral (Cour canadienne de l'impôt, Commission des normes du travail, Bureau de révision de l'évaluation foncière, etc.).

Pour obtenir le catalogue des publications gouvernementales, écrivez à: Les Publications du Québec, case postale 1005, Québec (Québec) G1K 7B5. Téléphone: (418) 643-5150 ou 1 800 463-2100.

Les publications du gouvernement du Québec sont vendues dans le réseau de leurs librairies:

– À Québec: Édifice G, aile Saint-Amable, RC, 1056, rue Conroy; (418) 643-3895.

– À Montréal: Complexe Desjardins, niveau de la Place; (514) 873-6101.

– À Sainte-Foy: Place Laurier, 2740, boul. Laurier, 3e étage; (418) 651-4202.

– À Hull: Place du Centre, 200, promenade du Portage; (819) 770-0111.

Par télécopieur: (418) 643-6177 ou 1 800 561-3479.

Par commande téléphonique: (418) 643-5150 ou 1 800 463-2100.

☞ Catalogue des Publications du Québec
http://doc.gouv.qc.ca/servlets/Dbml/index2.html
Site de l'Éditeur officiel du Québec. On y retrouve le catalogue de toutes les publications gouvernementales.

LES PUBLICATIONS DU GOUVERNEMENT DU CANADA

Les ministères et les organismes fédéraux publient beaucoup, pour informer et pour justifier leur mission. À titre d'exemple, le ministère de l'Agriculture, dans son catalogue intitulé *Publications payantes d'Agriculture Canada*, inventorie des publications aussi variées que *Les plantes nuisibles communes du Canada*, *Species Problem in Cannabis-Science and Semantics*, *Guide to the Chemicals Used in Crop Protection*, *Serres solaires commerciales* et *Le riz sauvage au Canada*, etc. En plus, le Ministère produit et diffuse des vidéos comme le *Contrôle des salmonelles dans l'industrie de la volaille*, etc.

Il y a aussi les publications gratuites. Les particuliers peuvent commander gratuitement cinq publications par année. Ainsi trouve-t-on *L'agriculture au féminin*, *Les carrières dans le circuit agro-alimentaire*, *Races de poules (photos)*, *L'industrie du poulet à griller*, *Maladies de la tomate*, *L'élevage sur les petites fermes*.

Plusieurs bibliothèques publiques du Canada sont dépositaires des publications gouvernementales. Si votre bibliothèque locale n'a pas la publication que vous désirez consulter, elle devrait pouvoir se la procurer par l'entremise du prêt entre bibliothèques. Une liste des bibliothèques dépositaires peut être obtenue sur demande.

Le Centre des publications du gouvernement canadien compte plus de 10 000 livres vendus dans des librairies dépositaires. On peut obtenir la liste des dépositaires en téléphonant au (819) 997-2560. Les librairies accréditées distribuent tous ces livres.

Il y a plusieurs façons de repérer une publication du gouvernement fédéral. La plus rapide est de consulter *Microlog: Index de recherche du Canada*. *Microlog* dépouille les études, les recherches, les rapports annuels, les revues statistiques des trois niveaux de gouvernement au Canada, de même que le matériel publié par des établissements de recherche non gouvernementale, des associations professionnelles et des groupes d'intérêt. La section principale de cet index donne la liste du matériel par auteurs individuels ou corporatifs, suivie d'une section par sujets et d'une section par titres. *Microlog* répertorie les rapports canadiens courants provenant de sources gouvernementales.

Il inclut les publications du gouvernement fédéral, des gouvernements provinciaux et des administrations municipales. Pour le non-spécialiste, c'est souvent le seul moyen d'obtenir ce genre d'information.

La *Liste hebdomadaire des publications du gouvernement canadien* et *Publications du gouvernement du Canada: Catalogue trimestriel* rendent compte des principales publications fédérales et recensent les publications par sujets. Tous ces guides sont publiés par le Centre des publications du gouvernement canadien, l'éditeur du gouvernement.

Pour les publications gratuites, chaque ministère dispose d'une liste de distribution. Il suffit de contacter la Direction des communications d'un ministère pour s'inscrire sur sa liste d'envoi.

Enfin, le *Canadian Statistics Index*, une publication annuelle qui donne l'accès bibliographique aux publications de Statistique Canada de même qu'à d'autres sources privées de statistiques canadiennes, explique aussi comment commander ces diverses publications.

LES PUBLICATIONS DU GOUVERNEMENT DES ÉTATS-UNIS

Le gouvernement américain est le plus grand éditeur du monde. Ses publications couvrent tous les aspects de la vie de l'homme, de la naissance à la mort et, la plupart du temps, ces publications sont gratuites ou peu dispendieuses. Nulle part ailleurs peut-on avoir une telle qualité à si bas prix.

Le *United States Government Publications Catalogs* contient les titres de plus de 370 catalogues d'agences gouvernementales. Le terme «publications» est pris au sens large et comprend aussi bien des catalogues et des bibliographies que des textes photocopiés.

Le *Monthly Catalog of United States Government Publications* est un index qui relève, depuis 1895, environ la moitié des publications du gouvernement américain (ministères, entreprises publiques et organismes). L'index annuel (auteurs, titres et sujets) ne contient pas les notices bibliographiques complètes, mais il renvoie aux publications mensuelles. On peut aussi consulter le *Subject Bibliography Index*, une liste de 240 sujets majeurs pour lesquels on a créé des bibliographies. L'index donne la liste de plus de 15 000 brochures, guides et périodiques. Vous y cochez la bibliographie qui vous intéresse et on vous l'expédie avec le prix. Contactez: Superintendent of Documents, US Government Printing Office, Washington DC 20402, USA; (202) 783-3238.

> **TRUC**
>
> ■ L'Université McGill (Montréal) et l'Université Concordia (Montréal) sont les dépositaires des publications du gouvernement des États-Unis et de celui de la Grande-Bretagne. L'Université de Montréal est dépositaire des publications de l'Unesco.

Internet

☛ Monthly Catalog of United States Government Publications
http://www.access.gpo.gov/su_docs/dpos/adpos400.html

Ce site répertorie les publications gouvernementales depuis janvier 1994. On indique aussi sur le site comment chercher les publications et comment chercher dans les catégories. On peut chercher ces documents de différentes façons: titre, année de publication, Superintendent of Documents Class Number, Depository Item Number et GPO (Government Printing Office) Sales Stock Number. Le site indique où vous pouvez vous le procurer.

☛ GPO Pathway Services
http://www.access.gpo.gov/su_docs/aces/aces760.html

Avec Pathway Services, un produit de l'imprimeur officiel du gouvernement américain, on espère rendre plus facilement accessibles les informations sur le gouvernement américain et ses différentes agences. Ainsi, à partir d'un seul site, l'usager est relié à de nombreuses sources d'information gouvernementale.

Pathway Services offre la possibilité d'effectuer une recherche par mot-clé sur les sites d'information gouvernementale américaine ainsi que dans le MoCat (the Monthly Catalog of U.S. Government Publications). Voilà donc un site prometteur qui permettra au chercheur, à partir d'un seul lieu, d'avoir une excellent point de départ pour des recherches plus poussées.

Pour avoir la liste des périodiques (couvrant un grand nombre de sujets) publiés par le gouvernement des États-Unis, il faut demander la *Price List 36, Government Periodicals and Subscription Services* à l'adresse suivante: Superintendent of Documents, US Government Printing Office, Washington, DC 20402, USA.

Le National Technical Information Service (NTIS) a une collection de plus d'un million de rapports techniques sur des recherches gouvernementales terminées. Le NTIS est la source centrale pour la vente au public de ces recherches. Des dizaines de secteurs techniques (énergie, médecine, aéronautique, etc.) sont couverts. De plus, le NTIS publie de coûteux bulletins d'information spécialisée avec des résumés de ses recherches. *Published Searches* est un catalogue de recherches publiées qui donne tous les titres que l'on peut obtenir gratuitement. Pour rejoindre le NTIS: Springfield, VA 22161; (202) 487-4600. Il y a aussi un répertoire qui en vaut le coup: le *Directory of Federal Technology Resources*, un guide sur des centaines de laboratoires, d'agences fédérales et de centres d'ingénierie.

Un index recense les études réalisées par la Rand Corporation, qui effectue des recherches subventionnées par le gouvernement fédéral et les États américains. À titre d'exemples: *Selected Rand Abstracts*; *A Quarterly Guide to Publications of the Rand Corporation*. On y dépouille aussi des articles de revues publiées par des presses universitaires ou des éditeurs commerciaux.

Conclusion

LA STRATÉGIE DE LA RECHERCHE

Nous avons expliqué dans ce livre comment fonctionne tout centre documentaire, présenté les catégories de bibliothèques et de centres documentaires, analysé les méthodes et les outils pour effectuer une recherche rapide ou en profondeur, de même que les différentes façons de repérer des experts. Il vous est maintenant possible de naviguer à travers les encyclopédies, les bibliographies et les catalogues collectifs sans couler à pic dans une mer de faits, de chiffres, de renseignements.

Notre but n'était pas de publier une liste exhaustive de tous les outils de référence et de toutes les sources documentaires. Il est fort possible, au moment où vous lirez cet ouvrage, qu'un numéro de téléphone ou un localisateur (URL) soit changé, qu'un livre présenté possède une nouvelle édition, que tel autre soit épuisé, etc.

Avant de foncer dans un centre documentaire, il faut avoir bien défini sa stratégie de recherche. Nous présentons, pour terminer, un plan général pour faciliter une recherche cohérente.

1. Établir les limites de votre sujet de manière à ne pas vous perdre.

2. Dresser une liste de synonymes, de mots apparentés qui se rapportent à votre sujet en utilisant des dictionnaires de langue ou encore en consultant le *Répertoire des vedettes-matière* de l'Université Laval.

3. Inventorier les centres documentaires dont les collections sont susceptibles de traiter de votre sujet.

4. Exploiter chacun des centres documentaires indiqués à l'étape 3:
   - en consultant la collection d'ouvrages de référence généraux et spécialisés (encyclopédies, annuaires, etc.);
   - en consultant leurs catalogues des sources documentaires pour récupérer les livres, les documents audiovisuels, les publications gouvernementales, les thèses;

- en dépouillant les répertoires bibliographiques d'articles de périodiques (imprimés, sur microformes, en ligne ou sur CD-ROM);
- en élargissant la quantité de sources en consultant des outils appropriés (catalogues de grandes bibliothèques, bibliographies nationales et internationales, bases de données interrogeables par l'intermédiaire de serveurs, de réseaux documentaires et de catalogues collectifs, etc.) qui permettent de repérer **des collections que vous ne pouvez consulter localement**;
- en profitant, au besoin, d'un prêt entre bibliothèques.

5. Explorer les possibilités des sources non traditionnelles : entrevues avec des experts, congrès, associations professionnelles, musées, fondations, archives, etc.

***

La recherche est l'art de se constituer un bon trousseau de clés, de trouver et d'utiliser celles qui ouvrent les portes aux divers mondes du savoir. Il ne faut pas négliger l'aide importante que le personnel spécialisé en documentation peut apporter au cours de la recherche. Après quelques expériences sérieuses, toute personne peut devenir «recherchiste».

Pour en savoir davantage

BAILLARGEON, Gilbert; LAFLAMME, Luc; SAINT-ONGE, Michel. – Comment faire une recherche documentaire. – Laval: Collège Montmorency, 1986. – 36 p.

BARZUN, Jacques; GRAFF Henry F. – The Modern Researcher. – 3e éd. – New York : Harcourt, Brace Jovanovich, 1985. – 450 p.

BERKMAN, Robert. – Find It Fast: How to Uncover Expert Information on Any Subject. – New York: Harper & Row, 1987. – 260 p.

BOURGAULT, Jacques. – Guide de recherche documentaire en matières parlementaires et gouvernementales du Québec. – Québec: Jacques Bourgault, 1983, 1985. – 81 p.

BOURGET, Manon; CHIASSON, Robert; MORIN, Marie-Josée. – L'indispensable en documentation: les outils de travail. – Québec: Documentor, 1990. – 201 p.

CHANDLER, G. – How to Find out, Printed and On-line Sources. – Oxford: Pergamon Library International, 1982. – 250 p.

CHEVALIER, Brigitte. – Méthodologie d'un centre de documentation. – Paris: Hachette, 1980. – 191 p.

DESCHATELETS, Gilles; KAHIL, Liliane. – Bulletin bibliographique des ouvrages de référence; Partie 1: Les ouvrages généraux. – Montréal: École de bibliothéconomie, 1990. – 248 p.

DICKSON, Frank. – Writer's Digest: Handbook of Article Writing. – New York: Holt, Rinehart and Winston, 1968. – 303 p.

DION, Lionel. – Le travail de recherche à la bibliothèque: guide destiné aux étudiants des premières classes secondaires. – Montréal: Pedagogia, 1974. – 81 p.

DIONNE, Bernard; LANGEVIN, Louise. – Pour réussir: guide méthodologique pour les études et la recherche. – Montréal: Éditions Études Vivantes, 1990. – 202 p.

ÉCOLE NATIONALE D'ADMINISTRATION PUBLIQUE. – Guide bibliographique en administration publique. – Québec: Université du Québec, 1983. – 78 p.

FELKNOR, Bruce L. – How to Look Things Up and Find Things Out. – New York: Quill William Morrow, 1988. – 290 p.

GOSSELIN, Michelle. – Le bon usage des dictionnaires. – Québec: Éditions La Liberté, 1989. – 112 p.

GOSSELIN, Michelle; SIMARD, Claude. – Introduction pratique aux dictionnaires. – Montréal: Éditions Ville-Marie, 1981. – 193 p.

GOULET, Liliane; LÉPINE, Ginette. – Cahier de méthodologie et guide pour l'étudiant-e. – Montréal: Université du Québec à Montréal, 1985. – 217 p.

HARDENDORFF, Jeanne B. – Librairies and How to Use Them: A First Book. – New York-London: Franklin Watts, 1979. – 61 p.

HOROWITZ, Lois. – Knowing where to Look, The Ultimate Guide to Research. – Cincinnati: Writer's Digest Books, 1984. – 436 p.

KATZ, William A. – Introduction to Reference Work, Volume 1: Basic Information Sources; Volume 2: Reference Services. – New York: McGraw Hill, 1982.

KESSELMAN-TURKEL, Judi; PETERSON, Franklynn. – Research Shortcuts. – Chicago: Contemporary Books, 1982. – 112 p.

LEFORT, Geneviève. – Savoir se documenter. – Paris: Éditions d'organisation, 1990. – 190 p.

LÉTOURNEAU, Jocelyn. – Le coffre à outils du chercheur débutant: guide d'initiation au travail intellectuel. – Toronto: Oxford University Press, 1989. – 227 p.

McCORMICK, Mona. – The New York Times Guide to Reference Materials. – New York: Times Books, 1985. – 242 p.

MANN, Thomas. – A Guide to Library Research Methods. – New York: Oxford University Press, 1986. – 199 p.

MIGNAULT, Marcel. – Les Chemins du savoir: la bibliothèque, la documentation, les habitudes de travail. – La Pocatière: Société du stage en bibliothéconomie de La Pocatière, 1975. – 215 p.

MILLER, Mara. – Where to Go for What – Englewood Cliffs, N. J.: Prentice Hall, 1981. – 244 p.

O'BRIEN, Robert; SODERMAN, Joanne. – New York: Simon and Schuster, 1975. – 245 p.

OVERBURY, Stephen. – Finding Canadian Facts Fast. – Agincourt, Ontario: Methuen, 1985. – 192 p.

PARADIS, Adrian A. – The Research Handbook: A Guide to Reference Sources. – New York: Funk & Wagnall, 1966. – 217 p.

PROVOST, J.; LOUIS, F. – Bouquinons et Bibliothéquons: De l'école au collège. – Paris: Casteilla, 1986. – 63 p.

ROCHETTE, Louis. – Le Citoyen et l'Administration: Guide de droit administratif à l'usage du citoyen. – Québec: Le Groupe de recherche Le Citoyen et l'administration; Sainte-Foy: Université Laval, 1984. – 79 p.

SORMANY, Pierre – Le métier de journaliste, Montréal: Boréal, 2000. – 494 pages.

TODD, Alden. – Finding Facts Fast. – New York: William Morrow, 1972. – 123 p.

WILLIAMS, Robert V. – You Could Look it Up, Reference Material for Business Reporters. – Washington: Journalism Review, August 1985.

ZISKIND, Sylvia; HEDE, Agnes Ann. – Reference readiness: A Manual for Librarians and Students. – 2e édition, révisée et augmentée. – Hamden Conn.: Linnet Books, 1977. – 341 p.

Annexe 1

ABRÉGÉ DE LA CLASSIFICATION DÉCIMALE DE DEWEY[1]

000	Généralités
100	Philosophie et psychologie
200	Religion
300	Sciences sociales
400	Langues
500	Sciences de la nature et mathématiques
600	Sciences appliquées
700	Arts et loisirs
800	Littérature et art d'écrire
900	Histoire et géographie

000-009	Savoir et communication
010-019	Bibliographies
020-029	Bibliothéconomie et science de l'information
030-039	Encyclopédies générales
040-049	La vingtième édition n'attribue aucun sujet à ces indices
050-059[2]	Périodiques généraux et leurs index
060-069	Organisations générales et muséologie
070-079	Médias d'information: journalisme et édition
080-089	Collections générales
090-099	Manuscrits et livres rares

---

1. Extrait de *La classification décimale de Dewey: clé d'accès à l'information* (Documentor, 1992).
2. Dans la majorité des centres documentaires, les publications en série (revues, journaux) sont classées seulement par ordre alphabétique de titres.

100 **Philosophie, parapsychologie et occultisme, psychologie**

100-109	Généralités
110-119	Métaphysique
120-129	Épistémologie, causalité, genre humain
130-139	Phénomènes paranormaux
140-149	Écoles et courants philosophiques
150-159	Psychologie
160-169	Logique
170-179	Éthique (philosophie morale)
180-189	Philosophie ancienne, médiévale, orientale
190-199	Philosophie occidentale moderne

200 **Religion**

200.1-200.9	Généralités
201-209	Christianisme : généralités
210-219	Religion naturelle
220-229	Bible
230-239	Théologie doctrinale chrétienne
240-249	Théologie morale et dévotion chrétiennes
250-259	Église locale et ordres religieux chrétiens
260-269	Théologie sociale chrétienne
270-279	Histoire du christianisme
280-289	Confessions et sectes chrétiennes
290-299	Autres religions et religion comparée

300 **Sciences sociales**

300.1-300.9	Généralités
301-309	Sociologie et anthropologie
310-319	Statistiques générales
320-329	Science politique
330-339	Économie
340-349	Droit
350-359	Administration publique. Science militaire
360-369	Problèmes et services sociaux
370-379	Éducation
380-389	Commerce, communications, transports
390-399	Coutumes et folklore

400   **Langues**

400-409   Généralités
410-419   Linguistique
420-429   Anglais
430-439   Allemand et autres langues germaniques
440-449   Français et autres langues romanes
450-459   Italien, roumain et langues rhéto-romanes
460-469   Espagnol et portugais
470-479   Latin et autres langues italiques
480-489   Grec et autres langues helléniques
490-499   Autres langues

500   **Sciences de la nature et mathématiques**

500-509   Généralités
510-519   Mathématiques
520-529   Astronomie et sciences connexes
530-539   Physique
540-549   Chimie et sciences connexes
550-559   Sciences de la terre
560-569   Paléonthologie. Paléozoologie
570-579   Sciences de la vie
580-589   Botanique
590-599   Zoologie

600   **Sciences appliquées**

600-609   Généralités
610-619   Médecine
620-629   Génie
630-639   Agriculture
640-649   Économie domestique, vie à la maison
650-659   Gestion des entreprises
660-669   Chimie industrielle
670-679   Fabrication industrielle
680-689   Fabrication de produits à usages spécifiques
690-699   Bâtiments

700   **Arts et loisirs**

700-709	Généralités
710-719	Urbanisme et aménagement paysager
720-729	Architecture
730-739	Sculpture et autres arts plastiques
740-749	Dessin et arts décoratifs
750-759	Peinture
760-769	Gravure et arts graphiques
770-779	Photographie et photographies
780-789	Musique
790-799	Art du spectacle, loisirs et sports

800   **Littérature et art d'écrire**

800-809	Généralités
810-819[3]	Littérature américaine de langue anglaise
820-829	Autres littératures de langue anglaise
830-839	Littérature allemande et autres littératures germaniques
840-849[4]	Littérature des langues romanes. Littérature de langue française
850-859	Littérature des langues italienne, roumaine et rhéto-romane
860-869	Littératures des langues espagnole et portugaise
870-879	Littérature des langues italiques. Littérature latine
880-889	Littérature des langues helléniques. Littérature grecque classique
890-899	Littératures des autres langues

900   **Histoire et géographie**

900-909	Généralités
910-919	Géographie et voyages
920-929	Biographies générales, généalogie, emblèmes
930-939	Histoire générale du monde ancien, jusqu'aux environs de 499
940-949	Histoire générale de l'Europe. Europe de l'Ouest
950-959	Histoire générale de l'Asie. Orient. Extrême-Orient
960-969	Histoire générale de l'Afrique
970-979	Histoire générale de l'Amérique du Nord
980-989	Histoire générale de l'Amérique du Sud
990-999	Histoire générale des autres parties du monde

---

3. Pour la littérature canadienne, plusieurs centres documentaires font précéder la cote Dewey de la lettre C.
4. Pour la littérature québécoise, plusieurs centres documentaires font précéder la cote Dewey de la lettre C.

Annexe 2

ABRÉGÉ DE LA CLASSIFICATION DE LA BIBLIOTHÈQUE DU CONGRÈS[1]

A :   **Ouvrages généraux**

AE	Encyclopédies et dictionnaires généraux
AI	Index
AM	Musées
AP	Périodiques généraux
AS	Sociétés savantes et instituts
AY	Annuaires • Almanachs

B-BJ :   **Philosophie et psychologie**

B 1-105	Ouvrages généraux
B 108-5739	Œuvres des philosophes
BC	Logique
BD	Métaphysique
BF	Psychologie
BH	Esthétique
BJ	Morale

BL-BX :   **Religion**

BL	Religions • Mythologie • Rationalisme
BM	Judaïsme
BP	Islam • Bahaïsme • Théosophie
BQ	Bouddhisme

---

[1]. Cet abrégé a été traduit et réalisé par la Bibliothèque de l'Université Laval, qui le publie chaque année dans son *Guide de la Bibliothèque*. Certaines modifications sont cependant ajoutées à certaines sous-classes du système, notamment en ce qui concerne BQT, BQN, FC, W.

BQT	Église catholique • Doctrines (en voie de reclassification)
BQV	Droit canonique
BR	Christianisme: collections, histoire
BS	Bible
BT	Théologie dogmatique
BV	Théologie pratique
	BV 1460-1650 Catéchèse
	BV 4000-4470 Pastorale
BX	Confessions chrétiennes • Sectes
	BX 801-4799 Église catholique
C:	**Sciences auxiliaires de l'histoire**
CB	Civilisation
CC	Archéologie
CD	Diplomatique • Archivistique
CJ	Numismatique
CN	Inscriptions
CR	Héraldique
CS	Généalogie
CT	Biographies d'ordre général
D:	**Histoire (Amérique exceptée)**
D	Histoire universelle
DA	Grande-Bretagne
DB	Autriche • Hongrie • Tchécoslovaquie
DC	France
DD	Allemagne
DE	Histoire ancienne
DF	Grèce
DG	Italie
DH-DJ	Belgique • Pays-Bas • Luxembourg
DJK	Europe de l'Est
DK	URSS • Pays de l'ancienne URSS • Pologne
DL	Scandinavie
DP	Espagne • Portugal
DQ	Suisse
DR	Les Balkans (Péninsule balkanique)
DS	Asie

Annexe 2

DT	Afrique
DU	Australie et Océanie
DX	Tziganes (Gitans)
E-F :	**Histoire de l'amérique**
E 1-143	Amérique
E 151-840.8	États-Unis (Histoire générale)
E 1-975	États-Unis (Histoire locale)
F 980-1140	Canada
	F 1051-1055 Québec (Province) (en voie de reclassification à FC)
F 1201-1392	Mexique
F 1401-3799	Amérique centrale, Amérique du Sud
FC[2]	Canada
	FC 2901-2950 Québec (Province)
G :	**Géographie, anthropologie, etc.**
G	Géographie • Atlas
	G 155 Tourisme
GA	Géographie mathématique • Cartographie
GB	Géographie physique • Géomorphologie
GC	Océanographie
GF	Géographie humaine • Écologie humaine
GN	Anthropologie • Ethnologie
GR	Folklore
GT	Mœurs et coutumes
GV	Loisirs • Éducation physique • Sports • Jeux et récréations
H :	**Sciences sociales**
HA	Statistiques
HB	Économie politique
HC	Histoire économique • Conditions économiques
HD	Gestion • Agriculture • Industrie • Relations industrielles
HE	Transports et communications
HF	Commerce • Affaires • Comptabilité • Publicité
HG	Finances • Monnaie • Banques • Investissements • Assurances
HJ	Finances publiques
HM	Sociologie (Théorie sociale)

---
2. Sous-classe développée par la Bibliothèque nationale du Canada.

HN	Histoire et conditions sociales
HQ	Sexualité • Famille • Mariage • Femmes
HS	Sociétés : secrètes, bénévoles, etc.
HT	Classes sociales • Races • Sociologie rurale et urbaine
	HT 395 Aménagement du territoire
HV	Problèmes sociaux • Service social • Criminologie
HX	Socialisme • Communisme • Anarchisme

J :	**Politique**
J 103	Documents parlementaires du Canada
J 107	Documents parlementaires du Québec
JA	Ouvrages généraux
JC	Science politique • État
JF-JS	Histoire constitutionnelle et administration
	JK États-Unis
	JL Amérique du Nord
	JN Europe
	JQ Asie • Afrique • Australie et Océanie
	JS Administration locale
JV	Colonies • Colonisation • Émigration
JX	Droit international public • Relations internationales

K :	**Droit**
K	Droit (en général) • Droit comparé
KD	Grande-Bretagne
KDZ	Amérique (en général). Amérique du Nord
KE[3]	Canada
KEQ	Québec (Province)
KF	États-Unis
KG	Mexique • Amérique centrale • Antilles
KH	Amérique du Sud
KJ-KKZ	Europe (en général)
KJJ	France (en voie de reclassification à KJV et KJW)
KK-KKC	Allemagne

---

3. Sous-classe développée par la Bibliothèque nationale du Canada pour la Bibliothèque du Congrès.

Annexe 2

L:	**Éducation**
L	Périodiques • Répertoires
LA	Éducation • Histoire
LB	Théorie • Enseignement
	LB 1027.5 Orientation
	LB 1043 Enseignement • Méthodes audiovisuelles
	LB 1051 Psychopédagogie
	LB 1140 Niveaux d'enseignement
	LB 2800 Administration scolaire
LC	Aspects spéciaux de l'éducation
	LC 3950-4801 Éducation spéciale • Enfants inadaptés
	LC 5200 Éducation des adultes
LD-LG	Établissements d'enseignement
M:	**Musique**
M	Partitions musicales
	M 6-1490 Musique instrumentale
	M 1495-2199 Musique vocale
ML	Littérature musicale
	ML 1-109 Périodiques • Ouvrages généraux
	ML 113-158 Bibliographies
	ML 159-3799 Musique • Histoire et critique
	ML 3800-3923 Musique • Philosophie et esthétique • Musique • Acoustique et physique
MT	Musique • Étude et enseignement
	MT 90-145 Analyse et appréciation
	MT 170-810 Techniques instrumentales
	MT 820-949 Techniques sociales
N:	**Beaux-arts**
N	Art
NA	Architecture
	NA 9000-9425 Urbanisme
NB	Sculpture
NC	Arts graphiques • Dessin
ND	Peinture
NE	Gravure
NK	Arts décoratifs • Décoration et ornement
NX	Arts en général

215

COMMENT CHERCHER

P :	**Linguistique et littérature**
P	Philologie comparée • Linguistique
P 87-96	Communication • Mass média
PA	Langues classiques • Littérature classique
PB	Langues modernes • Langues celtiques
PC	Langues romanes
PD-PF	Langues germaniques
	PE Anglais (Langue)
PG	Langues slaves • Littérature slave
PH	Langues finnoises, ougriennes et basques
PJ	Langues et littératures orientales
PK	Langues indo-iraniennes
PL	Langues et littératures de l'Extrême-Orient, de l'Afrique et de l'Océanie
PM	Langues hyperboréennes, indiennes et artificielles
PN	Littérature générale et universelle • Histoire littéraire • Collections
	PN 1991-1999 Radiodiffusion • Télédiffusion • Cinéma
	PN 4700-5650 Presse • Journalisme
PQ	Littérature romane
	PQ 1-3999 Littérature française
PR	Littérature anglaise
PS	Littérature américaine
PS 8000-8599[4]	Littérature canadienne
PT	Littératures allemande, néerlandaise et scandinave
Q :	**Sciences**
Q	Ouvrages généraux • Sciences • Histoire
QA	Mathématiques • Informatique • Statistique
QB	Astronomie et géodésie
QC	Physique
	QC 851-999 Météorologie
QD	Chimie
QE	Géologie
QH	Sciences naturelles • Biologie • Environnement
QK	Botanique
QL	Zoologie • Parasitologie

---

4. Sous-classe développée par la Bibliothèque nationale du Canada.

QS	Anatomie
QT	Physiologie
QU	Biochimie
	QU 145 Nutrition
QV	Pharmacologie • Toxicologie
QW	Bactériologie et immunologie
QY	Anatomie pathologie • Diagnostics
QZ	Pathologie • Cancer

S :   **Agriculture, industrie**

S	Agriculture • Études pédologiques
	S 560-572 Exploitations agricoles
	S 671-760 Génie rural
SB	Cultures • Horticulture • Ennemis des cultures
SD	Foresterie
SF	Élevage • Médecine vétérinaire
	SF 239-275 Industrie laitière
SH	Pisciculture et pêches
SK	Faune

T :   **Technologie**

TA	Génie civil
	TA 501-509 Géodésie
TC	Technologie hydraulique
TD	Technique de l'environnement • Technique sanitaire • Techniques municipales • Pollution
TE	Routes
TF	Chemins de fer
TG	Ponts
TH	Construction
TJ	Génie mécanique
TK	Électrotechnique • Électronique • Génie nucléaire
TL	Véhicules automobiles • Aéronautique • Astronautique
TN	Technique minière • Métallurgie
TP	Génie chimique
	TP 368-684 Aliments
TR	Photographie
TS	Fabrication • Produits manufacturés

TT	Artisanat, bricolage
TX	Économie domestique
	TX 341-953 Alimentation

U :   **Art et science militaires**

V :   **Art et science navals**

W[5] :   **Médecine**

W	Profession médicale
WA	Santé publique
WB	Médecine • Pratique
WC	Maladies infectieuses
WD	Maladies par carence • Métabolisme • Allergie
WE	Appareil locomoteur
WF	Appareil respiratoire
WG	Appareil cardiovasculaire
WH	Hématologie • Système lymphatique
WI	Appareil digestif
WJ	Urologie
WK	Endocrinologie
WL	Neurologie
WM	Psychiatrie
WN	Radiologie
WO	Chirurgie
WP	Gynécologie
WQ	Obstétrique
WR	Dermatologie
WS	Pédiatrie
WT	Gériatrie • Maladies chroniques
WU	Dentisterie • Stomatologie
WV	Oto-rhino-laryngologie
WW	Ophtalmologie
WX	Hôpitaux
WY	Soins infirmiers
WZ	Médecine • Histoire

---

5. Certaines bibliothèques utilisent la classe R, développée par la Bibliothèque du Congrès. À la bibliothèque de l'Université Laval, on préfère, comme dans d'autres bibliothèques, utiliser la classe W, développée par la National Library of Medecine (États-Unis).

Z :   **Bibliothéconomie et bibliographie**

Z 1-1000	Livres • Édition • Bibliothèques
Z 1201-	Bibliographies nationales
Z 5051-	Bibliographies par sujets
Z 8001-	Bibliographies de personnes

Index

A

Abonnements (agences) 122
Abstracts 118
Actualité V. événements
Adresses (répertoires) 75
    Ancienne adresse 75
    Adresse électronique (*e-mail*) 81
Affaires : chapitre 6
    Dictionnaires 156
Agences d'abonnement 122
Almanachs 81
Ambassades 147
Analyse d'un document 13
Annuaires
    Encyclopédiques 60
    Gouvernementaux 67
        Fédéral 68
        Provincial 67
    Non gouvernementaux 72
    Téléphoniques 77
Archives, Centres d' 31
Archives municipales 35
Archives nationales (France) 34
Archives nationales du Canada 33
Archives nationales du Canada (Internet) 34
Archives nationales du Québec 31
Archives sonores : chapitre 7 185+
Articles
    Pour trouver un article de revue 113
    Pour trouver un article de journal 120
    Répertoire analytique d'articles
        (*abstracts*) 118
Assemblée nationale du Québec
    Publications 36
Assemblée nationale du Québec
    (Internet) 36
Associations 134
Atlas 74
Auteur(s) 139
Auteur, indices d' 12

B

Bases de données (Internet) 17
Bases de données (répertoire) 16
Bibliographie du Québec 25
Bibliographies
    annotées 95
    d'articles de périodiques 113
    de bibliographies 94
    commerciales 97
    courantes 96
    d'ouvrages de référence 90
    rétrospectives 96
    de titres de périodiques 111+
Bibliothécaires 131
Bibliothèque
    de l'Assemblée nationale 35
    du Parlement (canadien) 35
Bibliothèque centrale de Montréal 21
Bibliothèque du Congrès 28
    (classification) 11
Bibliothèque Gabrielle-Roy (Québec) 21
Bibliothèque nationale de France 29
Bibliothèque nationale des États-Unis
    (Voir : Bibliothèque du Congrès 28)
Bibliothèque nationale du Québec 25
Bibliothèque nationale du Canada 27
Bibliothèques : chapitre 2
    Catalogue 7
    Guide 7
    Histoire 5
    Mode d'emploi 6
    Personnel 6
    Repérage 7
    Répertoires 49 à 54
    Vedettes-matière 8
Bibliothèques canadiennes (Internet) 23
Bibliothèques collégiales 21
    collégiales américaines 23
Bibliothèques des quotidiens 47
Bibliothèques des quotidiens (Internet) 47

Bibliothèques
    gouvernementales 35, 40
Bibliothèques municipales
    Montréal 21
    Québec 21
Bibliothèques nationales 24
Bibliothèques nationales (Internet) 24
Bibliothèques parlementaires 35
Bibliothèques publiques 19
    Liste (Internet) 20
Bibliothèques spécialisées 43
Bibliothèques universitaires 21
    américaines 23
Bibliothèques universitaires-monde
    (Internet) 23
Biographies
    Répertoires biographiques 61
    Index biographiques 67
British library 30
Brochures 124
Bulletin des bibliothèques de France 30
Bulletins (*Newsletters*) 123

C

Cartes 74
Catalogue des bibliothèques 7
Catalogues collectifs 108
Catalogues collectifs américains
    (*National Union Catalogs*) 28
Catalogues de périodiques 111
Catalogues de périodiques (Internet) 109
Catalogue des publications
    gouvernementales: chapitre 8
CD-ROM 180
    Les CD-ROM de langue française 180
CRSBP (Centre régional des services
    aux bibliothèques publiques) 20
Centres d'archives 31
Centres de documentation
    (voir Bibliothèques)
Chambre des communes (Ottawa)
    Publications 38
Chambre des communes (Ottawa) 37
Chambres de commerce 166
Chercheurs 143
Cinéma
    américain (répertoires) 175
        (industrie) 178
    canadien (répertoires) 169
        (industrie) 177
    français (répertoires) 173
        (industrie) 177
    international (répertoires) 176
    québécois (répertoires) 172
        (industrie) 177

Cinéma
    Critiques 179
    Dictionnaires 169
    Index 179
Cinémathèque québécoise 173
Citations (Recueil de) 88
Classement des notices 8
Classification de la Bibliothèque
    du Congrès 11
Classification décimale de Dewey 9
Codes postaux
    Internet 80
Commerce international: chapitre 6
Compagnie
    pour trouver le président ou les cadres
        d'une 162
Congrès 145
Consulats 147
Cotes 9
Courrier électronique (adresses) 81
Critiques de films 179
Critiques de livres 103

D

Les débats parlementaires
    assemblée nationale (Québec) 36
    chambre des communes (Ottawa) 37
Dépanneurs 81
Dépôt légal 24
Dewey, classification décimale de 9
Dictionnaires
    biographiques 61
    de cinéma 169
    de langue 56
    spécialisés 60
    terminologiques 57
Distributeurs de documents multimédias 191
Documents multimédias: chapitre 7

E

Éditeurs 99 à 101
Encyclopédies
    générales 58
    spécialisées 60
Enregistrements sonores 185
Entreprises
    Dirigeants 162
    Répertoires 162
Entrevues 152
Éphémérides 86
Événements récents 83
Experts: chapitre 5

F

Fabricants: chapitre 6 164
Fanzines 124
Fiches 7
Films (*voir Cinéma*)
Fondations 149
Fonctionnaires 141, 149
Fonctionnaires fédéraux (Internet) 42
Formation (sessions de) 145
Forums (Internet) 130

G

Gouvernement des États-Unis 70
Gouvernement du Québec 67
   Services, programmes et bottin 40
Gouvernement fédéral 68
   Services, programmes et bottin 41
Gouvernements (*voir Annuaires gouvernementaux*)
Guides d'événements récents 83
Guides de voyage 86

I

Illustrations
   reproductions 184
Index
   de biographies 67
   de films 179
   de périodiques 113
Indices d'auteur 12
Indices d'œuvre 12
Inventions 86

J

Journalistes 139
Journaux
   Centre de documentation de journaux 46
   Catalogue collectif de journaux 119
   Pour localiser un journal 118
   Pour trouver un article de journal 120
   Répertoire de titres de journaux 118
   Répertoire dans Internet 119

L

Lexiques 57
Libraires 133
Librairies
   Pour trouver une librairie 133
Library of Congress 28
   Classification 11
Listes de discussion (Internet) 130
Listes de distribution (Internet) 154
List-servs (listes de distribution) 154

Livres
   Acheter un livre (Internet) 101+
      un livre québécois (Internet) 101
      un livre américain (Internet) 101
      un livre français (Internet) 102
      un livre rare (Internet) 102
   Critiques de livres 103+
   Industrie du livre 99
   Trouver un livre 96-97

M

Magazines
   Pour localiser un magazine 111
Mailing lists (listes de distribution) 154
Manufacturiers 164
Médias: chapitre 4
Multimédias: chapitre 7
   Distributeurs 191
   Producteurs 191
Musées
   Répertoires- Québec 44
   Internet 44
   Répertoire-monde 45
Musique 185
   Internet 188

N

National Union Catalogs (Catalogues collectifs américains) 28
Newsgroups (forums) 130
Newsletters (bulletins) 123
Notices catalographiques 7
Nouvelles récentes 83

O

Œuvres littéraires (recueil d') 88
Office national du film 170
Origine des choses 86
Ouvrages de référence
   Présentation 14
   Recherche en profondeur 90
   Internet 91+
   Recherche rapide d'information: chapitre 3
   Répertoire d'ouvrages de référence dans Internet 91

P

Parlement d'Ottawa
   Publications 38
Parlement de Québec
   (*voir Assemblée nationale*)
   Publications 36

Peintures
    Reproductions 184
Périodiques
    Catalogue collectif 112
    Répertoire d'articles d'intérêt général 115
    Répertoire d'articles de périodiques
        spécialisés 116
    Répertoire de titres de périodiques
        (Revue ou journal) 109
Personnel de référence 131
Photographies 181
    Canada 181
    États-Unis 182
    France 183
    Québec 181
Prêts entre bibliothèques 20
Producteurs de documents multimédias 191
Publications
    gouvernementales: chapitre 8
        Canada 197
        États-Unis 198
        Québec 195

Q

Quotidiens
    Centre de documentation
        de quotidiens 46

R

Rangement des documents 12
Rapports annuels: chapitre 6
Recherche
    Commander une recherche 151
    Recherche en profondeur: chapitre 4
    Recherche rapide d'information:
        chapitre 3
    Stratégie de recherche 201
Recueils
    de citations 88
    d'œuvres littéraires 88
Référence
    (*voir Ouvrages de référence*)
Relations publiques 139
Repérage des documents 7
Répertoires 75
Répertoire analytique d'articles
    (*abstracts*) 118
Répertoires d'adresses spéciaux 75
Répertoires téléphoniques 77
Reproductions
    de peintures 184
    d'illustrations 184
Réseaux de bibliothèques 108

Revues (*voir aussi Périodiques*)
    Catalogue collectif 112
    Pour localiser une revue 109, 111
    Pour trouver un article de revue 113+
Revue de presse 154

S

Serveurs 15
Services de recherche 151
Services de relations publiques 139
Services de revue de presse 154
Sessions de formation 145
Sociétés historiques 46
Sociétés savantes (Internet) 145
Statistiques (*voir aussi Annuaires*)
    gouvernementaux. Annuaires
Statistique Canada 70
Stratégie de la recherche 201

T

Télécopieurs (répertoire de numéros) 76
Téléphone
    Un numéro actuel 77
    Un ancien numéro 78
    Internet 79-80
Télévision 191
    Pour trouver le texte d'une émission
        de télévision 193
Thèses 124
Titres de périodiques (journaux et revues)
    Répertoires 109

U

Universitaires 143

V

Vedettes-matière 8
Vidéos 169
    vidéos canadiennes 170+

AGMV Marquis
MEMBRE DE SCABRINI MEDIA
Québec, Canada